Poesía lírica
del Siglo de Oro

Letras Hispánicas

Poesía lírica del Siglo de Oro

Edición de Elías L. Rivers

TRIGESIMOTERCERA EDICIÓN

CÁTEDRA

LETRAS HISPÁNICAS

1.ª edición 1979
33.ª edición, 2021

Ilustración de cubierta: Mauro Cáceres

PAPEL DE FIBRA
CERTIFICADO

© Ediciones Cátedra (Grupo Anaya, S. A.), 1979, 2021
Juan Ignacio Luca de Tena, 15. 28027 Madrid
Depósito legal: M. 16.061-2011
ISBN: 978-84-376-0174-8
Printed in Spain

Índice

Introducción 9

Bibliografía 21

I. Poesía renacentista 25

    Juan Boscán 27

    Cristóbal de Castillejo 49

    Garcilaso de la Vega 59

    Gutierre de Cetina 99

    Hernando de Acuña 103

    Fray Luis de León 111

    Baltasar del Alcázar 133

    Fernando de Herrera 137

    Francisco de la Torre 153

    Francisco de Aldana 161

    San Juan de la Cruz 165

    Miguel de Cervantes 189

    Poemas anónimos de entre dos siglos 195

II. Poesía barroca 205

    Lupercio y Bartolomé L. de Argensola 207

    Luis de Góngora 213

    Lope Félix de Vega Carpio 251

    Juan de Arguijo 289

    Francisco de Medrano 295

    Rodrigo Caro 299

    Andrés Fernández de Andrada 303

    Pedro Espinosa 311

Francisco de Quevedo 323
Francisco de Rioja 359
Esteban Manuel de Villegas 365
Adrián de Prado 369
Sor Juana Inés de la Cruz 379

Introducción

Para mis alumnos

El proceso de seleccionar poemas empieza con el escritor mismo, quien suele desechar las obras que él considera menos dignas de conservarse; sigue con los lectores contemporáneos, quienes hacen sus propios florilegios manuscritos e impresos; y continúa luego con los historiadores de la literatura, los cuales pretenden imponer con una perspectiva más amplia su propia antología canónica. De la poesía española de los siglos XVI y XVII se imprimieron pocas colecciones contemporáneas: las *Flores de poetas ilustres* editadas por Espinosa (Valladolid, 1605); las *Poesías varias de grandes ingenios* (Zaragoza, 1654) y las *Delicias de Apolo* (Zaragoza, 1670) editadas por Alfay; las *Varias hermosas flores del Parnaso* (Valencia, 1680). Circularon además docenas de cancioneros manuscritos, copiándose con adiciones y supresiones muy variables; algunos de estos cancioneros se han impreso modernamente. Todas estas colecciones reflejaban los gustos de épocas y regiones diferentes.

La etapa historiadora empezó en la segunda mitad del siglo XVIII con López de Sedano y su *Parnaso* (1768-1779) y con la *Colección* bilingüe (1782-1790) de Conti; siguió con las *Poesías selectas* (1807) de Quintana, con los *Tesoros* (1817 y 1838) de Quintana y de Ochoa, y con la *Floresta* (1821-1825) de Böhl de Faber. Luego apareció la gran colección canónica, los *Poetas líricos de los siglos XVI y XVII* editados por Adolfo de Castro en dos tomos de la Biblioteca de Autores Españoles, el 32 (1854) y el 42 (1857). Esta antología hubiera sido superada por la todavía más grande de Menéndez Pelayo, con sus importantes estudios históricos, pero ésta sólo llegaba a Boscán cuando se interrumpió; para el Siglo de Oro el proceso seleccionador de Menéndez Pelayo se limitó a ciertos poemas incluidos en su colección más breve y popular de las *Cien mejores poesías (líricas) de la lengua castellana* (1908).

En el siglo XX se han multiplicado las antologías poéticas, tanto en España como en el extranjero. Nosotros hemos escogido como base imprescindible una de las más representativas de la primera mitad del siglo, la de P. Blanco Suárez, *Poetas de los siglos XVI y XVII* (Madrid, 1933), reflejada ya en nuestra *Renaissance and Baroque Poetry of Spain* (Nueva York, 1966); hemos ampliado ahora esta base con nuevas apreciaciones y descubrimientos, los cuales abundan en la antología de Arthur Terry (Oxford, 1965-1968). Nuestra selección ha sido influida también por antologías temáticas o genéricas como las de Blanca González de Escandón *(Los temas del «Carpe diem» y la brevedad de la rosa*, Barcelona, 1938), de B. W. Wardropper *(Spanish Poetry of the Golden Age,* Nueva York, 1971), y de Alzieu, Jammes y Lissorgues (editores de *Floresta de poesías eróticas del Siglo de Oro*, 1975). El resultado de este largo proceso seleccionador es doblemente histórico: refleja inevitablemente los criterios literarios de finales del siglo XX, y al mismo tiempo pretende reflejar las relaciones intertextuales de los siglos XVI y XVII.

I

Esta antología nuestra se divide en dos secciones. La primera sección renacentista empieza con Boscán y Castillejo. Los dos escribieron poesía muy parecida a la del *Cancionero general;* Castillejo, en efecto, se jactaba de su lealtad a la antigua tradición castellana, y mucha de la poesía amorosa de Boscán, tanto en versos largos como en versos cortos, reflejaba esta tradición y la catalana de Ausías March. Y, sin embargo, los dos son innovadores renacentistas. Boscán en su famosa dedicatoria cuenta cómo él y Garcilaso introdujeron al español el endecasílabo italiano y luego declara su oposición al *Cancionero general,* con sus rimas consonantes tan frecuentes. Boscán compone todo un cancionero petrarquista, con sonetos y canciones italianizantes. También escribe epístolas en tercetos, y narraciones clásicas en octavas reales y en endecasílabos sueltos. Castillejo, aunque humorísticamente se opone a estas «herejías», expresando en sonetos burlescos su oposición, compone en coplas de pie quebrado unas traducciones de Catulo y de Ovidio que son tan auténticamente renacentistas como cualquier poema de Boscán.

Pero fue por supuesto Garcilaso de la Vega quien realizó plenamente la revolución poética. Rafael Lapesa (1948) nos ha explicado definitivamente la «trayectoria poética» de Garcilaso: cómo poco a poco fue superando la antigua tradición hispánica y descubriendo nuevas tonalidades italianas y clásicas. Los resultados son bien conocidos: un fragmentario cancionero de 40 sonetos y cuatro canciones, una oda horaciana, dos elegías y una epístola clásicas, y tres églogas muy originales. Los sonetos de Garcilaso, aunque casi todos amorosos, son de tipos variados y proveen modelos para todo el Siglo de Oro. La oda, con su estrofa corta llamada luego lira, tiene una influencia fundamental en la obra de Fray Luis de León y de Medrano. Las epístolas y elegías en tercetos se desarrollan en Herrera, Lope y Fernández de Andrada. Y las églogas, que no han de ser superadas, tienen una gran influencia no sólo en la poesía, sino en la novela pastoril. Sin la obra de Garcilaso, ¿qué hubiera podido ser luego la de Góngora e incluso la de Cervantes?

Los seguidores inmediatos de Boscán y Garcilaso están representados en esta antología por Cetina y Acuña. La canonización literaria de la obra garcilasiana tuvo lugar entre 1570 y 1580 con las ediciones comentadas del catedrático salmantino Francisco Sánchez de las Brozas y del beneficiado sevillano Fernando de Herrera. Entre los comentarios del Brocense se publicaron unas odas horacianas traducidas por «un ingenio de estos reinos», es decir, por otro catedrático salmantino, el de las Escrituras Sagradas, Fray Luis de León, por entonces preso de la Inquisición. Las odas originales de Fray Luis continúan la obra de latinización semántica iniciada por Garcilaso; pero en vez del espíritu laico de éste, encontramos en Fray Luis un humanismo platónico y cristiano, y un agonismo espiritual, que marcan la hispanización de la poesía renacentista. La lectura de Fray Luis hecha por Dámaso Alonso ha aclarado las raíces conflictivas que tiene esa poesía en la agitada vida del beligerante fraile procesado, el que en los *Nombres de Cristo,* y en los comentarios sobre el libro de Job, enseñaba al pueblo de habla española el significado más profundo de la Biblia. El anhelo de paz celestial, en la clásica poesía de Fray Luis, no puede separarse de los conflictos espirituales y culturales verificados en los claustros salmantinos y en las cárceles vallisoletanas de la Inquisición.

En Sevilla se arraigaba ya una erudición clásica, arqueológica, casi pagana, cuyo primer representante como poeta era Fernando de Herrera, amigo de Malara, Medina, Pacheco. La condesa de Gelves inspiró a Herrera un gran cancionero petrarquista, publicado en 1582 con el título garcilasiano de *Algunas obras...;* entre 78 sonetos se entreveran siete elegías, cinco canciones y una égloga. Es un conjunto de textos poéticos ordenado para una lectura altamente literaria. La dama es desdeñosa y al mismo tiempo fuente de perfecciones platónicas. Algunos poemas de Herrera son odas pindáricas, como la bíblica canción heroica por la victoria de Lepanto, publicada ya en 1572. Otro miembro, mucho menos grave, del círculo sevillano de esta época fue el gracioso Baltasar del Alcázar, cuyo soneto sobre el soneto pertenece a una fina tradición burlesca del Renacimiento.

En otras partes se desarrolla un garcilasismo más puro, como en la poesía de Francisco de la Torre, con sus famosos sonetos nocturnos, o en la de Francisco de Aldana, sensual y espiritual a la vez. Pero la tercera cumbre poética del siglo, después de Garcilaso y de Fray Luis, es la brevísima obra del santo fraile descalzo Juan de la Cruz. En esta poesía son inseparables la inefable experiencia mística y sus metáforas eróticas. Los romances teológicos son relativamente prosaicos; los villancicos suelen ser glosas a lo divino de amorosos estribillos tradicionales o cortesanos. Los grandes poemas son las «canciones» o liras endecasilábicas, en las que predomina la voz femenina del alma, de la novia o esposa espiritual, con sus ecos del *Cantar de los cantares,* texto bíblico primordial para la mística cristiana.

Como poeta, Cervantes era por supuesto una figura menor; son de poco interés los versos de su *Galatea.* Pero él participó en el desarrollo del llamado romancero nuevo, con su poema alegórico sobre los celos. Y son típicos de la transición al siglo barroco sus dos sonetos burlescos, antiheroicos, que anticipan los preliminares del *Quijote;* en efecto, su soneto al túmulo de Felipe II nos da una originalísima visión sevillana del reinado de este gran monarca del siglo XVI. También son transicionales ciertos poemas anónimos de entre dos siglos: el famoso soneto a Cristo crucificado, que es una composición de lugar en la tradición de San Ignacio; unas líricas letrillas eróticas populares, y unos sonetos eróticos más bien analíticos, que ponen en cuestión las convenciones espirituales del amor cortés.

II

La poesía española del siglo XVI es ahora bastante bien conocida, y nuestra antología puede representarla con cierta seguridad y justicia. Pero la poesía del siglo XVII es un corpus mucho más extenso y menos conocido. La mejor guía actual es el libro inglés de Arthur Terry, *Seventeenth-Century Spanish Poetry: The Power of Artifice* (1993). Empezando con un resumen de la tradición renacentista y con un ensayo sobre la teoría y práctica de la poesía barroca, Terry estudia por supuesto a los cuatro poetas máximos del siglo, que son Góngora, Lope, Quevedo y Sor Juana Inés de la Cruz. Dedica además dos capítulos a sendos grupos de poetas secundarios. Con el título de «Entre dos siglos» nos da breves análisis de Medrano, Arguijo, Rioja, Fernández de Andrada, los hermanos Argensola, el príncipe de Esquilache, el conde de Salinas, Carrillo de Sotomayor, Espinosa y Valdivielso. En el capítulo titulado «Plenitud y decadencia» entra un grupo dos veces más numeroso de poetas, empezando con el conde de Villamediana y terminando con Pinto Delgado. Estos 30 poetas secundarios no han sido estudiados adecuadamente; y, a pesar del progreso en ediciones críticas de los últimos años, hay otros poetas interesantes de la época que no se pueden leer todavía en ediciones modernas y fidedignas. Fue efectivamente enorme la producción poética española del siglo XVII; hay miles de poemas impresos y otros tantos manuscritos. En nuestra selección hemos tenido que atenernos, en gran parte, a los poetas y poemas ya consagrados en antologías anteriores; sólo nos hemos permitido acoger alguna novedad, como la de la *Canción a San Jerónimo* de Adrián de Prado.

De los tres poetas más importantes del siglo XVII, Lope de Vega fue evidentemente el más conservador, el más «llano», según sus críticos barrocos. Además de cultivar la poesía de tradición popular, renovando el romancero e imitando las letrillas musicales, Lope desarrolló los aspectos más sentimentales del clasicismo garcilasiano, añadiéndoles notas autobiográficas con variaciones espontáneas y graciosas. Sus numerosos sonetos son a veces petrarquistas, a veces mitológicos, a veces pastoriles, a veces religiosos; su religiosidad es de un tono evangélico, popularmente devocional. Son notables sus romances filosóficos, de una sabiduría gnómica parecida a la de los refranes. En toda la poesía de Lope entrevemos una sensibilidad muy particular, blandamente afectiva en lo amoroso como en lo religioso. Su productividad y variedad eran prodigiosas; le llamaban con razón el «monstruo de la naturaleza».

Muy diferentes, mucho más originales, fueron los otros dos, Góngora y Quevedo. Góngora desarrolló radicalmente el culto clasicismo garcilasiano, llevándolo a tal extremo que ya parecía ser otra cosa: los sutiles latinismos semánticos de Garcilaso y Fray Luis, por ejemplo, se transformaron en latinismos extravagantes que dificultaban deliberadamente la lectura de sus versos. El hipérbaton, la palabra rara, la alusión difícil, la metáfora «al cuadrado» se combinaban para producir una textualidad sumamente intricada en el *Polifemo* y las *Soledades*. Estos poemas llamaron la atención en seguida: todo el mundo empezó a hablar de la «nueva poesía», atacándola y defendiéndola apasionadamente. Garcilaso había seguido el adagio clásico de usar el arte para esconder el artificio y dar una apariencia de naturalidad *(ars est celare artem)*; Góngora, al contrario, usaba el artificio para superar la naturaleza de una manera desafiante, impía. En efecto, el soneto de los Argensola titulado «A una mujer que se afeitaba y estaba hermosa» podría tomarse como lema gongorino: en él la hermosura se ve no como sustancia sino como mera apariencia superficial, artificial, que depende de los cosméticos. Los epítetos y las metáforas garcilasianos habían sido tranquilamente esencialistas; los gongorinos en cambio impresionaban a los lectores porque inesperadamente subrayaban los aspectos meramente accidentales de las cosas.

Quevedo se oponía violentamente a la nueva poesía gongorina, alabando a Garcilaso y publicando como antídotos los versos clásicos de Fray Luis de León y de Francisco de la Torre. Pero la poesía de Quevedo mismo no se parece nada a esta poesía clásica; es tan violentamente barroca como la de Góngora, aunque sea de signo opuesto. En el siglo XVIII para caracterizar esta oposición se inventaron las dos etiquetas de «cultista» y «conceptista», términos consagrados luego por la autoridad de Marcelino Menéndez y Pelayo. Pero en años más recientes se ha demostrado que la poesía de Góngora es tan conceptista, tan ingeniosa y aguda como la de Quevedo: el concepto, o sea la metáfora violenta, es fundamental para toda la poesía barroca. Y el cultismo, o sea el latinismo erudito, también se encuentra en mucha poesía barroca, aunque la base idiomática de Quevedo es a menudo deliberadamente vulgar. La oposición entre la poesía de Quevedo y la de Góngora parece depender más bien de dos diferentes actitudes morales teológicas, metafísicas: la poesía de Góngora, más que la de Garcilaso, es radicalmente laica, incluso materialista, mientras que la de Quevedo refleja una pasión angustiadamente cristiana, casi unamunesca. El terror del tiempo, de la muerte, de la justicia divina, de la corrupción universal da una nota estridente a la poesía de Quevedo, mientras el artificio intelectual de Góngora parece controlar perfectamente el intricado juego textual de su poesía materialista. Si Quevedo en su poesía expresa el desengaño y la angustia del amor, Góngora expresa la tranquilidad del goce fisiológico. Sólo alguna vez Quevedo es tan colorista como Góngora; sólo coinciden plenamente en el tono burlesco y en la mordiente sátira personal.

La rica tradición de poesía española que empieza con Boscán y Garcilaso, y que se desarrolla con Góngora y Quevedo, termina con las obras de Sor Juana Inés de la Cruz, monja mexicana y primera gran poeta del Nuevo Mundo. Se sofistican todavía más los tópicos barrocos de las engañosas apariencias, de la brevedad de la vida, del forzoso desengaño. Muchos poemas suyos, sobre todo sonetos, se basan en lo que se ha llamado una ingeniosa casuística del amor ausente, en la que se exalta el poder de la fantasía. Su poesía religiosa, basada no en raptos místicos sino en motivos populares o en la virtud racional, expresa en último término la humildad de un ser humano indigno del amor divino. Su obra maestra, el *Sueño*, es el viaje imaginario del alma o entendimiento humano, el cual busca la comprensión, sea intuitiva o sea analítica, del universo entero. Este poema, en forma de silva gongorina, trae muchos recuerdos culteranos y conceptistas de las *Soledades*; pero su ambición filosófica y su casi desesperado anhelo científico son únicos en la poesía del Siglo de Oro.

No toda la poesía del siglo XVII es barroca: se mantenía un estilo auténticamente clásico en la poesía de Medrano y de Villegas, por ejemplo. Así es que el humanismo renacentista no murió con el siglo XVI, pero se desarrolló de tal manera en Góngora que después de 1620 ya no se leía mucho la poesía de Garcilaso. A pesar de los principios clásicos que todo el mundo seguía defendiendo, los cambios históricos eran irreversibles. Ya no valían efectivamente las *Anotaciones* (1580) de Herrera; el nuevo manual teórico era más bien la *Agudeza y arte de ingenio* del gran conceptista jesuita Baltasar Gracián, quien se basaba en Góngora mucho más que en ningún otro escritor. Se puede decir que Góngora había llevado a sus últimas posibilidades la tradición que en España se arraigó con Garcilaso.

Bibliografía

1. ANTOLOGÍAS

BLANCO SUÁREZ, P., *Poetas de los siglos XVI y XVII,* Madrid, Institu-
to Escuela, 1933.

BLECUA, J. M., *Floresta lírica española,* 2 ts., Madrid, Gredos, 1963.

BUCHANAN, M. A., *Spanish Poetry of the Golden Age,* University of
Toronto, 1947.

CASTRO, A. de, *Poetas líricos de los siglos XVI y XVII* (tomos 32 y 42
de la Biblioteca de Autores Españoles), Madrid, Atlas, 1854-
1857.

FITZMAURICE-KELLY, J., *The Oxford Book of Spanish Verse,* Oxford
University Press, 1945.

LAPESA, R., *Poetas del siglo XVI,* Barcelona, Rauter, 1947.

MARÍN, D., *Poesía española,* México, Andrea, 1958.

MENÉNDEZ Y PELAYO, M., *Las cien mejores poesías (líricas) de la lengua
castellana,* Buenos Aires, Sopena, 1945.

MORENO BÁEZ, E., *Antología de la poesía lírica española,* Madrid, Re-
vista de Occidente, 1952.

PIERCE, F., *The Heroic Poem of the Spanish Golden Age: Selections,* Ox-
ford University Press, 1947.

RIVERS, E., *El soneto español en el Siglo de Oro,* Madrid, Akal, 1993.

ROSALES, L., *Poesía española del Siglo de Oro,* Barcelona, Salvat, 1982.

SÁNCHEZ, A., *Poesía sevillana en la edad de oro,* Madrid, Castilla, 1948.

TERRY, A., *An Anthology of Spanish Poetry 1500-1700,* 2 ts., Oxford,
Pergamon, 1965-1968.

WARDROPPER, B. W., *Poesía elegíaca española,* Salamanca, Anaya,
1967.

— *Spanish Poetry of the Golden Age,* Nueva York, Appleton-Century-
Crofts, 1971.

2. Estudios

AGRAIT, G., *El «beatus ille» en la poesía lírica del Siglo de Oro*, Río Piedras, 1971.

ALONSO, A., *Materia y forma en poesía*, Madrid, Gredos, 1955.

ALONSO, D., *Poesía española: ensayo de métodos y límites estilísticos (Garcilaso, Fray Luis de León, San Juan de la Cruz, Góngora, Lope de Vega, Quevedo)*, Madrid, Gredos, 1957.

BAEHR, R., *Manual de versificación española*, Madrid, Gredos, 1969.

BLECUA, J. M., *Sobre poesía de la edad de oro*, Madrid, Gredos, 1970.

— *Sobre el rigor poético en España y otros ensayos*, Barcelona, Ariel, 1977.

BLEIBERG, G. y MARÍAS, J. (eds.), *Diccionario de literatura española*, Madrid, Revista de Occidente, 1964.

BRENAN, G., *The Literature of the Spanish People*, Cambridge University Press, 1951.

CERNUDA, L., *Poesía y literatura*, 2 ts., Barcelona, 1960-1964.

COLLARD, A., *Nueva poesía: conceptismo, culteranismo en la crítica española*, Madrid, Castalia, 1967.

COSSÍO, J. M. de, *Fábulas mitológicas en España*, Madrid, Espasa-Calpe, 1952.

CRUZ, A. J., *Imitación y transformación: El petrarquismo en la poesía de Boscán y Garcilaso de la Vega*, Amsterdam, Benjamins, 1988.

DÍAZ-PLAJA, G., *Historia de la poesía lírica española*, Barcelona, Labor, 1948.

— (ed.), *Historia general de las literaturas hispánicas*, 3 ts. primeros, Barcelona, Barna, 1949-1953.

EGIDO, A., *Fronteras de la poesía en el barroco*, Barcelona, Crítica, 1990.

— *Silva de Andalucía: estudios sobre poesía barroca*, Málaga, Diputación, 1990.

ESCANDÓN, B. GONZÁLEZ DE, *Los temas de «Carpe diem» y la brevedad de la rosa en la poesía española*, Universidad de Barcelona, 1938.

FUCILLA, J. G., *Estudios sobre el petrarquismo en España*, Madrid, CSIC, 1960.

GALLEGO MORELL, A., *Estudios sobre poesía española del primer siglo de oro*, Madrid, Ínsula, 1970.

GREEN, O. H., *Spain and the Western Tradition*, 4 tomos, Madison, University of Wisconsin, 1963; Madrid, Gredos, 1969.

GUILLÉN, C., *El primer siglo de oro: estudios sobre géneros y modelos*, Barcelona, Crítica, 1988.

GUILLÉN, J., *Language and Poetry: Some Poets of Spain*, Cambridge, Harvard University Press, 1961.

HENRÍQUEZ UREÑA, P., *Estudios de versificación española*, Buenos Aires, Universidad de Argentina, 1961.

HURTADO, J. y GONZÁLEZ-PALENCIA, A., *Historia de la literatura española*, Madrid, SAETA, 1949.

JONES, R. O., *A Literary History of Spain. The Golden Age: Prose and Poetry*, Nueva York, Barnes and Noble, 1971.

LÁZARO, F., *Estilo barroco y personalidad creadora*, Salamanca, Anaya, 1966.

LIDA DE MALKIEL, M. R., *La tradición clásica en España*, Barcelona, Ariel, 1975.

LÓPEZ BUENO, B., *La poética cultista de Herrera a Góngora*, Sevilla, Alfar, 1987.

— *Templada lira: 5 estudios sobre poesía del Siglo de Oro*, Granada, Don Quijote, 1990.

— (ed.), *La silva*, Sevilla, Universidad, 1991.

— (ed.), *La oda*, Sevilla, Universidad, 1993.

MANERO SOROLLA, M. P., *Introducción al estudio del petrarquismo en España*, Barcelona, PPU, 1987.

MENÉNDEZ Y PELAYO, M., *Antología de poetas líricos castellanos*, 10 ts., Santander, CSIC, 1944-1945.

NAVARRO TOMÁS, T., *Métrica española: reseña histórica y descriptiva*, Syracuse University Press, 1956.

— *Arte del verso*, México, C.G.E., 1959.

— *Los poetas en sus versos*, Barcelona, Ariel, 1973.

NELSON, L., *Baroque Lyric Poetry*, New Haven, Yale University Press, 1961.

PIERCE, F., *La poesía épica del Siglo de Oro*, Madrid, Gredos, 1961.

PRIETO, A., *La poesía española del siglo XVI*, 2 ts., Madrid, Cátedra, 1984-1987.

RICO, F., *El pequeño mundo del hombre: Varia fortuna de una idea en la cultura española*, Madrid, Alianza Editorial, 1986.

RÍO, A. DEL, *Historia de la literatura española*, Nueva York, Dryden, 1948 (2.ª ed., Nueva York, Holt, Rinehart, 1963).

RIVERS, E. L., *Muses and Masks: Some Classical Genres of Spanish Poetry*, Newark (DE), Juan de la Cuesta, 1992.

RODRÍGUEZ-MOÑINO, A., *Construcción crítica y realidad histórica en la poesía española de los siglos XVI y XVII*, Madrid, Castalia, 1965.

ROSALES, L., *Lírica española*, Madrid, 1972.

SALINAS, P., *Reality and the Poet in Spanish Poetry*, Baltimore, The Johns Hopkins University Press, 1940; Barcelona, Ariel, 1976.

TERRY, A., *Seventeenth-century Spanish Poetry: the Power of Artifice*, Cambridge, University Press, 1993.

VALBUENA PRAT, A., *Historia de la literatura española*, 2 ts., Barcelona, Gustavo Gili, 1950.

VOSSLER, K., *La poesía de la soledad en España*, Buenos Aires, Losada, 1946.

WARDROPPER, B. W., *Historia de la poesía lírica a lo divino*, Madrid, Revista de Occidente, 1959.

WOODS, M. J., *The Poet and the Natural World in the Age of Góngora*, Oxford, University Press, 1978.

— *Gracián Meets Góngora: the Theory and Practice of Wit*, Londres, 1995.

I

Poesía renacentista

Juan Boscán

Juan Boscán *(c.* 1490-1542), burgués bilingüe de Barcelona, sirvió en la corte del emperador Carlos V como ayo del joven tercer duque de Alba. En 1526 empezó a adaptar al castellano los versos endecasilábicos y los géneros poéticos de Italia:

> Porque estando un día en Granada con el Navagero..., tratando con él en cosas de ingenio y de letras, y especialmente en las variedades de muchas lenguas, me dijo por qué no probaba en lengua castellana sonetos y otras artes de trobas usadas por los buenos autores de Italia...; y así comencé a tentar este género de verso... Mas esto no me bastara a hacerme pasar muy adelante si Garcilaso con su juicio... no me confirmara en ésta mi demanda; y así, alabándome muchas veces éste mi propósito, y acabándomele de aprobar con su ejemplo, porque quiso él también llevar este camino, al cabo me hizo ocupar mis ratos ociosos en esto más fundadamente... [En estotro verso nuevo] vemos, dondequiera que se nos muestra, una disposición muy capaz para recibir cualquier materia, o grave, o sotil, o dificultosa, o fácil, y asimismo para ayuntarse con cualquier estilo de los que hallamos entre los autores antiguos aprobados...

Garcilaso, a su vez, convenció a Boscán de traducir al castellano el *Cortesano* de Castiglione; este modelo de la nueva prosa renacentista se publicó en 1534. Como albacea literario de su amigo Garcilaso, muerto ya en 1536, Boscán ordenó la poesía de los dos, publicándose en 1543 *Las obras de Boscán y algunas de Garcilaso;* este tomo, reimpreso muchas veces durante el siglo XVI, fue el modelo de la nueva poesía renacentista.

Además de su cancionero petrarquista, de sonetos y canciones amorosos, la obra de Boscán contiene poemas más humanísticos como la historia (en endecasílabos sueltos) de Hero y Leandro, y sobre todo la epístola horaciana dirigida a don Diego Hurtado de Mendoza, en la que se ponderan los sencillos placeres de la vida matrimonial en Barcelona y en el campo.

Hay tres ediciones modernas de la poesía de Boscán que merecen nuestra atención: la de Knapp (Madrid, 1875), la de Riquer (Barcelona, 1957) y la de C. Clavería (Barcelona, 1991). Nuestro texto se basa en el de Riquer, con ortografía y puntuación modernizadas; la numeración de los poemas es la de Knapp. El estudio crítico más general es el de Menéndez Pelayo (en el último tomo de su *Antología de poetas líricos);* véanse también los estudios de Riquer *(Juan de Boscán y su cancionero barcelonés,* Barcelona, 1945), de A. Parducci *(Saggio sulla lirica di Juan Boscán,* Bolonia, 1952), de David H. Darst *(Juan Boscán,* Boston, 1978) y de Antonio Armisén *(Estudios sobre la lengua poética de Boscán,* Zaragoza, 1982).

SONETO I

Nunca de amor estuve tan contento
que en su loor mis versos ocupase,
ni a nadie consejé que se engañase
buscando en el amor contentamiento.

Esto siempre juzgó mi entendimiento: 5
que de este mal todo hombre se guardase;
y así, porque esta ley se conservase,
holgué de ser a todos escarmiento.

Oh, vosotros que andáis tras mis escritos
gustando de leer tormentos tristes,   10
según que por amar son infinitos,

mis versos son deciros: «¡Oh benditos
los que de Dios tan gran merced hubistes
que del poder de amor fuésedes quitos!»

---

[14] *quitos:* 'libres'.

SONETO XXII

Ha tanto ya que mi desdicha dura
que en esto solo tuve mi esperanza:
esperé de fortuna su mudanza,
que por mí no negara su natura.

Entendióme, yo pienso, la ventura,   5
y ha tornado al revés mi confianza,
que por tenerme siempre so la lanza,
firme se ha hecho, y de su ser no cura.

Para bien destruirme, se destruye;
deja de ser, por ser contra mí fuerte;   10
sus leyes naturales en mí vence.

Pensé, do no hay razón, que hubiera suerte;
agora sé que el mundo ya me huye,
y es fuerza que otro mundo se comience.

SONETO XLVIII

Cargado voy de mí doquier que ando,
y cuerpo y alma todo me es pesado;
sin causa vivo, pues que estó apartado
de do el vivir su causa iba ganando.

Mi seso está sus obras desechando;   5
no me queda otra renta ni otro estado
sino pasar pensando en lo pasado,
y caigo bien en lo que voy pensando.

---

⁸ *no cura:* 'no se preocupa'.

Tanto es el mal que mi corazón siente
que sola la memoria de un momento   10
viene a ser para mí crudo accidente.

¿Cómo puede vivir mi pensamiento
si el pasado placer y el mal presente
tienen siempre ocupado el sentimiento?

SONETO LXI

Dulce soñar y dulce congojarme,
cuando estaba soñando que soñaba;
dulce gozar con lo que me engañaba,
si un poco más durara el engañarme;

dulce no estar en mí, que figurarme   5
podía cuanto bien yo deseaba;
dulce placer, aunque me importunaba
que alguna vez llegaba a despertarme:

¡oh sueño, cuánto más leve y sabroso
me fueras si vinieras tan pesado   10
que asentaras en mí con más reposo!

Durmiendo, en fin, fui bienaventurado,
y es justo en la mentira ser dichoso
quien siempre en la verdad fue desdichado.

SONETO LXXI

Como el triste que a muerte está juzgado
y de esto es sabidor de cierta ciencia,
y la traga y la toma en paciencia,
poniéndose al morir determinado;

30

tras esto dícenle que es perdonado,   5
y estando así se halla en su presencia
el fuerte secutor de la sentencia
con ánimo y cuchillo aparejado:

así yo, condenado a mi tormento,
de tenelle tragado no me duelo;   10
pero, después, si el falso pensamiento

me da seguridad de algún consuelo,
volviendo el mal, mi triste sentimiento
queda envuelto en su sangre por el suelo.

SONETO LXXIV

Soy como aquel que vive en el desierto,
del mundo y de sus cosas olvidado,
y a descuido veis donde le ha llegado
un gran amigo, al cual tuvo por muerto.

Teme luego de un caso tan incierto;   5
pero, después que bien se ha segurado,
comienza a holgar pensando en lo pasado,
con nuevos sentimientos muy despierto.

Mas cuando ya este amigo se le parte,
al cual partirse presto le conviene,   10
la soledad empieza a selle nueva;

con las hierbas del monte no se aviene,
para el yermo le falta toda el arte,
y tiembla cada vez que entra en su cueva.

---

⁷ *secutor:* 'ejecutor, verdugo'.

SONETO LXXXI

Un nuevo amor un nuevo bien me ha dado,
ilustrándome el alma y el sentido,
por manera que a Dios ya yo no pido
sino que me conserve en este estado.

A mi bien acrecienta el mal pasado,   5
tan sin temor estoy de lo que ha sido;
y en las hierbas compuestas que he bebido,
mi fuerza y mi vivir se han mejorado.

Anduvo sobre mí gran pestilencia
hasta matar los pájaros volando   10
y casi cuanto en vida fue crïado;

este influjo crüel se fue pasando,
y así de esta mortal, brava dolencia
con más salud quedó lo que ha quedado.

CANCIÓN II

Claros y frescos ríos
que mansamente vais
siguiendo vuestro natural camino;
desiertos montes míos,
que en un estado estáis   5
de soledad muy triste de contino;
aves, en quien hay tino
de descansar cantando;
árboles que vivís,
y en fin también morís,   10
y estáis perdiendo a tiempos y ganando:

---

[7] *hierbas compuestas:* 'venenos'.

ioídme juntamente
mi voz amarga, ronca y tan doliente!
    Pues quiso mi ventura
que hubiese de apartarme   15
de quien jamás osé pensar partirme;
en tanta desventura
conviene consolarme,
que no es agora tiempo de morirme.
El alma ha de estar firme: 20
que en un tan bajo estado
vergonzosa es la muerte;
si acabo en mal tan fuerte,
todos dirán que voy desesperado;
y quien tan bien amó   25
no es bien que digan que tan mal murió.
    He de querer la vida,
fingiéndome esperanza,
y engañar mal que tanto desengaña.
Fortuna tan perdida   30
ha de traer bonanza.
No durará dolor que tanto daña.
Un mal que así se ensaña,
amansará si espero.
Adonde voy, iré: 35
y en fin yo volveré
a ver mi bien, si triste no me muero.
Pero, ¿quién pasará
este tiempo? que mucho tardará.
    Pasaré imaginando;   40
si en hombre tan revuelto
puede el imaginar hacer su oficio,
pensaré cómo y cuándo
podré verme ya vuelto
do hizo amor de mí su sacrificio;   45
y tomaré por vicio,
figurar la que quiero;

---

[24] *desesperado:* 'suicida'.
[30] *fortuna:* 'tormenta'.

hablándole en ausencia
harto más que en presencia.
Contarle he desde acá cómo allá muero;   50
y mi voluntad mucha
me hará parecer que ella me escucha.
    Agora ya imagino
lo que estará haciendo.
Pensando estoy, quizá si piensa en mí?   55
El gesto determino,
con que estará riendo
de cual estuve, cuando me partí.
Aunque según sentí
cuitado, la partida   60
no cabe en su valor
que no sienta dolor
de tan amarga y cruda despedida.
Tan triste partí yo,
que aunque no quiera, ella lo sintió.   65
    Las horas estoy viendo
en ella, y los momentos:
y cada cosa pongo en su sazón.
Conmigo acá la entiendo:
pienso sus pensamientos: 70
por mí saco los suyos cuales son.
Díceme el corazón,
y pienso yo que acierta:
ya está alegre, ya triste;
ya sale, ya se viste;   75
agora duerme, agora está despierta.
El seso y el amor
andan por quien la pintará mejor.
    Viéneme a la memoria
donde la vi primero,   80
y aquel lugar do comencé de amalla;
y náceme tal gloria
de ver cómo la quiero,
que es ya mejor que el vella el contemplalla.

---

[84] *contemplalla*: 'imaginármela'.

En el contemplar halla   85
mi alma un gozo extraño.
Pienso estalla mirando;
después, en mí tornando,
pésame que duró poco el engaño.
No pido otra alegría,   90
sino engañar mi triste fantasía.
   Mas esto no es posible:
vuélvome a la verdad,
y hállome muy solo, y no la veo.
Paréceme imposible   95
que ya mi voluntad
traiga más en palabras mi deseo.
Mil negocios rodeo,
por descansar un poco;
y en toda cosa pierdo,   100
sino en el desacuerdo.
Libro mucho mejor cuando estoy loco.
Mira qué gentil cura,
que es forzado valerme con locura.
   El vano imaginar   105
en yéndome, cayo
en cómo para vella no hay remedio.
Allí empiezo a pensar,
y en el pensar desmayo,
de ver cuántos lugares dejo en medio.   110
Si entonces me remedio,
rasgo más la herida,
viénenseme a los ojos
los presentes enojos,
y los gozos de la pasada vida.   115
Cada palmo de tierra
para mí triste es ora una gran sierra.
   Tengo en el alma puesto
su gesto tan hermoso,

_____
[97] esté en conflicto con mi deseo.
[106] *cayo:* 'caigo'.
[119] *gesto:* 'rostro'.

y aquel saber estar adonde quiera;   120
el recoger honesto,
el alegre reposo,
el no sé qué de no sé qué manera;
y con llaneza entera
el saber descansado,   125
el dulce trato hablando,
el acudir callando,
y aquel grave mirar disimulado.
Todo esto está ausente,
y otro tiempo lo tuve muy presente.   130
    Contando estoy los días
que paso no sé cómo;
con los pasados no oso entrar en cuenta.
Acuden fantasías;
allí a llorar me tomo,   135
de ver tanta flaqueza en tanta afrenta.
Allí se me presenta
la llaga del penar.
Hácenseme mil años
las horas de mis daños;   140
por otra parte, el siempre imaginar
me hace parecer
que cuanto he pasado fue ayer.
    Algunas cosas miro
por ocuparme un rato,   145
y ver si de vivir terné esperanza.
Entonces más sospiro;
porque en cuanto yo trato,
hallo allí de mi bien la semejanza.
Por doquiera me alcanza   150
amor con su vitoria.
Mientras más lejos huyo,
más recio me destruyo:
que allí me representa la memoria
mi bien a cada instante,   155
por su forma contraria o semejante.

---

[146] *terné:* 'tendré'.

Cuanto veo me carga;
muestro holgar con ello,
por pasar y vivir entre la gente.
Si cayo con la carga,   160
levanto, y no querello;
y sabe Dios lo que mi vida siente.
Mas tan crudo accidente
¿por qué no resiste?,
¿por qué mi sufrimiento   165
no esfuerza al sentimiento?
Cobra buen corazón, mi alma triste,
que yo la veré presto,
y miraré aquel cuerpo y aquel gesto.

    Canción: bien sé dónde volver querrías,   170
y la que ver deseas;
pero no quiero que sin mí la veas.

RESPUESTA DE BOSCÁN
A DON DIEGO DE MENDOZA

    Holgué, Señor, con vuestra carta tanto,
que levanté mi pensamiento luego,
para tornar a mi olvidado canto.
    Y así, aunque estaba a escuras como ciego,
sin saber atinar por dónde iría,   5
cobré tino en la luz de vuestro fuego.
    La noche se me hizo claro día,
y al recordar mi soñoliento estilo,
vuestra musa valió luego a la mía.
    Vuestra mano añudó mi roto hilo,   10
y a mi alma regó vuestra corriente
con más fertilidad que riega el Nilo.
    Por do si mi escribir ora no siente
fértil vena, será la causa desto
ser mi ingenio incapaz naturalmente.   15

---

15 *naturalmente:* 'por naturaleza'.

Pero, viniendo a nuestro presupuesto,
digo también que el no maravillarse
es propio de juicio bien compuesto.

Quien sabe y quiere a la virtud llegarse,
pues las cosas verá desde lo alto,   20
nunca terná de qué pueda alterarse.

Todo lo alcanzará sin dar gran salto,
sin moverse andará por las estrellas,
seguro de alborozo y sobresalto.

Las cosas naturales verá bellas,   25
y bien dirá entre sí que son hermosas;
pero no parará por eso en ellas.

Subirse ha al movedor de todas cosas,
y allí contemplará grandes secretos
hasta en las florecillas y en las rosas.   30

Allí verá con causas los efetos,
y viendo los principios y su fuente,
no habrá maravillar en sus concetos.

Verá el correr del sol resplandeciente,
y la velocidad incomparable   35
con que va de levante hasta poniente.

Verá la luna y su mover mudable,
acá y allá mostrando desatinos,
tanto que a los antiguos fue admirable.

Verá mil otros cursos y caminos,   40
según que por acá nuevas tenemos
de los siete planetas por los sinos.

Verá, en fin, más que todo cuanto vemos,
y en maravillas no maravillado,
estará sin sentir jamás extremos.   45

Como digo, en lo alto irá encumbrado,
y viendo desde allí nuestras bajezas,
llorará y reïrá de nuestro estado.

Nuestras fuerzas dirá que son flaquezas;
terná nuestros deleites por fatigas,   50
y nuestras abundancias por pobrezas.

---

[42] *sinos:* 'signos del zodiaco'.

     Los hombres antojársele han hormigas,
los robles pensará que son retamas
y a todo podrá hacer docientas higas.
     ¡Qué gracia para él serán las damas!   55
¡Qué burla terná en ver las diligencias
que tienen en soplar ardientes llamas!
     Terná el saber nacido de experiencias,
y sobre la mundana sinrazón
falso estará, y dará grandes sentencias.   60
     Decid: si veis bailar, no oyendo el son
de los que bailan, ¿no estaréis burlando?,
¿y no os parecerá que locos son?
     Así el sabio que vive descansando,
sin nunca oír el son de las pasiones   65
que nos hacen andar como bailando,
     sabrá burlar de nuestras turbaciones,
y reírse ha de aquellos movimientos
que verá hacer a nuestros corazones.
     Así que dados estos fundamientos,   70
que entiende el sabio de raíz las cosas,
y que desprecia nuestros pensamientos:
     las cosas para otros espantosas,
de nuevas o de grandes, no podrán
ser jamás para él maravillosas.   75
     Cuidados a este tal no le darán
ni su propio dolor, ni el bien ajeno:
ambos por una cuenta pasarán.
     ¡Dichoso aquel que desto estará lleno,
viviendo entre las penas sosegado,   80
y en mitad de los vicios siendo bueno!
     ¡O gran saber del hombre reposado!
¡Cuánto más vales, aunque estés durmiendo,
que el del otro, aunque esté más desvelado!
     Pero es, en fin, en esto lo que entiendo,   85
que holgamos de hablar bien cuando hablamos,
magníficas sentencias componiendo;

---

⁵⁴ *higas*: 'gestos despreciativos'.

pero cuando a las obras nos llegamos,
rehüimos, mi fe, de la carrera,
y con sólo el hablar nos contentamos.   90
   Díjome no sé quién una vez, que era
placer hablar de Dios y obrar del mundo:
ésta es la ley de nuestra ruin manera.
   Pero, señor, si a la virtud que fundo
llegar bien no podemos, a lo menos   95
excusemos del mal lo más profundo.
   En tierra do los vicios van tan llenos,
aquellos hombres que no son peores,
aquellos pasarán luego por buenos.
   Yo no ando ya siguiendo a los mejores;   100
bástame alguna vez dar fruto alguno;
en los demás, conténtome de flores.
   No quiero en la virtud ser importuno.
Ni pretendo rigor en mis costumbres;
con el glotón no pienso estar ayuno.   105
   La tierra está con llanos y con cumbres;
lo tolerable al tiempo acomodemos,
y a su sazón hagámonos dos lumbres.
   No curemos de andar tras los extremos,
pues dellos huye la filosofía   110
de los buenos autores que leemos.
   Si en Jenócrates vemos dura vía,
sigamos a Platón, su gran maestro,
y templemos con él la fantasía.
   Conviene en este mundo andar muy diestro,   115
templando con el miedo el esperanza,
y alargando con tiento el paso nuestro.
   Ande firme y derecha la templanza,
como hombre que pasea por maroma,
que no cae porque no se abalanza.   120
   El que buen modo en sí y buen temple toma
con pasos irá siempre descansados,
aunque vaya de Cádiz hasta Roma.
   El estado mejor de los estados
es alcanzar la buena medianía,   125
con la cual se remedian los cuidados.

Y así yo por seguir aquesta vía,
heme casado con una mujer
que es principio y fin del alma mía.

Ésta me ha dado luego un nuevo ser, 130
con tal felicidad que me sostiene
llena la voluntad y el entender.

Ésta me hace ver que ella conviene
a mí, y las otras no me convenían;
a ésta tengo yo y ella me tiene. 135

En mí las otras iban y venían,
y a poder de mudanzas a montones,
de mi puro dolor se mantenían.

Eran ya para mí sus galardones
como tesoros por encantamientos, 140
que luego se volvían en carbones.

Agora son los bienes que en mí siento,
firmes, macizos, con verdad fundados,
y sabrosos en todo el sentimiento.

Solían mis placeres dar cuidados, 145
y al tiempo que venían a gustarse,
ya llegaban a mí casi dañados.

Agora el bien es bien para gozarse,
y el placer es lo que es, que siempre place,
y el mal ya con el bien no ha de juntarse. 150

Al satisfecho todo satisface;
y así también a mí, por lo que he hecho,
cuanto quiero y deseo se me hace.

El campo que era de batalla, el lecho,
ya es lecho para mí de paz durable: 155
dos almas hay conformes en un pecho.

La mesa, en otro tiempo abominable,
y el triste pan que en ella yo comía,
y el vino que bebía lamentable,

infestándome siempre alguna Harpía, 160
que en mitad del deleite mi vïanda
con amargos potajes envolvía:

---

[160] *Harpía:* arpía, ave fabulosa con rostro de mujer y cuerpo de ave de rapiña; en sentido figurado persona codiciosa y astuta.

agora el casto amor acude, y manda
que todo se me haga muy sabroso,
andando siempre todo como anda.   165

De manera, señor, que aquel reposo
que nunca alcancé yo, por mi ventura,
con mi filosofar triste y pensoso,

una sola mujer me le asegura,
y en perfeta sazón me da en las manos   170
vitoria general de mi tristura.

Y aquellos pensamientos míos tan vanos,
ella los va borrando con el dedo,
y escribe en lugar dellos otros sanos.

Así que yo ni quiero ya, ni puedo,   175
tratar sino de vida descansada,
sin colgar de esperanza ni de miedo.

Ya estoy pensando, estando en mi posada,
cómo podré con mi mujer holgarme,
teniéndola en la cama o levantada.   180

Pienso también en cómo he de vengarme
de la pasada vida con la de ora,
en cómo he de saber della burlarme.

Otras veces también pienso algún hora
las cosas de mi hacienda sin codicia,   185
aunque ésta comúnmente es la señora.

Bien puede el labrador sin avaricia
multiplicar cada año sus graneros,
guardando la igualdad de la justicia.

No curo yo de hacer cavar mineros   190
de venas de metal ni otras riquezas,
para alcanzar gran suma de dineros.

Sólo quiero excusar tristes pobrezas,
por no sufrir soberbias de hombres vanos,
ni de ricos estrechos estrechezas.   195

Quiero tener dineros en mis manos,
tener para tener contenta vida
con los hidalgos y con los villanos.

---

[184] *algún hora:* 'algún rato'.

42

Quien quiera se desmande y se desmida,
buscando el oro puro y reluciente,   200
y la concha del mar Indo venida.

Quien quiera esté cuidoso y diligente,
haciendo granjear grandes yugadas
de tierra do aproveche la simiente.

Si con esto se envuelven las lanzadas,   205
las muertes entre hermanos y parientes,
y de reyes las guerras guerreadas:

huyan de mí los tales accidentes,
huyan de mí riquezas poderosas,
si son causa de mil males presentes.   210

Déjeme estar contento entre mis cosas,
comiendo en compañía mansamente
comidas que no sean sospechosas.

Conmigo y mi mujer sabrosamente
esté, y alguna vez me pida celos,   215
con tal que me los pida blandamente.

Comamos y bebamos sin recelos,
la mesa de muchachos rodeada:
muchachos que nos hagan ser agüelos.

Pasaremos así nuestra jornada,   220
agora en la ciudad, ora en la aldea,
porque la vida esté más descansada.

Cuando pesada la ciudad nos sea,
iremos al lugar con la compaña,
adonde el importuno no nos vea.   225

Allí se vivirá con menos maña,
y no habrá el hombre tanto de guardarse
del malo, o del grosero que os engaña.

Allí podrá mejor filosofarse
con los bueyes y cabras y ovejas,   230
que con los que del vulgo han de tratarse.

Allí no serán malas las consejas
que contarán los simples labradores,
viniendo de arrastrar las duras rejas.

---

234 *rejas:* 'arados'.

¿Será, pues, malo allí tratar de amores,   235
viendo que Apolo con su gentileza
anduvo 'namorado entre pastores?
    ¿Y Venus no se vio en grande estrecheza
por Adonis, vagando entre los prados,
según la antigüedad así lo reza?   240
    ¿Y Baco no sintió fuertes cuidados
por la cuitada que quedó durmiendo
en mitad de los montes despoblados?
    Las Ninfas por las aguas pareciendo,
y entre las arboledas las Drïadas,   245
se ven con los Faunos rebulliendo.
    Nosotros seguiremos sus pisadas:
digo, yo y mi mujer nos andaremos
tratando allí las cosas 'namoradas.
    A do corra algún río nos iremos,   250
y a la sombra de alguna verde haya,
a do estemos mejor nos sentaremos.
    Tenderme ha allí la halda de su saya,
y en regalos de amor habrá porfía,
cuál de entrambos hará más alta raya.   255
    El río correrá por do es su vía,
nosotros correremos por la nuestra,
sin pensar en la noche ni en el día.
    El ruiseñor nos cantará a la diestra,
y verná sin el cuervo la paloma,   260
haciendo en su venida alegre muestra.
    No ternemos envidia al que está en Roma,
ni a los tesoros de los Asianos,
ni a cuanto por acá del India asoma.
    Ternemos nuestros libros en las manos,   265
y no se cansarán de andar contando
los hechos celestiales y mundanos.

---

[239] *Adonis:* amante de Venus, que al ser muerto por un jabalí fue converti-
do por ésta en anémona.
[245] *Drïadas:* ninfas de los bosques.

Virgilio a Eneas estará cantando,
y Homero el corazón de Aquiles fiero,
y el navegar de Ulises rodeando.   270
    Propercio verná allí por compañero,
el cual dirá con dulces harmonías
del arte que a su Cintia amó primero.
    Catulo acudirá por otras vías,
y, llorando de Lesbia los amores,   275
sus trampas llorará y chocarrerías.
    Esto me advertirá de mis dolores;
pero volviendo a mi placer presente,
terné mis escarmientos por mejores.
    Ganancia sacaré del accidente   280
que otro tiempo mi sentir turbaba,
trayéndome perdido entre la gente.
    ¿Qué haré de acordarme cuál estaba,
viéndome cuál estoy? que estoy seguro
de nunca más pasar lo que pasaba.   285
    En mi fuerte estaré dentro en mi muro,
sin locura de amor, ni fantasía
que me pueda vencer con su conjuro.
    Como digo, estaré en mi compañía,
en todo me hará el camino llano,   290
su alegría mezclando con la mía.
    Su mano me dará dentro en mi mano,
y acudirán deleites y blanduras
de un sano corazón en otro sano.
    Los ojos holgarán con las verduras   295
de los montes y prados que veremos,
y con las sombras de las espesuras.
    El correr de las aguas oiremos,
y su blando venir por las montañas,
que a su paso vernán donde estaremos.   300
    El aire moverá las verdes cañas,
y volverán entonces los ganados,
balando por llegar a sus cabañas.
    En esto ya que el sol por los collados
sus largas sombras andará encumbrando,   305
enviando reposo a los cansados,

      nosotros nos iremos paseando
hacia el lugar do está nuestra morada,
en cosas que veremos platicando.
      La compaña saldrá regocijada   310
a tomarnos entonces con gran fiesta,
diciendo a mi mujer si está cansada.
      Veremos al entrar la mesa puesta,
y todo con concierto aparejado,
como es uso de casa bien compuesta.   315
      Después que un poco habremos reposado,
sin ver bullir, ni andar yendo y viniendo,
y a cenar nos habremos asentado,
      nuestros mozos vernán allí trayendo
vïandas naturales y gustosas,   320
que nuestro gusto estén todo moviendo.
      Frutas pornán maduras y sabrosas,
por nosotros las más dellas cogidas,
envueltas en mil flores olorosas.
      Las natas por los platos extendidas   325
acudirán, y el blanco requesón,
y otras cosas que dan cabras paridas.
      Después de esto verná el tierno lechón,
y del gordo conejo el gazapito,
y aquellos pollos que de pasto son.   330
      Verná también allí el nuevo cabrito
que a su madre jamás habrá seguido
por el campo, de tierno y de chiquito.
      Después que todo esto haya venido,
y que nosotros descansadamente   335
en nuestra cena hayamos bien comido,
      pasaremos la noche dulcemente,
hasta venir al tiempo que la gana
de dormir toma al hombre comúnmente.
      Lo que desde este tiempo a la mañana   340
pasare, pase agora sin contarse,
pues no cura mi pluma de ser vana.

---

[322] *pornán:* 'pondrán'.

    Basta saber que dos que tanto amarse
pudieron, no podrán hallar momento
en que puedan dejar siempre de holgarse.   345
    Pero, tornando a proseguir el cuento,
nuestro vivir será de vida entera,
viviendo en el aldea como cuento.
    Tras esto, ya que el corazón se quiera
desenfadar con variar la vida,   350
tomando nuevo gusto en su manera,
    a la ciudad será nuestra partida
a donde todo nos será placiente
con el nuevo placer de la venida.
    Holgaremos entonce con la gente,   355
y con la novedad de haber llegado
trataremos con todos blandamente.
    Y el cumplimiento, que es siempre pesado,
a lo menos aquel que de ser vano,
no es menos enojoso que excusado,   360
    alaballe estará muy en la mano,
y decir que por solo el cumplimiento
se conserva en el mundo el trato humano.
    Nuestro vivir así estará contento,
y alcanzaremos mil ratos gozosos   365
en recompensa de un desabrimiento.
    Y aunque a veces no falten enojosos,
todavía entre nuestros conocidos
los dulces serán más, y los sabrosos.
    Pues ya con los amigos más queridos,   370
¿qué será el alborozo y el placer,
y el bullicio de ser recién venidos?
    ¿Qué será el nunca hartarnos de nos ver,
y el buscarnos cada hora y cada punto,
y el pesar del buscarse sin se ver?   375
    Mosén Durall allí estará muy junto,
haciendo con su trato y su nobleza
sobre nuestro placer el contrapunto.
    Y con su buen burlar y su llaneza
no sufrirá un momento tan ruin   380
que en nuestro gran placer mezcle tristeza.

No faltará Jerónimo Agustín,
con su saber sabroso y agradable,
no menos que en romance en el latín;
    el cual con gravedad mansa y tratable,   385
contando cosas bien por él notadas,
nuestro buen conversar hará durable.
    Las burlas andarán por él mezcladas
con las veras así con tal razón,
que unas de otras serán bien ayudadas.   390
    En esto acudirá el buen Monleón,
con quien todos holgar mucho solemos,
y nosotros y cuantos con él son.
    Él nos dirá, y nosotros gustaremos;
él reïrá, y hará que nos rïamos;   395
y en esto enfadarse ha de cuanto haremos.
    Otras cosas habrá que las callamos,
porque tan buenas son para hacerse,
que pierden el valor si las hablamos.
    Pero tiempo es, en fin, de recogerse,   400
porque haya más para otro mensajero;
que, si mi cuenta no ha de deshacerse,
no será, yo os prometo, éste el postrero.

Cristóbal de Castillejo

Cristóbal de Castillejo (1492?-1550), nacido en Ciudad Rodrigo, dedicó su vida al servicio de los Habsburgos. Conocido como caudillo de una reacción antiitalianista, cultivaba casi exclusivamente el octosílabo tradicional, pero sus traducciones clásicas demuestran una profunda cultura humanística. Véase la edición de J. Domínguez Bordona en cuatro tomos de Clásicos Castellanos (Madrid, 1926-1928), en la cual se basa nuestro texto.

SUEÑO

Yo, señora, me soñaba
un sueño que no debiera:
que por mayo me hallaba
en un lugar do miraba
una muy linda ribera,   5
tan verde, florida y bella,
que de miralla y de vella
mil cuidados deseché,
y con solo uno quedé
muy grande, por gozar della.   10

Sin temer que allí podría
haber pesares ni enojos,
cuanto más dentro me vía,
tanto más me parecía

---

[13] *vía:* 'veía'.

que se gozaban mis ojos.   15
Entre las rosas y flores
cantaban los ruiseñores,
las calandrias y otras aves,
con sones dulces, süaves,
pregonando sus amores.   20

Agua muy clara corría,
muy serena al parecer,
tan dulce si se bebía,
que mayor sed me ponía
acabada de beber.   25
Si a los árboles llegaba,
entre las ramas andaba
un airecico sereno,
todo manso, todo bueno,
que las hojas meneaba.   30

Buscando dónde m'echar,
apartéme del camino,
y hallé para holgar
un muy sabroso lugar
a la sombra de un espino;   35
do tanto placer sentí
y tan contento me vi,
que diré que sus espinas
en rosas y clavellinas
se volvieron para mí.   40

En fin, que ninguna cosa
de placer y de alegría,
agradable ni sabrosa,
en esta fresca y hermosa
ribera me fallecía.   45
Yo, con sueño no liviano,
tan alegre y tan ufano
y seguro me sentía,
que nunca pensé que había
de acabars'allí el verano.   50

Lejos de mi pensamiento
dend'a poco me hallé,
que así durmiendo contento,
a la voz de mi tormento
el dulce sueño quebré;   55
y hallé que la ribera
es una montaña fiera
muy áspera de subir,
donde no espero salir
de cautivo hasta que muera.   60

REPRENSIÓN CONTRA LOS POETAS ESPAÑOLES
QUE ESCRIBEN EN VERSO ITALIANO

Pues la sancta Inquisición
suele ser tan diligente
en castigar con razón
cualquier secta y opinión
levantada nuevamente,   5
resucítese Lucero,
a corregir en España
una tan nueva y extraña,
como aquella de Lutero
en las partes de Alemaña.   10
Bien se pueden castigar
a cuenta de anabaptistas,
pues por ley particular
se tornan a baptizar
y se llaman petrarquistas.   15
Han renegado la fee
de las trovas castellanas,
y tras las italianas
se pierden, diciendo que
son más ricas y lozanas.   20

---

⁶ *Lucero:* inquisidor cordobés famoso por su celo.

El juicio de lo cual
yo lo dejo a quien más sabe;
pero juzgar nadie mal
de su patria natural
en gentileza no cabe;   25
y aquella cristiana musa
del famoso Joan de Mena,
sintiendo desto gran pena,
por infieles los acusa
y de aleves los condena.   30
    «Recuerde el alma dormida»
dice don Jorge Manrique;
y muéstrese muy sentida
de cosa tan atrevida,
por que más no se platique.   35
Garcí-Sánchez respondió:
«¡Quién me otorgase, señora,
vida y seso en esta hora
para entrar en campo yo
con gente tan pecadora!»   40
    «Si algún Dios de amor había,
dijo luego Cartagena,
muestre aquí su valentía
contra tan gran osadía,
venida de tierra ajena.»   45
Torres Naharro replica:
«Por hacer, Amor, tus hechos
consientes tales despechos,
y que nuestra España rica
se prive de sus derechos.»   50

---

[30] *aleves:* 'traidores'.
[36] *Garci Sánchez de Badajoz: (c.*1460-*c.*1526). Poeta español. Sus composiciones figuran en el *Cancionero General.*
[39] *en campo:* 'en combate'.
[42] *Alfonso de Cartagena: (c.* 1386-1456). Erudito español. Contribuyó a la consolidación del prerrenacimiento con traducciones muy leídas de Séneca, Cicerón y Boccaccio.
[46] *Bartolomé Torres Naharro: (c.* 1450-*c.* 1520). Dramaturgo y poeta. Siguió las normas tradicionales castellanas.

    Dios dé su gloria a Boscán
y a Garcilaso poeta,
que con no pequeño afán
y por estilo galán
sostuvieron esta seta,   55
y la dejaron acá
ya sembrada entre la gente;
por lo cual debidamente
les vino lo que dirá
este soneto siguiente: 60

                         SONETO

    Garcilaso y Boscán, siendo llegados
al lugar donde están los trovadores
que en esta nuestra lengua y sus primores
fueron en este siglo señalados,
    los unos a los otros alterados   65
se miran, con mudanza de colores,
temiéndose que fuesen corredores
espías o enemigos desmandados;
    y juzgando primero por el traje,
paresciéronles ser, como debía,   70
gentiles españoles caballeros;
    y oyéndoles hablar nuevo lenguaje
mezclado de extranjera poesía,
con ojos los miraban de extranjeros.

    Mas ellos, caso que estaban   75
sin favor y tan a solas,
contra todos se mostraban,
y claramente burlaban
de las coplas españolas,
canciones y villancicos,   80
romances y cosa tal,

                                                          53

arte mayor y real,
y pies quebrados y chicos,
y todo nuestro caudal.

    Y en lugar destas maneras   85
de vocablos ya sabidos
en nuestras trovas caseras,
cantan otras forasteras,
nuevas a nuestros oídos:
sonetos de grande estima,   90
madrigales y canciones
de diferentes renglones,
de octava y tercera rima
y otras nuevas invenciones.

    Desprecian cualquier cosa   95
de coplas compuestas antes,
por baja de ley, y astrosa
usan ya de cierta prosa
medida sin consonantes.
A muchos de los que fueron   100
elegantes y discretos
tienen por simples pobretos,
por sólo que no cayeron
en la cuenta a los sonetos.

    Daban, en fin, a entender   105
aquellos viejos autores
no haber sabido hacer
buenos metros ni poner
en estilo los amores;
y qu'el metro castellano   110
no tenía autoridad
de decir con majestad
lo que se dice en toscano
con mayor felicidad.

[98-99] Se refiere a los versos sueltos.

Mas esta falta o manquera 115
no la dan a nuestra lengua,
qu'es bastante y verdadera,
sino sólo dicen que era
de buenos ingenios mengua;
y a la causa en lo pasado 120
fueron todos carescientes
destas trovas excelentes
que han descubierto y hallado
los modernos y presentes.
Viendo pues que presumían 125
tanto de su nueva ciencia
dijéronles que querían
de aquello que referían
ver algo por experiencia;
para prueba de lo cual, 130
por muestra de novel uso,
cada cual de ellos compuso
una rima en especial,
cual se escribe aquí de yuso:

SONETO

Si las penas que dais son verdaderas, 135
como bien lo sabe el alma mía,
¿por qué no me acaban? y sería
sin ellas el morir muy más de veras;
y si por dicha son tan lisonjeras,
y quieren retozar con mi alegría, 140
decid, ¿por qué me matan cada día
de muerte de dolor de mil maneras?
Mostradme este secreto ya, señora,
sepa yo por vos, pues por vos muero,
si lo que padezco es muerte o vida; 145
porque, siendo vos la matadora,
mayor gloria de pena ya no quiero
que poder alegar tal homicida.

Ya que mis tormentos son forzados,
bien que son sin fuerza consentidos,   150
¿qué mayor alivio en mis cuidados
que ser por vuestra causa padecidos?
Si como son en vos bien empleados
de vos fuesen, señora, conoscidos,
la mayor angustia de mi pena   155
sería de descanso y gloria llena.

Juan de Mena, como oyó
la nueva trova polida,
contentamiento mostró,
caso que se sonrió   160
como de cosa sabida,
y dijo: «Según la prueba,
once sílabas por pie
yo hallo causa por qué
se tenga por cosa nueva,   165
pues yo mismo las usé.
    Don Jorge dijo: «No veo
nescesidad ni razón
de vestir nuevo deseo
de coplas que por rodeo   170
van diciendo su intención.
Nuestra lengua es muy devota
de la clara brevedad,
y esta trova, a la verdad,
por el contrario, denota   175
oscura prolijidad.»
    Garci-Sánchez se mostró
estar con alguna saña,
y dijo: «No cumple, no,
al que en España nasció   180
valerse de tierra extraña;

porque en solas mis *liciones,*
miradas bien sus estancias,
veréis tales consonancias,
que Petrarca y sus canciones   185
queda atrás en elegancias.»
    Cartagena dijo luego,
como plático en amores:
«Con la fuerza d'este fuego
no nos ganarán el juego   190
estos nuevos trovadores;
muy melancólicas son
estas trovas, a mi ver,
enfadosas de leer,
tardías de relación   195
y enemigas de placer.»
    Torres dijo: «Si yo viera
que la lengua castellana
sonetos de mí sufriera,
fácilmente los hiciera,   200
pues los hice en la romana;
pero ningún sabor tomo
en coplas tan altaneras,
escriptas siempre de veras,
que corren con pies de plomo,   205
muy pesadas de caderas.»
    Al cabo la conclusión
fue que por buena crïanza
y por honrar la invención
de parte de la nación   210
sean dignas de alabanza.
Y para que a todos fuese
manifiesto este favor,
se dio cargo a un trovador
que aquí debajo escribiese   215
un soneto en su loor:

---

[188] *plático:* 'experimentado'.

Musas italianas y latinas,
gentes en estas partes tan extrañas,
¿cómo habéis venido a nuestra España
tan nuevas y hermosas clavellinas?   220
    O ¿quién os ha traído a ser vecinas
del Tajo, de sus montes y campaña?
o ¿quién es el que os guía y acompaña
de tierras tan ajenas peregrinas?—
    —Don Diego de Mendoza y Garcilaso   225
nos trujeron, y Boscán y Luis de Haro
por orden y favor del dios Apolo.
    Los dos llevó la muerte paso a paso,
solimán el uno, y por amparo
nos queda don Diego, y basta solo.   230

«DA MI BASIA MILLE»

(Catulo)

Dame, amor, besos sin cuento,
asida de mis cabellos,
y mil y ciento tras ellos,
y tras ellos mil y ciento,
y después   5
de muchos millares, tres;
y porque nadie lo sienta,
desbaratemos la cuenta
y contemos al revés.

Garcilaso de la Vega

Garcilaso de la Vega (1501?-1536), hermano menor del comunero don Pedro Laso de la Vega, se asociaba desde joven con Boscán y el duque de Alba en las campañas militares y en la corte de Carlos V; recibió en 1523 el hábito militar de Santiago; casó en 1525 con doña Elena de Zúñiga, madre luego de sus tres hijos legítimos. Mantuvo relaciones cortesanas con doña Isabel Freire, dama portuguesa que se casó con don Antonio Fonseca y murió de parto; la vemos reflejada poéticamente en la Galatea y la Elisa de las Églogas I y III. En 1531 Garcilaso presenció los desposorios de un sobrino suyo prohibidos por el Emperador; como castigo fue confinado primero en una isla del Danubio (Canción III) y luego desterrado a Nápoles, donde sirvió al virrey don Pedro de Toledo, tío del duque de Alba. En Nápoles Garcilaso completó su formación humanística y escribió sus poemas más importantes. En 1534 participó en la jornada imperial de Túnez, pasando por Sicilia (Elegía II) al volver a Nápoles. En 1536 murió en una campaña militar en el sur de Francia.

Rafael Lapesa, en *La trayectoria poética de Garcilaso* (Madrid, 1948; véase ahora en su *Garcilaso: Estudios completos,* Madrid, 1985) ha trazado el desarrollo de la poesía garcilasiana, que empezó con las angustiadas abstracciones y juegos verbales de los cancioneros y de Ausias March y llegó luego a los paisajes petrarquistas y clásicos, al discurso platónico y horaciano, y a una dulce melancolía pastoril. Publicados en 1543 con los de Boscán, sus poemas se reeditaron con los comentarios del Brocense (1574) y de Herrera (1580). Entre las ediciones modernas véanse la de Navarro Tomás (Madrid, 1911), la de Keniston (Nueva York, 1925), las de Rivers (1968, 1974, 1996), la de Alcina (Madrid, 1993) y la de Morros (Barcelona, 1995). Además del ya citado estudio de Lapesa, véanse los libros de Keniston (Nueva York, 1922), de Margot Arce (Madrid, 1930), de Alberto Blecua (Madrid, 1970) y de D. L. Heiple (University Park PA, 1994), además de la introducción elemental de E. Rivers (Londres, 1981); también hay una antología de ensayos críticos editada por Rivers (Barcelona, 1974). El texto que sigue es el de Rivers (1968).

COPLA VIII

Villancico de Garcilaso

Nadi puede ser dichoso,
señora, ni desdichado,
sino que os haya mirado.

Porque la gloria de veros
en ese punto se quita   5
que se piensa mereceros,
así que sin conoceros,
nadi puede ser dichoso,
señora, ni desdichado,
sino que os haya mirado.   10

SONETO I

Cuando me paro a contemplar mi 'stado
y a ver los pasos por dó me han traído,
hallo, según por do anduve perdido,
que a mayor mal pudiera haber llegado;
mas cuando del camino 'stó olvidado,   5
a tanto mal no sé por dó he venido;
sé que me acabo, y más he yo sentido
ver acabar comigo mi cuidado.

---

[1] *nadi:* 'nadie'.

[2] «y a ver por dónde me han traído los pasos».
[5] *'stó:* 'estoy'.
[8] *cuidado:* 'preocupación amorosa'.

Yo acabaré, que me entregué sin arte
a quien sabrá perderme y acabarme   10
si quisiere, y aún sabrá querello;
   que pues mi voluntad puede matarme,
la suya, que no es tanto de mi parte,
pudiendo, ¿qué hará sino hacello?

SONETO IV

Un rato se levanta mi esperanza,
mas cansada d'haberse levantado,
torna a caer, que deja, a mal mi grado,
libre el lugar a la desconfianza.
   ¿Quién sufrirá tan áspera mudanza   5
del bien al mal? ¡Oh corazón cansado,
esfuerza en la miseria de tu estado,
que tras fortuna suele haber bonanza!
   Yo mesmo emprenderé a fuerza de brazos
romper un monte que otro no rompiera,   10
de mil inconvenientes muy espeso;
   muerte, prisión no pueden, ni embarazos,
quitarme de ir a veros como quiera,
desnudo espirtu o hombre en carne y hueso.

SONETO V

Escrito 'stá en mi alma vuestro gesto
y cuanto yo escribir de vos deseo:
vos sola lo escribistes; yo lo leo
tan solo que aun de vos me guardo en esto.
   En esto estoy y estaré siempre puesto,   5
que aunque no cabe en mí cuanto en vos veo,
de tanto bien lo que no entiendo creo,
tomando ya la fe por presupuesto.

---

8 *fortuna:* 'tormenta'.

Yo no nací sino para quereros;
mi alma os ha cortado a su medida;   10
por hábito del alma misma os quiero;
    cuanto tengo confieso yo deberos;
por vos nací, por vos tengo la vida,
por vos he de morir, y por vos muero.

SONETO X

¡Oh dulces prendas por mi mal halladas,
dulces y alegres cuando Dios quería,
juntas estáis en la memoria mía
y con ella en mi muerte conjuradas!
    ¿Quién me dijera, cuando las pasadas   5
horas qu'en tanto bien por vos me vía,
que me habíades de ser en algún día
con tan grave dolor representadas?
    Pues en una hora junto me llevastes
todo el bien que por términos me distes,   10
lleváme junto el mal que me dejastes;
    si no, sospecharé que me pusistes
en tantos bienes porque deseastes
verme morir entre memorias tristes.

SONETO XI

Hermosas ninfas, que en el río metidas,
contentas habitáis en las moradas
de relucientes piedras fabricadas
y en columnas de vidrio sostenidas,
    agora estéis labrando embebecidas   5
o tejiendo las telas delicadas,
agora unas con otras apartadas
contándoos los amores y las vidas:

---

⁹ *una hora:* 'un momento'.
¹⁰ *por términos:* 'poco a poco'.

dejad un rato la labor, alzando
vuestras rubias cabezas a mirarme,   10
y no os detendréis mucho según ando,
    que o no podréis de lástima escucharme,
o convertido en agua aquí llorando,
podréis allá despacio consolarme.

SONETO XIV

    Como la tierra madre —qu'el doliente
hijó le está con lágrimas pidiendo
alguna cosa de la cual comiendo
sabe que ha de doblarse el mal que siente,
    y aquel piadoso amor no le consiente   5
que considere el daño que, haciendo
lo que le piden, hace— va corriendo
y aplaca el llanto y dobla el accidente:
    así a mi enfermo y loco pensamiento,
que en su daño os me pide, yo querría   10
quitalle este mortal mantenimiento;
    mas pídemele y llora cada día
tanto que cuanto quiere le consiento,
olvidando su muerte y aun la mía.

SONETO XXIII

    En tanto que de rosa y d'azucena
se muestra la color en vuestro gesto,
y que vuestro mirar ardiente, honesto,
con clara luz la tempestad serena;

---

¹³ *convertido:* 'convertido yo'.

⁸ «y suprime el síntoma al mismo tiempo que agrava la enfermedad».

y en tanto que'l cabello, que'n la vena   5
del oro s'escogió, con vuelo presto
por el hermoso cuello blanco, enhiesto,
el viento mueve, esparce y desordena:
    coged de vuestra alegre primavera
el dulce fruto antes que'l tiempo airado   10
cubra de nieve la hermosa cumbre.
    Marchitará la rosa el viento helado,
todo lo mudará la edad ligera
por no hacer mudanza en su costumbre.

SONETO XXIX

    Pasando el mar Leandro el animoso,
en amoroso fuego todo ardiendo,
esforzó el viento, y fuese embraveciendo
el agua con un ímpetu furioso.
    Vencido del trabajo presuroso,   5
contrastar a las ondas no pudiendo,
y más del bien que allí perdia muriendo
que de su propia vida congojoso,
    como pudo, 'sforzó su voz cansada
y a las ondas habló d'esta manera,   10
mas nunca fue su voz dellas oída:
    «Ondas, pues no se escusa que yo muera,
dejadme allá llegar, y a la tornada
vuestro furor esecutá en mi vida.»

---

⁷ *enhiesto:* 'erguido'.
¹⁴ *mudanza:* 'cambio'.

¹ *Leandro:* joven griego que se ahogó al pasar a nado el Helesponto para reunirse con su amada Hero.
⁶ *contrastar:* 'combatir'.
¹³ *tornada:* 'vuelta'.

y en ásperas montañas
con el süave canto enterneciese
las fieras alimañas,
los árboles moviese
y al son confusamente los trujiese: 10

no pienses que cantado
sería de mí, hermosa flor de Gnido,
el fiero Marte airado,
a muerte convertido,
de polvo y sangre y de sudor teñido,   15

ni aquellos capitanes
en las sublimes ruedas colocados,
por quien los alemanes,
el fiero cuello atados,
y los franceses van domesticados;   20

mas solamente aquella
fuerza de tu beldad sería cantada,
y alguna vez con ella
también sería notada
el aspereza de que estás armada,   25

---

[13] Marte, dios de la guerra, es el contrario de Venus, diosa del amor.
[14] *convertido:* 'dirigido'.
[17] *en las sublimes ruedas:* 'en los carros triunfales'.
[19] «atados en cuanto al fiero cuello».

y cómo por ti sola
y por tu gran valor y hermosura,
    convertido en vïola,
    llora su desventura
el miserable amante en tu figura.   30

    Hablo d'aquel cativo
de quien tener se debe más cuidado,
    que 'stá muriendo vivo,
    al remo condenado,
en la concha de Venus amarrado.   35

    Por ti, como solía,
del áspero caballo no corrige
    la furia y gallardía,
    ni con freno la rige,
ni con vivas espuelas ya l'aflige;   40

---

[28] «pálido como la viola» (se juega con el nombre de la dama, como en el verso 30, donde «tu figura» es la flor).

[34] «galeote» (se juega con el apellido del pretendiente, Mario Galeota).

[35] *concha (venérea, venera, vieira):* 'barca'.

[37] *corrige:* 'refrena'.

9

por ti con diestra mano
no revuelve la espada presurosa,
y en el dudoso llano
huye la polvorosa
palestra como sierpe ponzoñosa;   45

10

por ti su blanda musa,
en lugar de la cítera sonante,
tristes querellas usa
que con llanto abundante
hacen bañar el rostro del amante;   50

11

por ti el mayor amigo
l'es importuno, grave y enojoso:
yo puedo ser testigo,
que ya del peligroso
naufragio fui su puerto y su reposo,   55

12

y agora en tal manera
vence el dolor a la razón perdida

---

45 *palestra:* 'lucha'.
55 *naufragio:* 'desastre amoroso'.

16

    y al cuello el lazo atado
con que desenlazó de la cadena
    el corazón cuitado,
    y con su breve pena
compró la eterna punición ajena.   80

17

    Sentió allí convertirse
en piedad amorosa el aspereza.
    ¡Oh tarde arrepentirse!
    ¡Oh última terneza!
¿Cómo te sucedió mayor dureza?   85

18

    Los ojos s'enclavaron
en el tendido cuerpo que allí vieron;
    los huesos se tornaron
    más duros y crecieron
y en sí toda la carne convertieron;   90

19

    las entrañas heladas
tornaron poco a poco en piedra dura;
    por las venas cuitadas
    la sangre su figura
iba desconociendo y su natura,   95

---

80 *punición:* 'castigo'.
94-95 La sangre también se transformaba en mármol.

    hasta que finalmente,
en duro mármol vuelta y transformada,
    hizo de sí la gente
    no tan maravillada
cuanto de aquella ingratitud vengada.   100

21

    No quieras tú, señora,
de Némesis airada las saetas
    probar, por Dios, agora;
    baste que tus perfetas
obras y hermosura a los poetas   105

22

    den inmortal materia,
sin que también en verso lamentable
    celebren la miseria
    d'algún caso notable
que por ti pase, triste, miserable.   110

ELEGÍA II

A Boscán

Aquí, Boscán, donde del buen troyano
Anquises con eterno nombre y vida
conserva la ceniza el Mantüano,

---

102 *Némesis:* diosa de la justicia vengadora.
110 *por ti:* 'por culpa tuya'.

1-3 Es decir, en Sicilia (donde Virgilio cantó los funerales del padre de Eneas).

    debajo de la seña esclarecida
de César africano nos hallamos   5
la vencedora gente recogida:
    diversos en estudio, que unos vamos
muriendo por coger de la fatiga
el fruto que con el sudor sembramos;
    otros (que hacen la virtud amiga   10
y premio de sus obras y así quieren
que la gente lo piense y que lo diga)
    destotros en lo público difieren,
y en lo secreto sabe Dios en cuánto
se contradicen en lo que profieren.   15
    Yo voy por medio, porque nunca tanto
quise obligarme a procurar hacienda,
que un poco más que aquéllos me levanto:
    ni voy tampoco por la estrecha senda
de los que cierto sé que a la otra vía   20
vuelven, de noche al caminar, la rienda.
    Mas, ¿dónde me llevó la pluma mía?
que a sátira me voy mi paso a paso,
y aquesta que os escribo es elegía.
    Yo enderezo, señor, en fin mi paso   25
por donde vos sabéis que su proceso
siempre ha llevado y lleva Garcilaso;
    y así, en mitad d'aqueste monte espeso,
de las diversidades me sostengo,
no sin dificultad, mas no por eso   30
    dejo las musas, antes torno y vengo
dellas al negociar, y varïando,
con ellas dulcemente me entretengo.
    Así se van las horas engañando;
así del duro afán y grave pena   35
estamos algún hora descansando.

---

⁵⁻⁶ El poeta se refiere a la invasión de Túnez (1535).
¹⁰⁻²¹ El poema escoge la vía mediana entre los que buscan premios mate-
riales y los que fingen indiferencia.
²⁶⁻²⁷ Es decir, por el camino de la poesía amorosa.

D'aquí iremos a ver de la Serena
la patria, que bien muestra haber ya sido
de ocio y d'amor antiguamente llena.

Allí mi corazón tuvo su nido   40
un tiempo ya, mas no sé, triste, agora
o si estará ocupado o desparcido;

daquesto un frío temor así a deshora
por mis huesos discurre en tal manera
que no puedo vivir con él un' hora.   45

Si, triste, de mi bien yo estado hubiera
un breve tiempo ausente, no lo niego
que con mayor seguridad viviera:

la breve ausencia hace el mismo juego
en la fragua d'amor que en fragua ardiente   50
el agua moderada hace al fuego,

la cual verás que no tan solamente
no le suele matar, mas le refuerza
con ardor más intenso y eminente,

porque un contrario, con la poca fuerza   55
de su contrario, por vencer la lucha
su brazo aviva y su valor esfuerza.

Pero si el agua en abundancia mucha
sobre'l fuego s'esparce y se derrama,
el humo sube al cielo, el son s'escucha   60

y, el claro resplandor de viva llama
en polvo y en ceniza convertido,
apenas queda d'él sino la fama:

así el ausencia larga, que ha esparcido
en abundancia su licor que amata   65
el fuego qu'el amor tenía encendido,

de tal suerte lo deja que lo trata
la mano sin peligro en el momento
que en aparencia y son se desbarata.

---

³⁷⁻³⁸ La patria de la Sirena (Parténope) es Nápoles.
⁴⁶ *bien:* 'amor, amiga'. (En los versos que siguen, el poeta se preocupa por el olvido y la infidelidad de la amada a quien ha dejado en Nápoles, con motivo de la expedición militar.)

Yo solo fuera voy d'aqueste cuento, 70
porque'l amor m'aflige y m'atormenta
y en el ausencia crece el mal que siento;
  y pienso yo que la razón consienta
y permita la causa deste efeto,
que a mí solo entre todos se presenta, 75
  porque como del cielo yo sujeto
estaba eternamente y diputado
al amoroso fuego en que me meto,
  así, para poder ser amatado,
el ausencia sin término, infinita 80
debe ser, y sin tiempo limitado;
  lo cual no habrá razón que lo permita,
porque por más y más que ausencia dure,
con la vida s'acaba, qu'es finita.
  Mas a mí ¿quién habrá que m'asegure 85
que mi mala fortuna con mudanza
y olvido contra mí no se conjure?
  Este temor persigue la esperanza
y oprime y enflaquece el gran deseo
con que mis ojos van de su holganza; 90
  con ellos solamente agora veo
este dolor qu'el corazón me parte,
y con él y comigo aquí peleo.
  ¡Oh crudo, oh riguroso, oh fiero Marte,
de túnica cubierto de diamante 95
y endurecido siempre en toda parte!,
  ¿qué tiene que hacer el tierno amante
con tu dureza y áspero ejercicio,
llevado siempre del furor delante?
  Ejercitando por mi mal tu oficio, 100
soy reducido a términos que muerte
será mi postrimero beneficio;
  y ésta no permitió mi dura suerte
que me sobreviniese peleando,
de hierro traspasado agudo y fuerte, 105
  porque me consumiese contemplando
mi amado y dulce fruto en mano ajena,
y el duro posesor de mí burlando.

Mas ¿dónde me trasporta y enajena
de mi propio sentido el triste miedo?   110
A parte de vergüenza y dolor llena,
   donde, si el mal yo viese, ya no puedo,
según con esperalle estoy perdido,
acrecentar en la miseria un dedo.
   Así lo pienso agora, y si él venido   115
fuese en su misma forma y su figura,
ternía el presente por mejor partido,
   y agradecería siempre a la ventura
mostrarme de mi mal solo el retrato
que pintan mi temor y mi tristura.   120
   Yo sé qué cosa es esperar un rato
el bien del propio engaño y solamente
tener con él inteligencia y trato,
   como acontece al mísero doliente
que, del un cabo, el cierto amigo y sano   125
le muestra el grave mal de su accidente,
   y le amonesta que del cuerpo humano
comience a levantar a mejor parte
el alma suelta con volar liviano;
   mas la tierna mujer, de la otra parte,   130
no se puede entregar al desengaño
y encúbrele del mal la mayor parte;
   él, abrazado con su dulce engaño,
vuelve los ojos a la voz piadosa
y alégrase muriendo con su daño: 135
   así los quito yo de toda cosa
y póngolos en solo el pensamiento
de la esperanza, cierta o mentirosa;
   en este dulce error muero contento,
porque ver claro y conocer mi 'stado   140
no puede ya curar el mal que siento,
   y acabo como aquel qu'en un templado

---

[116] Si el poeta viera físicamente presente el desastre que se imagina.
[125] *del un cabo:* 'de un lado, de una parte'.
[126] *accidente:* 'enfermedad'.

baño metido, sin sentillo muere,
las venas dulcemente desatado.

    Tú, que en la patria, entre quien bien te quiere,   145
la deleitosa playa estás mirando
y oyendo el son del mar que en ella hiere,
    y sin impedimiento contemplando
la misma a quien tú vas eterna fama
en tus vivos escritos procurando,   150
    alégrate, que más hermosa llama
que aquella qu'el troyano encendimiento
pudo causar el corazón t'inflama;
    no tienes que temer el movimiento
de la fortuna con soplar contrario,   155
que el puro resplandor serena el viento.

    Yo, como conducido mercenario,
voy do fortuna a mi pesar m'envía,
si no a morir, que aquéste's voluntario;
    sólo sostiene la esperanza mía   160
un tan débil engaño que de nuevo
es menester hacelle cada día,
    y si no le fabrico y le renuevo,
da consigo en el suelo mi esperanza
tanto qu'en vano a levantalla pruebo.   165

    Aqueste premio mi servir alcanza,
que en sola la miseria de mi vida
negó fortuna su común mudanza.
    ¿Dónde podré hüir que sacudida
un rato sea de mí la grave carga   170
que oprime mi cerviz enflaquecida?
    Mas ¡ay!, que la distancia no descarga
el triste corazón, y el mal, doquiera
que 'stoy, para alcanzarme el brazo alarga:
    si donde'l sol ardiente reverbera   175
en la arenosa Libya, engendradora
de toda cosa ponzoñosa y fiera,

---

[144] Con las venas abiertas para suicidarse
[149-150] Es decir, a la dama a quien cantas poéticamente.

o adond'él es vencido a cualquier hora
de la rígida nieve y viento frío,
parte do no se vive ni se mora,   180
   si en ésta o en aquélla el desvarío
o la fortuna me llevase un día
y allí gastase todo el tiempo mío,
   el celoso temor con mano fría
en medio del calor y ardiente arena   185
el triste corazón m'apretaría;
   y en el rigor del hielo, en la serena
noche, soplando el viento agudo y puro
qu'el veloce correr del agua enfrena,
   d'aqueste vivo fuego, en que m'apuro   190
y consumirme poco a poco espero,
sé que aun allí no podré estar seguro,
y así diverso entre contrarios muero.

EPÍSTOLA A BOSCÁN

   Señor Boscán, quien tanto gusto tiene
de daros cuenta de los pensamientos,
hasta las cosas que no tienen nombre,
no le podrá faltar con vos materia,
ni será menester buscar estilo   5
presto, distinto d'ornamento puro
tal cual a culta epístola conviene.
Entre muy grandes bienes que consigo
el amistad perfeta nos concede
es aqueste descuido suelto y puro,   10
lejos de la curiosa pesadumbre;
y así, d'aquesta libertad gozando,
digo que vine, cuanto a lo primero,

[5-7] No necesita, por tanto, la rima de los tercetos, sino que basta la llaneza de los versos sueltos.

[11] *curiosa pesadumbre:* 'complicación artificiosa'.

tan sano como aquel que en doce días
lo que sólo veréis ha caminado   15
cuando el fin de la carta os lo mostrare.
  Alargo y suelto a su placer la rienda,
mucho más que al caballo, al pensamiento,
y llévame a las veces por camino
tan dulce y agradable que me hace   20
olvidar el trabajo del pasado;
otras me lleva por tan duros pasos
que con la fuerza del afán presente
también de los pasados se me olvida;
a veces sigo un agradable medio   25
honesto y reposado, en que'l discurso
del gusto y del ingenio se ejercita.
Iba pensando y discurriendo un día
a cuántos bienes alargó la mano
el que del amistad mostró el camino,   30
y luego vos, del amistad enjemplo,
os me ofrecéis en estos pensamientos,
y con vos a lo menos me acontece
una gran cosa, al parecer extraña,
y porque lo sepáis en pocos versos,   35
es que, considerando los provechos,
las honras y los gustos que me vienen
desta vuestra amistad, que en tanto tengo,
ninguna cosa en mayor precio estimo
ni me hace gustar del dulce estado   40
tanto como el amor de parte mía.
Éste comigo tiene tanta fuerza
que, sabiendo muy bien las otras partes
del amistad y la estrecheza nuestra,
con solo aquéste el alma se enternece;   45
y sé que otramente me aprovecha

14-16 Se refiere al viaje que hizo a caballo, en octubre de 1534, desde Barce-
lona hasta Nápoles, pasando por Aviñón.
   30 «el que inventó la amistad».
   41 Es decir, que el mejor resultado de la amistad es el mismo sentimiento
afectuoso que uno siente.

el deleite, que suele ser pospuesto
a las útiles cosas y a las graves.
Llévame a escudriñar la causa desto
ver contino tan recio en mí el efeto,   50
y hallo que'l provecho, el ornamento,
el gusto y el placer que se me sigue
del vínculo d'amor, que nuestro genio
enredó sobre nuestros corazones,
son cosas que de mí no salen fuera,   55
y en mí el provecho solo se convierte.
Mas el amor, de donde por ventura
nacen todas las cosas, si hay alguna,
que a vuestra utilidad y gusto miren,
es gran razón que ya en mayor estima   60
tenido sea de mí que todo el resto,
cuanto más generosa y alta parte
es el hacer el bien que el recebille;
así que amando me deleito, y hallo
que no es locura este deleite mío.   65
¡Oh cuán corrido estoy y arrepentido
de haberos alabado el tratamiento
del camino de Francia y las posadas!
Corrido de que ya por mentiroso
con razón me ternéis; arrepentido   70
de haber perdido tiempo en alabaros
cosa tan digna ya de vituperio,
donde no hallaréis sino mentiras,
vinos acedos, camareras feas,
varletes codiciosos, malas postas,   75
gran paga, poco argén, largo camino;
llegar al fin a Nápoles, no habiendo
dejado allá enterrado algún tesoro,
salvo si no decís que's enterrado

---

⁵² *se me sigue:* 'alcanzo'.
⁶⁶ *corrido:* 'avergonzado, enfadado'.
⁷⁵ *varletes:* 'criados, camareros' (galicismo).
⁷⁶ *gran paga, poco argén:* 'altos precios, poco dinero' (galicismo).

, el monte fatigando
.te jinete que apresura
..o tras los ciervos temerosos,
en vano su morir van dilatando: 20
espera, que en tornando
a ser restitüido
al ocio ya perdido,
luego verás ejercitar mi pluma
por la infinita, innumerable suma   25
de tus virtudes y famosas obras,
antes que me consuma,
faltando a ti, que a todo el mundo sobras.

3

En tanto que este tiempo que adevino
viene a sacarme de la deuda un día   30
que se debe a tu fama y a tu gloria
(qu'es deuda general, no sólo mía,
mas de cualquier ingenio peregrino
que celebra lo digno de memoria),
el árbol de victoria   35
que ciñe estrechamente
tu glorïosa frente
dé lugar a la hiedra que se planta
debajo de tu sombra y se levanta
poco a poco, arrimada a tus loores;   40
y en cuanto esto se canta,
escucha tú el cantar de mis pastores.

4

Saliendo de las ondas encendido,
rayaba de los montes el altura

---

[18] *jinete:* 'caballo ligero'.
[27] «antes que me muera».
[28] *sobras:* 'superas'.
[35-38] Que el laurel militar ceda a la hiedra del poeta, protegido del virrey.

el sol, cuando Salicio, recostado   45
al pie d'una alta haya, en la verdura
por donde una agua clara con sonido
atravesaba el fresco y verde prado,
  él, con canto acordado
  al rumor que sonaba   50
  del agua que pasaba,
se quejaba tan dulce y blandamente
como si no estuviera de allí ausente
la que de su dolor culpa tenía,
  y así como presente,   55
razonando con ella, le decía:

5

SAL. ¡Oh más dura que mármol a mis quejas
  y al encendido fuego en que me quemo
  más helada que nieve, Galatea!
  Estoy muriendo, y aun la vida temo;   60
  témola con razón, pues tú me dejas,
  que no hay sin ti el vivir para qué sea.
    Vergüenza he que me vea
    ninguno en tal estado,
    de ti desamparado,   65
  y de mí mismo yo me corro agora.
  ¿D'un alma te desdeñas ser señora
  donde siempre moraste, no pudiendo
    della salir un hora?
  Salid sin duelo, lágrimas, corriendo.   70

6

El sol tiende los rayos de su lumbre
por montes y por valles, despertando

---

66 *me corro:* 'me avergüenzo'.
70 *sin duelo:* 'sin lástima'.

las aves y animales y la gente:
cuál por el aire claro va volando,
cuál por el verde valle o alta cumbre   75
paciendo va segura y libremente,
      cuál con el sol presente
      va de nuevo al oficio
      y al usado ejercicio
do su natura o menester l'inclina;   80
siempre está en llanto esta ánima mezquina,
cuando la sombra el mundo va cubriendo,
      o la luz se avecina.
Salid sin duelo, lágrimas, corriendo.

7

  Y tú, desta mi vida ya olvidada,   85
sin mostrar un pequeño sentimiento
de que por ti Salicio triste muera,
dejas llevar, desconocida, al viento
el amor y la fe que ser guardada   90
eternamente solo a mí debiera.
      ¡Oh Dios!, ¿por qué siquiera,
      pues ves desde tu altura
      esta falsa perjura
causar la muerte d'un estrecho amigo,
no recibe del cielo algún castigo?   95
Si en pago del amor yo estoy muriendo,
      ¿qué hará el enemigo?
Salid sin duelo, lágrimas, corriendo.

8   / *neitur*

  Por ti el silencio de la selva umbrosa,
por ti la esquividad y apartamiento   100
del solitario monte m'agradaba;
por ti la verde hierba, el fresco viento,
el blanco lirio y colorada rosa

y dulce primavera deseaba.
   ¡Ay, cuánto m'engañaba!   105
   ¡Ay, cuán diferente era
   y cuán d'otra manera
lo que en tu falso pecho se escondía!
Bien claro con su voz me lo decía
la siniestra corneja, repitiendo   110
   la desventura mía.
Salid sin duelo, lágrimas, corriendo.

9

 ¡Cuántas veces, durmiendo en la floresta,
reputándolo yo por desvarío,
vi mi mal entre sueños, desdichado!   115
Soñaba que en el tiempo del estío
llevaba, por pasar allí la siesta,
a abrevar en el Tajo mi ganado;
   y después de llegado,
   sin saber de cuál arte,   120
   por desusada parte
y por nuevo camino el agua s'iba;
ardiendo yo con la calor estiva,
el curso enajenado iba siguiendo
   del agua fugitiva.   125
Salid sin duelo, lágrimas, corriendo.

10

 Tu dulce habla ¿en cúya oreja suena?
Tus claros ojos ¿a quién los volviste?
¿Por quién tan sin respeto me trocaste?
Tu quebrantada fe ¿dó la pusiste?   130
¿Cuál es el cuello que como en cadena

---

¹²⁴ *enajenado:* 'desplazado'.

de tus hermosos brazos añudaste?
    No hay corazón que baste,
    aunque fuese de piedra,
    viendo mi amada hiedra   135
de mí arrancada, en otro muro asida,
y mi parra en otro olmo entretejida,
que no s'esté con llanto deshaciendo
    hasta acabar la vida.
Salid sin duelo, lágrimas, corriendo.   140

11

    ¿Qué no s'esperará d'aquí adelante,
por difícil que sea y por incierto,
o qué discordia no será juntada?
Y juntamente ¿qué terná por cierto,
o qué de hoy más no temerá el amante,   145
siendo a todo materia por ti dada?
    Cuando tú enajenada
    de mi cuidado fuiste,
    notable causa diste,
y ejemplo a todos cuantos cubre'l cielo,   150
que'l más seguro tema con recelo
perder lo que estuviere poseyendo.
    Salid fuera sin duelo,
salid sin duelo, lágrimas, corriendo.

12

    Materia diste al mundo d'esperanza   155
d'alcanzar lo imposible y no pensado
y de hacer juntar lo diferente
dando a quien diste el corazón malvado,

---

[143] *juntada:* 'reconciliada'.
[146] *materia:* 'motivo'.

quitándolo de mí con tal mudanza
que siempre sonará de gente en gente.   160
    La cordera paciente
    con el lobo hambriento
    hará su ajuntamiento,
y con las simples aves sin rüido
harán las bravas sierpes ya su nido,   165
que mayor diferencia comprehendo
    de ti al que has escogido.
Salid sin duelo, lágrimas, corriendo.

13

    Siempre de nueva leche en el verano
y en el invierno abundo; en mi majada   170
la manteca y el queso está sobrado.
De mi cantar, pues, yo te via agradada
tanto que no pudiera el mantüano
Títero ser de ti más alabado.
    No soy, pues, bien mirado,   175
    tan disforme ni feo,
    que aun agora me veo
en esta agua que corre clara y pura,
y cierto no trocara mi figura
con ese que de mí s'está reyendo;   180
    ¡trocara mi ventura!
Salid sin duelo, lágrimas, corriendo.

14

    ¿Cómo te vine en tanto menosprecio?
¿Cómo te fui tan presto aborrecible?
¿Cómo te faltó en mí el conocimiento?   185
Si no tuvieras condición terrible,

---

[174] *Títero:* Virgilio (como poeta pastoril).

siempre fuera tenido de ti en precio
y no viera este triste apartamiento.
    ¿No sabes que sin cuento
    buscan en el estío   190
    mis ovejas el frío
de la sierra de Cuenca, y el gobierno
del abrigado Estremo en el invierno?
Mas ¡qué vale el tener, si derritiendo
    m'estoy en llanto eterno!   195
Salid sin duelo, lágrimas, corriendo.

15

Con mi llorar las piedras enternecen
su natural dureza y la quebrantan;
los árboles parece que s'inclinan;
las aves que m'escuchan, cuando cantan,   200
con diferente voz se condolecen
y mi morir cantando m'adevinan;
    las fieras que reclinan
    su cuerpo fatigado
    dejan el sosegado   205
sueño por escuchar mi llanto triste:
tú sola contra mí t'endureciste,
los ojos aun siquiera no volviendo
    a los que tú hiciste
salir, sin duelo, lágrimas corriendo.   210

16

Mas ya que a socorrerme aquí no vienes,
no dejes el lugar que tanto amaste,
que bien podrás venir de mí segura.
Yo dejaré el lugar do me dejaste;

---

[192] *gobierno:* 'alimento'.
[193] *Estremo:* 'Extremadura'.

ven si por sólo aquesto te detienes.   215
Ves aquí un prado lleno de verdura,
          ves aquí un' espesura,
          ves aquí un agua clara,
          en otro tiempo cara,
a quien de ti con lágrimas me quejo;   220
quizá aquí hallarás, pues yo m'alejo,
al que todo mi bien quitar me puede,
          que pues el bien le dejo,
no es mucho que'l lugar también le quede.

                         17

    Aquí dio fin a su cantar Salicio,   225
y sospirando en el postrero acento,
soltó de llanto una profunda vena;
queriendo el monte al grave sentimiento
d'aquel dolor en algo ser propicio,
con la pesada voz retumba y suena;   230
          la blanda Filomena,
          casi como dolida
          y a compasión movida,
dulcemente responde al son lloroso.
Lo que cantó tras esto Nemoroso,   235
decildo vos, Pïérides, que tanto
          no puedo yo ni oso,
que siento enflaquecer mi débil canto.

                         18

NEM. Corrientes aguas puras, cristalinas,
árboles que os estáis mirando en ellas,   240
verde prado de fresca sombra lleno,

---

²¹⁹ *cara:* 'querida'.
²²³ *el bien:* 'la persona amada'.
²³¹ *Filomena:* 'ruiseñor'.
²³⁶ *Pïérides:* 'Musas'.

aves que aquí sembráis vuestras querellas,
hiedra que por los árboles caminas,
torciendo el paso por su verde seno:
     yo me vi tan ajeno   245
     del grave mal que siento
     que de puro contento
con vuestra soledad me recreaba,
donde con dulce sueño reposaba,
o con el pensamiento discurría   250
     por donde no hallaba
sino memorias llenas d'alegría;

19

     y en este mismo valle, donde agora
me entristezco y me canso en el reposo,
estuve ya contento y descansado.   255
¡Oh bien caduco, vano y presuroso!
Acuérdome, durmiendo aquí algún hora,
que, despertando, a Elisa vi a mi lado.
     ¡Oh miserable hado!
     ¡Oh tela delicada,   260
     antes de tiempo dada
a los agudos filos de la muerte!
Más convenible fuera aquesta suerte
a los cansados años de mi vida,
     que's más que'l hierro fuerte,   265
pues no la ha quebrantado tu partida.

20

     ¿Dó están agora aquellos claros ojos
que llevaban tras sí, como colgada,
mi alma, doquier que ellos se volvían?

---

[255] *ya:* 'antes'.
[264] «a mi vejez».

¿Dó está la blanca mano delicada,   270
llena de vencimientos y despojos
que de mí mis sentidos l'ofrecían?
    Los cabellos que vían
    con gran desprecio al oro
    como a menor tesoro   275
¿adónde están, adónde el blanco pecho?
¿Dó la columna que'l dorado techo
con proporción graciosa sostenía?
Aquesto todo agora ya s'encierra,
    por desventura mía,   280
en la escura, desierta y dura tierra.

21

    ¿Quién me dijera, Elisa, vida mía,
cuando en aqueste valle al fresco viento
andábamos cogiendo tiernas flores,
que había de ver, con largo apartamiento,   285
venir el triste y solitario día
que diese amargo fin a mis amores?
    El cielo en mis dolores
    cargó la mano tanto
    que a sempiterno llanto   290
y a triste soledad me ha condenado;
y lo que siento más es verme atado
a la pesada vida y enojosa,
    solo, desamparado,
ciego, sin lumbre en cárcel tenebrosa.   295

22

    Después que nos dejaste, nunca pace
en hartura el ganado ya, ni acude
el campo al labrador con mano llena;

---

²⁹⁷⁻²⁹⁸ «ni produce abundancia el campo».

no hay bien qu'en mal no se convierta y mude.
La mala hierba al trigo ahoga, y nace   300
en lugar suyo la infelice avena;
      la tierra, que de buena
      gana nos producía
      flores con que solía
quitar en sólo vellas mil enojos,   305
produce agora en cambio estos abrojos,
ya de rigor d'espinas intratable.
      Yo hago con mis ojos
crecer, lloviendo, el fruto miserable.

23

Como al partir del sol la sombra crece,   310
y en cayendo su rayo, se levanta
la negra escuridad que'l mundo cubre,
de do viene el temor que nos espanta
y la medrosa forma en que s'ofrece
aquella que la noche nos encubre   315
      hasta que'l sol descubre
      su luz pura y hermosa:
      tal es la tenebrosa
noche de tu partir en que he quedado
de sombra y de temor atormentado,   320
hasta que muerte el tiempo determine
      que a ver el deseado
sol de tu clara vista m'encamine.

24

Cual suele el ruiseñor con triste canto
quejarse, entre las hojas escondido,   325
del duro labrador que cautamente
le despojó su caro y dulce nido
de los tiernos hijuelos entretanto
que del amado ramo estaba ausente,
      y aquel dolor que siente,   330

con diferencia tanta
por la dulce garganta
despide que a su canto el aire suena,
y la callada noche no refrena
su lamentable oficio y sus querellas,   335
trayendo de su pena
el cielo por testigo y las estrellas:

25 .

desta manera suelto yo la rienda
a mi dolor y ansí me quejo en vano
de la dureza de la muerte airada;   340
ella en mi corazón metió la mano
y d'allí me llevó mi dulce prenda,
que aquél era su nido y su morada.
    ¡Ay, muerte arrebatada,
por ti m'estoy quejando   345
al cielo y enojando
con importuno llanto al mundo todo!
El desigual dolor no sufre modo;
no me podrán quitar el dolorido
sentir si ya del todo   350
primero no me quitan el sentido.

26

Tengo una parte aquí de tus cabellos,
Elisa, envueltos en un blanco paño,
que nunca de mi seno se m'apartan:
descójolos, y de un dolor tamaño   355
enternecer me siento que sobre ellos
nunca mis ojos de llorar se hartan.
    Sin que d'allí se partan,

---

[348] «El dolor, desproporcionado a mis fuerzas, no permite limitaciones.»
[355] *tamaño:* 'tan grande'.

                con sospiros calientes,
            más que la llama ardientes,   360
        los enjugo del llanto, y de consuno
        casi los paso y cuento uno a uno;
        juntándolos, con un cordón los ato.
                Tras esto el importuno
        dolor me deja descansar un rato.   365

                            27

        Mas luego a la memoria se m'ofrece
        aquella noche tenebrosa, escura,
        que siempre aflige esta anima mezquina
        con la memoria de mi desventura:
        verte presente agora me parece   370
        en aquel duro trance de Lucina;
                y aquella voz divina,
                con cuyo son y acentos
                a los airados vientos
        pudieran amansar, que agora es muda,   375
        me parece que oigo, que a la cruda,
        inexorable diosa demandabas
                en aquel paso ayuda;
        y tú, rústica diosa, ¿dónde estabas?

                            28

        ¿Íbate tanto en perseguir las fieras?   380
        ¿Íbate tanto en un pastor dormido?
        ¿Cosa pudo bastar a tal crüeza
        que, comovida a compasión, oído

---

³⁶¹ *de consuno:* 'juntamente'.
³⁷¹ en el parto (del cual Lucina, o la luna Diana, casta cazadora, era la diosa).
³⁸⁰ *íbate tanto:* 'te importaba tanto'.
³⁸¹ *pastor:* Endimión, de quien se enamoró la Luna.
³⁸² *cosa:* 'qué cosa' (italianismo).

a los votos y lágrimas no dieras,
por no ver hecha tierra tal belleza,   385
      o no ver la tristeza
      en que tu Nemoroso
      queda, que su reposo
era seguir tu oficio, persiguiendo
las fieras por los montes y ofreciendo   390
a tus sagradas aras los despojos?
      ¡Y tú, ingrata, riendo
dejas morir mi bien ante mis ojos!

29

  Divina Elisa, pues agora el cielo
con inmortales pies pisas y mides,   395
y su mudanza ves, estando queda,
¿por qué de mí te olvidas y no pides
que se apresure el tiempo en que este velo
rompa del cuerpo y verme libre pueda,
      y en la tercera rueda,   400
      contigo mano a mano,
      busquemos otro llano,
busquemos otros montes y otros ríos,
otros valles floridos y sombríos
donde descanse y siempre pueda verte   405
      ante los ojos míos,
sin miedo y sobresalto de perderte?

30

  Nunca pusieran fin al triste lloro
los pastores, ni fueran acabadas
las canciones que sólo el monte oía,   410
si mirando las nubes coloradas,

---

[389] *tu oficio:* 'la caza, de la cual Diaña era la diosa'.
[400] *tercera rueda:* 'tercera esfera planetaria, la de Venus, diosa del amor'.

al tramontar del sol bordadas d'oro,
no vieran que era ya pasado el día;
　　　la sombra se veía
　　　venir corriendo apriesa　　　　　　　　　415
　　　ya por la falda espesa
del altísimo monte, y recordando
ambos como de sueño, y acabando
el fugitivo sol, de luz escaso,
　　　su ganado llevando,　　　　　　　　　420
se fueron recogiendo paso a paso.

---

415 *apriesa:* 'deprisa'.
417 *recordando:* 'despertando'.

Gutierre de Cetina

Gutierre de Cetina (*c.* 1515-*c.* 1554) pasó la juventud en su Sevilla natal; después fue a Valladolid, a Italia, a Flandes y a México, donde murió violentamente. Su poesía demuestra las influencias variadas de Ausias March, Petrarca y de muchos petrarquistas italianos de su época; Herrera critica la blandura italianizante de su estilo. El mejor estudio y la mejor edición son los de Begoña López Bueno: *Gutierre de Cetina, poeta del Renacimiento español* (Sevilla, 1978), y la edición de Cátedra (Madrid, 1981), cuyo texto y numeración se siguen en esta antología.

22
(SONETO)

Horas alegres que pasáis volando
porque a vueltas del bien mayor mal sienta;
sabrosa noche que en tan dulce afrenta
el triste despedir me vas mostrando;

importuno reloj, que apresurando   5
tu curso, mi dolor me representa;
estrellas con quien nunca tuve cuenta,
que mi partida vais acelerando;

gallo que mi pesar has denunciado;
lucero que mi luz va obscureciendo;   10
y tú, mal sosegada y moza aurora;

si en vos cabe dolor de mi cuidado,
id poco a poco el paso deteniendo,
si no puede ser más, siquiera un hora.

.27*
(SONETO)

Entre armas, guerra, fuego, ira y furores,
que al soberbio francés tienen opreso,
cuando el aire es más turbio y más espeso,
allí me aprieta el fiero ardor de amores.
    Miro el cielo, los árboles, las flores,   5
y en ellos hallo mi dolor expreso,
que en el tiempo más frío y más avieso
nacen y reverdecen mis temores.
    Digo llorando: «¡Oh dulce primavera,
cuándo será que a mi esperanza vea   10
ver de prestar al alma algún sosiego!
    Mas temo que mi fin mi suerte fiera
tan lejos de mi bien quiere que sea,
entre guerra y furor, ira, armas, fuego.»

54
(MADRIGAL)

Ojos claros, serenos,
si de un dulce mirar sois alabados,
¿por qué, si me miráis, miráis airados?
Si cuanto más piadosos
más bellos parecéis a aquél que os mira,   5
no me miréis con ira

---

¹⁴ *un hora:* 'un rato'.

* Este soneto puede fecharse a finales de 1543 durante las campañas mili-
tares contra el rey de Francia y sus aliados (López Bueno).
⁶ *expreso:* 'expresado'.

porque no parezcáis menos hermosos.
¡Ay, tormentos rabiosos!
Ojos claros, serenos,
ya que así me miráis, miradme al menos.   10

57
(MADRIGAL)

Cubrir los bellos ojos
con la mano que ya me tiene muerto,
cautela fue por cierto,
que ansí doblar pensastes mis enojos.
Pero de tal cautela   5
harto mayor ha sido el bien que el daño,
que el resplandor extraño
del sol se puede ver mientra se cela.
Así que aunque pensastes
cubrir vuestra beldad, única, inmensa,   10
yo os perdono la ofensa,
pues, cubiertos, mejor verlos dejastes.

132

AL MONTE DONDE FUE CARTAGO
(SONETO)

Excelso monte do el romano estrago
eterna mostrará vuestra memoria;
soberbios edificios do la gloria
aún resplandece de la gran Cartago;
   desierta playa, que apacible lago   5
lleno fuiste de triunfos y victoria;
despedazados mármoles, historia
en quien se ve cuál es del mundo el pago;

---

¹⁰ *ya que:* 'aunque'.

    arcos, anfiteatro, baños, templo,
que fuistes edificios celebrados   10
y agora apenas vemos las señales;
    gran remedio a mi mal es vuestro ejemplo:
que si del tiempo fuistes derribados,
el tiempo derribar podrá mis males.

185
(SONETO)*

    ¡Ay, sabrosa ilusión, sueño süave!,
¿quién te ha enviado a mí? ¿Cómo veniste?
¿Por dónde entraste al alma o qué le diste
a mi secreto por guardar la llave?
    ¿Quién pudo a mi dolor fiero, tan grave,   5
el remedio poner que tú pusiste?
Si el ramo tincto en Lete en mí esparciste,
ten la mano al velar que no se acabe.
    Bien conozco que duermo y que me engaño,
mientra envuelto en un bien falso, dudoso,   10
manifiesto mi mal se muestra cierto.
    Pero, pues excusar no puedo un daño,
hazme sentir, ¡oh sueño pïadoso!,
antes durmiendo el bien, que el mal despierto.

---

    * Sobre sonetos de sueño erótico, véase estudio de C. Maurer en *Edad de
Oro*, t. 9 (1990), págs. 149-167.
    7 *tincto en Lete:* mojado en el agua del olvido.

Hernando de Acuña

Hernado de Acuña (1518-1580) nació en Valladolid e hizo carrera militar en África, Italia y Alemania; pasó los últimos años de su vida en Granada, donde escribió su famoso soneto sobre la victoria de Lepanto (véase nota). Su viuda publicó sus *Varias poesías* (Madrid, 1591). N. Alonso Cortés escribió un estudio biográfico (Valladolid, 1913). Luis F. Díaz Larios ha hecho la mejor edición moderna de *Varias poesías* (Madrid, Cátedra, 1982), con introducción y bibliografía útiles; en la presente antología se sigue el texto y numeración de esta edición.

[LXXVII]

SONETO

Un novillo feroz y un fuerte toro
lidian delante su becerra amada,
y mirábalos Silvia descuidada,
de gracia y de beldad rico tesoro,
    cuando por la ribera un sacro coro   5
de ninfas vi venir, y en su llegada
fue dellas mi pastora coronada
de flores, que eran perlas sobre el oro.
    Y como el fuerte vencedor furioso
dio alegre fin a la obstinada empresa,   10
zampoña no quedó que no tocase,

---

[11] «toqué todas las zampoñas».

diciendo: «¡Oh bien nacido y venturoso
Silvano, si tu llanto, que no cesa,
con fin tan venturoso se acabase!»

SONETO DE DON ALONSO DE ACUÑA

De mí agora huyendo, voy buscando
donde pueda ocupar el pensamiento,
para aliviar en parte mi tormento,
que el alma y corazón está abrasando.
    Yo no hallo remedio sospirando,   5
que suele dar alivio al descontento,
y es tan grave el dolor del mal que siento,
que no descansa el corazón llorando.
    Y así como el que está desafiuzado,
que le dejan comer de lo que quiere,   10
aunque sea contrario a su sujeto:
    quedando con disculpa en este estado,
tomado he por remedio, si lo fuere,
dirigiros, señor, este soneto.

[XC]

SONETO EN RESPUESTA DEL PASADO

Bien os puedo decir, considerando
lo que pruebo del mundo y lo que siento,
que, siendo los trabajos dél sin cuento,
se pueden los descansos ir contando;
    mas el fuerte varón, no desmayando,   5
esfuerza con valor el sufrimiento,
y al sabio da el saber un nuevo aliento
con que, puesto que teme, va esperando.

---

⁹⁻¹¹ *desafiuzado:* «al mortalmente enfermo le dejan comer lo que quiera, aunque le haga daño».

⁸ *puesto que:* 'aunque'.

Y si hay fortuna en el humano estado,
no es justo que ninguno desespere,
pues todo a su mudanza está sujeto;
    mas de remedio estar desconfiado
no se sufre, señor, en el que fuere,
cual sabemos que sois, fuerte y discreto.

10

[XCII]
SONETO

De la alta torre al mar Hero miraba,
al mar que siempre más se embravecía,
y esperando a Leandro se temía,
mas siempre con temerse le esperaba.
    Cuando la tempestad ya le acababa
de su vida la lumbre y de su guía,
y el cuerpo sin el alma a dar venía,
do el alma con el cuerpo deseaba,
    esclareciendo en esto, la triste Hero
vio muerto a su Leandro en la ribera
del viento y de las ondas arrojado,
    y dejóse venir sobre él diciendo:
«Alma, pues otro bien ya no se espera,
éste al menos te será otorgado.»

5

10

[XCI]

A UN BUEN CABALLERO, Y MAL POETA, LA LIRA DE GARCILASO CONTRAHECHA*

De vuestra torpe lira
ofende tanto el son, que en un momento
mueve al discreto a ira

---

* Compárese con la Canción V de Garcilaso.

y a descontentamiento,
y vos solo, señor, quedáis contento.   5
    Yo en ásperas montañas
no dudo que tal canto endureciese
las fieras alimañas,
o a risa las moviese
si natura el reír les concediese.   10
    Y cuanto habéis cantado
es para echar las aves de su nido,
y el fiero Marte airado,
mirándoos, se ha reído
de veros tras Apolo andar perdido.   15
    ¡Ay de los capitanes
en las sublimes ruedas colocados,
aunque sean alemanes,
si para ser loados
fueran a vuestra musa encomendados!   20
    Mas ¡ay, señor, de aquélla
cuya beldad de vos fuere cantada!,
que vos daréis con ella
do verse sepultada
tuviese por mejor que ser loada.   25
    Que vuestra musa sola
basta a secar del campo la verdura,
y al lirio y la vïola,
do hay tanta hermosura,
estragar la color y la frescura.   30
    Triste de aquel cautivo
que a escucharos, señor, es condenado,
que está muriendo vivo
de versos enfadado,
y a decir que son buenos es forzado.   35
    Por vos, como solía,
no reprehende Apolo ni corrige
la mala poesía,
ni las plumas rige,
pues la vuestra anda sola y nos aflige.   40
    Por vuestra cruda mano
aquella triste traducción furiosa

no tiene hueso sano,
y vive sospechosa
que aun vida le daréis más trabajosa.   45
    Por vos la docta musa
no da favor a nadie con que cante,
y mil querellas usa
con un llanto abundante,
mas nunca escarmentáis para adelante.   50
    A vos es vuestro amigo
grave, si no os alaba, y enojoso,
y si verdad os digo,
daisme por ambicioso,
por hombre que no entiende o sospechoso.   55
    Si yo poeta fuera,
viendo la cosa ya rota y perdida,
a Apolo le escribiera,
pues que de sí se olvida,
que reforme su casa o la despida.   60
    Que no ha sido engendrada
la poesía de la dura tierra,
para que sea tratada
como enemigo en guerra
de quien se muestra amigo y la destierra.   65
    Ella anda temerosa
con sobrada razón, y tan cobarde,
que aun quejarse no osa,
ni halla quien la guarde
de que en vuestro poder no haga alarde.   70
    Y estáis os alegrando,
el pecho contra Apolo empedernido,
y a su pesar cantando,
de que él está sentido
y el coro de las musas muy corrido.   75
    Por ley es condenado
cualquier que ocupa posesión ajena,
y es muy averiguado
que con trabajo y pena
el oro no se saca do no hay vena.   80
    Pues ¿qué podrá decirse

de quien de versos llenos de aspereza
no quiere arrepentirse,
y para tal dureza
anda sacando fuerzas de flaqueza? 85
    Señor, unos dejaron
fama en el mundo por lo que escribieron.
y de otros se burlaron,
que, en obras que hicieron,
ajeno parecer nunca admitieron. 90
    Palabras aplicadas
podrían ser éstas a vuestra escritura,
pero no señaladas,
porque es en piedra dura,
y ya vuestro escribir no tiene cura. 95
    Mas digo finalmente,
aunque decirlo es ya cosa excusada,
que no hagáis la gente
de vos maravillada,
juntando mal la pluma con la espada. 100
    Mueran luego a la hora
las públicas estancias y secretas,
y no queráis agora
que vuestras imperfetas
obras y rudo estilo a los poetas 105
    den inmortal materia
para cantar, en verso lamentable,
las faltas y miseria
de estilo tan culpable,
digno que no sin risa dél se habla. 110

[XCIV]

AL REY NUESTRO SEÑOR*
SONETO

Ya se acerca, señor, o ya es llegada
la edad gloriosa en que promete el cielo
una grey y un pastor solo en el suelo,
por suerte a vuestros tiempos reservada;
   ya tan alto principio, en tal jornada,   5
os muestra el fin de vuestro santo celo
y anuncia al mundo, para más consuelo,
un Monarca, un Imperio y una Espada;
   ya el orbe de la tierra siente en parte
y espera en todo vuestra monarquía,   10
conquistada por vos en justa guerra,
   que, a quien ha dado Cristo su estandarte,
dará el segundo más dichoso día
en que, vencido el mar, venza la tierra.

---

* Largamente debatida la ocasión de este famoso soneto, Christopher Maurer por fin descubrió que es traducción abreviada de una oda latina escrita por Juan Latino en la ocasión de la batalla de Lepanto *(Hispanic Review,* t. 61 [1993], págs. 35-51).

Fray Luis de León

Fray Luis de León (1527-1591) nació en Belmonte (Cuenca), descendiente de conversos. Rechazando la carrera jurídica de su padre, estudió hebreo en la Universidad de Salamanca, donde se hizo fraile agustino y llegó a ser catedrático. Defendiendo el texto hebreo del Antiguo Testamento contra los escolásticos dominicos, que se basaban en la traducción latina de la Vulgata, Fray Luis provocó enemistades teológicas y fue denunciado a la Inquisición; pasó cuatro años encarcelado en Valladolid, donde se defendió valientemente hasta volver victorioso a su cátedra. Editó las obras de Santa Teresa de Ávila, reformadora de las Carmelitas; poco antes de su muerte, fue elegido provincial de su propia Orden. Aunque escribió en latín sus obras estrictamente profesionales, quería hacer accesibles, al público en general, la Biblia y la teología cristiana. Tradujo con comentarios el *Cantar de los Cantares* y el *Libro de Job*; publicó un manual bíblico titulado *La perfecta casada* y, mucho más importante, una gran serie de diálogos cristológicos titulada *De los nombres de Cristo*.

Además de teólogo, Fray Luis era también humanista. Tradujo en versos castellanos odas selectas de Horacio (algunas fueron anónimamente publicadas, durante su prisión, por el Brocense en los comentarios al texto garcilasiano); también tradujo las *Églogas* y parte de las *Geórgicas* de Virgilio. Sus propios poemas originales, en gran parte odas estróficas en liras, suelen tener un lineal desarrollo horaciano de anécdota y argumento. La urbana sátira horaciana del *beatus ille* (menosprecio de corte y alabanza de aldea) se combina con una filosofía trascendental de armonía universal, con resonancias pitagóricas, neoplatónicas y cristianas. Pero asoman a menudo alusiones autobiográficas, en las que Fray Luis satiriza duramente a sus enemigos eclesiásticos e inquisitoriales. Quizá por estas alusiones satíricas no se pudo publicar la poesía de Fray Luis durante su vida; Quevedo la publicó en 1631. Las mejores ediciones modernas son las de O. Macrí (en la que se basa nuestra selección) y de J. F. Alcina (Madrid, Cátedra, 1986), además de la mucho más extensa edición crítica de J. M. Blecua (Madrid, Gredos, 1990). De los muchos libros sobre la vida y obra de Fray Luis son recomendables los de A. Coster, A. Guy y K. Vossler, y la introducción elemental de E. Rivers (Londres, 1983).

ODA I

Vida retirada

¡Qué descansada vida
la del que huye el mundanal ruïdo,
y sigue la escondida
senda por donde han ido
los pocos sabios que en el mundo han sido!   5
   Que no le enturbia el pecho
de los soberbios grandes el estado,
ni del dorado techo
se admira, fabricado
del sabio moro, en jaspes sustentado.   10
   No cura si la fama
canta con voz su nombre pregonera;
no cura si encarama
la lengua lisonjera
lo que condena la verdad sincera.   15
   ¿Qué presta a mi contento
si soy del vano dedo señalado,
si en busca de este viento
ando desalentado
con ansias vivas, y mortal cuidado?   20
   ¡Oh, campo! ¡Oh, monte! ¡Oh, río!
¡Oh, secreto seguro, deleitoso!

---

[13] *encarama:* 'alaba'.
[22] *seguro:* 'lugar de seguridad'.

Roto casi el navío,
a vuestro almo reposo
huyo de aqueste mar tempestüoso.   25

    Un no rompido sueño,
un día puro, alegre, libre quiero;
no quiero ver el ceño
vanamente severo
del que la sangre sube o el dinero.   30

    Despiértenme las aves
con su cantar süave no aprendido,
no los cuidados graves
de que es siempre seguido
quien al ajeno arbitrio está atenido.   35

    Vivir quiero conmigo;
gozar quiero del bien que debo al cielo,
a solas, sin testigo,
libre de amor, de celo,
de odio, de esperanzas, de recelo.   40

    Del monte en la ladera
por mi mano plantado tengo un huerto,
que con la primavera,
de bella flor cubierto,
ya muestra en esperanza el fruto cierto.   45

    Y como codiciosa
de ver y acrecentar su hermosura,
desde la cumbre airosa
una fontana pura
hasta llegar corriendo se apresura;   50

    y luego, sosegada,
el paso entre los árboles torciendo,
el suelo de pasada
de verdura vistiendo,
y con diversas flores va esparciendo.   55

    El aire el huerto orea,
y ofrece mil olores al sentido;
los árboles menea

---

[30] «del soberbio noble o rico».

113

con un manso ruïdo,
que del oro y del cetro pone olvido.   60
   Ténganse su tesoro
los que de un flaco leño se confian;
no es mío ver el lloro
de los que desconfían
cuando el cierzo y el ábrego porfían.   65
   La combatida antena
cruje, y en ciega noche el claro día
se torna; al cielo suena
confusa vocería,
y la mar enriquecen a porfía.   70
   A mí una pobrecilla
mesa, de amable paz bien abastada,
me baste; y la vajilla,
de fino oro labrada,
sea de quien la mar no teme airada.   75
   Y mientras miserable-
mente se están los otros abrasando
con sed insacïable
del no durable mando,
tendido yo a la sombra esté cantando,   80
   a la sombra tendido,
de yedra y lauro eterno coronado,
puesto el atento oído
al son dulce, acordado,
del plectro sabiamente meneado.   85

---

[62] *leño:* 'barco'.
[65] *el cierzo y el ábrego:* 'vientos tormentosos'.
[70] «tiran violentamente al mar las riquezas».

114

ODA III

A Francisco Salinas[*]
Catedrático de Música de la Universidad de Salamanca

El aire se serena
y viste de hermosura y luz no usada,
Salinas, cuando suena
la música extremada,
por vuestra sabia mano gobernada;   5
  a cuyo son divino
mi alma, que en olvido está sumida,
torna a cobrar el tino
y memoria perdida
de su origen primera esclarecida.   10
  Y como se conoce,
en suerte y pensamientos se mejora;
el oro desconoce,
que el vulgo ciego adora,
la belleza caduca, engañadora.   15
  Traspasa el aire todo
hasta llegar a la más alta esfera,
y oye allí otro modo
de no perecedera
música, que es de todas la primera.   20
  Ve cómo el gran maestro,
a aquesta inmensa cítara aplicado,
con movimiento diestro
produce el son sagrado,
con que este eterno templo es sustentado.   25
  Y como está compuesta
de números concordes, luego envía

---

  [*] Salinas era organista.
  [11] «y al irse reconociendo».
  [16] Es el alma lo que se eleva por el aire; el alma continúa siendo el sujeto de los verbos que siguen.
  [21-27] El alma está de acuerdo con la armonía universal.

consonante respuesta;
y entrambas a porfía
mezclan una dulcísima armonía.   30
    Aquí la alma navega
por un mar de dulzura, y finalmente
en él ansí se anega
que ningún accidente
extraño y peregrino oye o siente.   35
    ¡Oh, desmayo dichoso!
¡Oh, muerte que das vida! ¡Oh, dulce olvido!
¡Durase en tu reposo,
sin ser restituido
jamás a aqueste bajo y vil sentido!   40
    A aqueste bien os llamo,
gloria del apolíneo sacro coro,
amigos a quien amo
sobre todo tesoro;
que todo lo demás es triste lloro.   45
    ¡Oh! suene de contino,
Salinas, vuestro son en mis oídos,
por quien al bien divino
despiertan los sentidos,
quedando a lo demás amortecidos.   50

ODA VII[*]

Profecía del Tajo

    Folgaba el Rey Rodrigo
con la hermosa Cava en la ribera
del Tajo, sin testigo;

---

[34] *accidente:* 'nota desentonada'.
[38] *durase:* 'ojalá durase yo'.

[*] En esta oda el río Tajo se dirige al rey godo profetizando la destrucción de España por la invasión de los moros.

116

el pecho sacó fuera
el río, y le habló desta manera: 5
    «En mal punto te goces,
injusto forzador; que ya el sonido
y las amargas voces,
y ya siento el bramido
de Marte, de furor y ardor ceñido.   10
    Aquesta tu alegría
¡qué llantos acarrea! Aquesa hermosa,
que vio el sol en mal día,
al Godo, ¡ay!, cuán llorosa,
al soberano cetro, ¡ay! cuán costosa.   15
    Llamas, dolores, guerras,
muertes, asolamientos, fieros males
entre tus brazos cierras,
trabajos inmortales
a ti y a tus vasallos naturales;   20
    a los que en Constantina
rompen el fértil suelo, a los que baña
el Ebro, a la vecina
Sansueña, a Lusitaña:
a toda la espaciosa y triste España.   25
    Ya dende Cádiz llama
el injuriado Conde, a la venganza
atento y no a la fama,
la bárbara pujanza,
en quien para tu daño no hay tardanza.   30
    Oye que al cielo toca
con temeroso son la trompa fiera,
que en África convoca
el moro a la bandera
que, al aire desplegada, va ligera.   35
    La lanza ya blandea
el árabe crüel, y hiere el viento,
llamando a la pelea;

---

⁶ *En mal punto:* 'en hora mala'.
²¹ *Constantina:* antigua ciudad romana, Constantia Iulia, en la provincia
de Sevilla.

117

innumerable cuento
de escuadras juntas veo en un momento.   40
    Cubre la gente el suelo;
debajo de las velas desparece
la mar; la voz al cielo
confusa, incierta, crece;
el polvo roba el día y le escurece.   45
    ¡Ay!, que ya presurosos
suben las largas naves. ¡Ay!, que tienden
los brazos vigorosos
a los remos, y encienden
las mares espumosas por do hienden.   50
    El Eolo derecho
hinche la vela en popa, y larga entrada
por el hercúleo Estrecho,
con la punta acerada,
el gran padre Neptuno da a la armada.   55
    ¡Ay, triste! ¿y aun te tiene
el mal dulce regazo? ¿Ni llamado
al mal que sobreviene,
no acorres? ¿Abrazado
con tu calamidad no ves tu hado?   60
    Acude, acorre, vuela,
traspasa la alta sierra, ocupa el llano;
no perdones la espuela,
no des paz a la mano,
menea fulminando el hierro insano.   65
    ¡Ay!, ¡cuánto de fatiga!
¡Ay!, ¡cuánto de sudor está presente
al que viste loriga,
al infante valiente,
a hombres y a caballos juntamente!   70
    ¡Y tú, Betis divino,
de sangre ajena y tuya amancillado,

---

[45] *el día:* 'la luz del día'.
[53] *hercúleo Estrecho:* estrecho de Gibraltar.
[68] *loriga:* 'chaqueta de malla'.
[71] *Betis:* río Guadalquivir.

darás al mar vecino
cuánto yelmo quebrado,
cuánto cuerpo de nobles destrozado!   75
    El furibundo Marte
cinco luces las haces desordena,
igual a cada parte;
la sexta, ¡ay!, te condena,
¡oh, cara patria! a bárbara cadena.»   80

Noche serena

    Cuando contemplo el cielo
de innumerables luces adornado,
y miro hacia el suelo,
de noche rodeado,
en sueño y en olvido sepultado,   5
    el amor y la pena
despiertan en mi pecho un ansia ardiente;
despiden larga vena
los ojos hechos fuente;
la lengua dice al fin con voz doliente: 10
    «Morada de grandeza,
templo de claridad y hermosura:
mi alma que a tu alteza
nació, ¿qué desventura
la tiene en esta cárcel baja, escura?   15
    ¿Qué mortal desatino
de la verdad aleja ansí el sentido,
que de tu bien divino
olvidado, perdido,
sigue la vana sombra, el bien fingido?   20

---

[77] *cinco luces:* 'cinco días'.

[15] *esta cárcel:* 'la tierra, la vida terrenal'.

El hombre está entregado
al sueño, de su suerte no cuidando;
y con paso callado
el cielo, vueltas dando,
las horas del vivir le va hurtando.   25
    ¡Ay!, ¡despertad, mortales!
Mirad con atención en vuestro daño.
Las almas inmortales,
hechas a bien tamaño,
¿podrán vivir de sombra y sólo engaño?   30
    ¡Ay!, levantad los ojos
a aquesta celestial eterna esfera:
burlaréis los antojos
de aquesa lisonjera
vida, con cuanto teme y cuanto espera.   35
    ¿Es más que un breve punto
el bajo y torpe suelo, comparado
a aqueste gran trasunto,
do vive mejorado
lo que es, lo que será, lo que ha pasado?   40
    Quien mira el gran concierto
de aquestos resplandores eternales,
su movimiento cierto,
sus pasos desiguales
y en proporción concorde tan iguales: 45
    la luna cómo mueve
la plateada rueda, y va en pos de ella
la luz do el saber llueve,
y la graciosa estrella
de Amor la sigue reluciente y bella;   50
    y cómo otro camino
prosigue el sanguinoso Marte airado,
y el Júpiter benino,
de bienes mil cercado,
serena el cielo con su rayo amado;   55
    rodéase en la cumbre

46-60 Un repaso de las esferas o «ruedas» celestiales (Luna, Mercurio, Venus,
Marte, Júpiter, Saturno), llevándonos al «coro» de las estrellas fijas.

Saturno, padre de los siglos de oro;
tras dél la muchedumbre
del reluciente coro
su luz va repartiendo y su tesoro: 60
    ¿quién es el que esto mira
y precia la bajeza de la tierra,
y no gime y suspira
por romper lo que encierra
el alma y de estos bienes la destierra?   65
    Aquí vive el contento,
aquí reina la paz; aquí, asentado
en rico y alto asiento,
está el Amor sagrado,
de glorias y deleites rodeado.   70
    Inmensa hermosura
aquí se muestra toda, y resplandece
clarísima luz pura,
que jamás anochece;
eterna primavera aquí florece.   75
    ¡Oh, campos verdaderos!
¡Oh, prados con verdad dulces y amenos!
¡Riquísimos mineros!
¡Oh, deleitosos senos!
¡Repuestos valles, de mil bienes llenos!»   80

ODA X

A Felipe Ruiz

    ¿Cuándo será que pueda,
libre de esta prisión, volar al cielo,
Felipe, y en la rueda
que huye más del suelo,
contemplar la verdad pura, sin velo?   5

---

[62] *precia:* 'se da cuenta de, justiprecia'.

[3] *rueda:* 'esfera celestial'.

Allí, a mi vida junto,
en luz resplandeciente convertido,
veré, distinto y junto,
lo que es y lo que ha sido,
y su principio propio y ascondido.   10
    Entonces veré cómo
el divino poder echó el cimiento
tan a nivel y plomo,
do estable, eterno asiento
posee el pesadísimo elemento.   15
    Veré las inmortales
columnas do la tierra está fundada,
los lindes y señales
con que a la mar airada
la Providencia tiene aprisionada;   20
    por qué tiembla la tierra,
por qué las hondas mares se embravecen,
dó sale a mover guerra
el cierzo, y por qué crecen
las aguas del Océano y descrecen;   25
    de dó manan las fuentes;
quién ceba y quién bastece de los ríos
las perpetuas corrientes;
de los helados fríos
veré las causas, y de los estíos;   30
    las soberanas aguas
del aire en la región quién las sostiene;
de los rayos las fraguas,
dó los tesoros tiene
de nieve Dios, y el trueno dónde viene.   35
    ¿No ves, cuando acontece
turbarse el aire todo en el verano?
El día se ennegrece,
sopla el gallego insano,
y sube hasta el cielo el polvo vano;   40

---

[24] *el cierzo:* 'un viento tormentoso'.
[35] *dónde:* 'de dónde'.
[39] *el gallego:* 'un viento septentrional'.

        y entre las nubes mueve
su carro Dios, ligero y reluciente;
horrible son conmueve,
relumbra fuego ardiente,
treme la tierra, humíllase la gente;   45
        la lluvia baña el techo,
envían largos ríos los collados;
su trabajo deshecho,
los campos anegados,
miran los labradores espantados.   50
        Y de allí levantado
veré los movimientos celestiales,
ansí el arrebatado
como los naturales,
las causas de los hados, las señales.   55
        Quién rige las estrellas
veré, y quién las enciende con hermosas
y eficaces centellas;
por qué están las dos Osas
de bañarse en el mar siempre medrosas.   60
        Veré este fuego eterno,
fuente de vida y luz, dó se mantiene;
y por qué en el invierno
tan presuroso viene,
por qué en las noches largas se detiene.   65
        Veré sin movimiento
en la más alta esfera las moradas
del gozo y del contento,
de oro y luz labradas,
de espíritus dichosos habitadas.   70

---

[53] *el arrebatado:* el movimiento violento, de los cometas, por ejemplo.

Esperanzas burladas

Hüid, contentos, de mi triste pecho.
¿Qué engaño os vuelve a do nunca pudistes
tener asiento ni hacer provecho?

Tened en la memoria cuando fuistes
con público pregón, ¡ay!, desterrados   5
de toda mi comarca y reinos tristes,

a do ya no veréis sino nublados,
y viento, y torbellino, y lluvia fiera,
suspiros encendidos y cuidados.

No pinta el prado aquí la primavera,   10
ni nuevo sol jamás las nubes dora,
ni canta el ruiseñor lo que antes era.

La noche aquí se vela, aquí se llora
el día miserable sin consuelo,
y vence al mal de ayer el mal de agora.   15

Guardad vuestro destierro, que ya el suelo
no puede dar contento al alma mía,
si ya mil vueltas diere andando el cielo.

Guardad vuestro destierro, si alegría,
si gozo, y si descanso andáis sembrando,   20
que aqueste campo abrojos sólo cría.

Guardad vuestro destierro, si tornando
de nuevo no queréis ser castigados
con crudo azote y con infame bando.

Guardad vuestro destierro, que olvidados   25
de vuestro ser, en mí seréis dolores:
tal es la fuerza de mis duros hados.

Los bienes más queridos y mejores
se mudan, y en mi daño se conjuran,
y son, por ofenderme, a sí traidores.   30

Mancíllanse mis manos, si se apuran;

---

[7] *a do:* 'donde'.
[31] «Se manchan mis manos si trato de purificarlas.»

la paz y la amistad me es cruda guerra;
la culpa falta, mas las penas duran.

Quien mis cadenas más estrecha y cierra
es la inocencia mía y la pureza;   35
cuando ella sube, entonces vengo a tierra.

Mudó su ley en mí naturaleza,
y pudo en mí el dolor lo que no entiende
ni seso humano ni mayor viveza.

Cuanto desenlazarse más pretende   40
el pájaro cautivo, más se enliga,
y la defensa mía más me ofende.

En mí la ajena culpa se castiga,
y soy del malhechor, ¡ay!, prisionero,
y quieren que de mí la fama diga: 45

«Dichoso el que jamás ni ley ni fuero,
ni el alto tribunal, ni las ciudades,
ni conoció del mundo el trato fiero.

Que por las inocentes soledades,
recoge el pobre cuerpo en vil cabaña   50
y el ánimo enriquece con verdades.

Cuando la luz el aire y tierras baña,
levanta al puro sol las manos puras,
sin que se las aplomen odio y saña.

Sus noches son sabrosas y seguras,   55
la mesa le bastece alegremente
el campo, que no rompen rejas duras.

Lo justo le acompaña, y la luciente
verdad, la sencillez en pechos de oro,
la fe no colorada falsamente.   60

De ricas esperanzas almo coro,
y paz con su descuido le rodean,
y el gozo, cuyos ojos huye el lloro.»

Allí, contento, tus moradas sean;
allí te lograrás, y a cada uno   65
de aquellos que de mí saber desean,
les di que no me viste en tiempo alguno.

---

⁵⁷ *rejas:* 'arados'.

ODA XVIII

Morada del Cielo

Alma región luciente,
prado de bienandanza, que ni al hielo
ni con el rayo ardiente
fallece; fértil suelo,
producidor eterno de consuelo: 5
  de púrpura y de nieve
florida, la cabeza coronado,
a dulces pastos mueve,
sin honda ni cayado,
el Buen Pastor en ti su hato amado.   10
  Él va, y en pos dichosas
le siguen sus ovejas, do las pace
con inmortales rosas,
con flor que siempre nace,
y cuanto más se goza más renace.   15
  Ya dentro a la montaña
del alto bien las guía; ya en la vena
del gozo fiel las baña,
y les da mesa llena,
pastor y pasto él solo y suerte buena.   20
  Y de su esfera, cuando
la cumbre toca altísimo subido
el sol, él sesteando,
de su hato ceñido,
con dulce son deleita el santo oído.   25
  Toca el rabel sonoro,
y el inmortal dulzor al alma pasa,
con que envilece el oro,
y ardiendo se traspasa
y lanza en aquel bien libre de tasa.   30

[6-7] «con la cabeza coronada de púrpura y de nieve florida».
[20] Referencia eucarística.
[28] *envilece:* 'rechaza'.

¡Oh, son! ¡Oh, voz! Siquiera
pequeña parte alguna decendiese
en mi sentido, y fuera
de sí la alma pusiese
y toda en ti, ¡oh, Amor!, la convirtiese,   35
  conocería dónde
sesteas, dulce Esposo; y desatada
de esta prisión adonde
padece, a tu manada
junta, no ya andara perdida, errada.   40

ODA XIX

En la Ascensión

  ¡Y dejas, Pastor santo,
tu grey en este valle hondo, escuro,
con soledad y llanto!
Y tú, rompiendo el puro
aire, ¿te vas al inmortal seguro?   5
  Los antes bienhadados,
y los agora tristes y afligidos,
a tus pechos crïados,
de ti desposeídos,
¿a dó convertirán ya sus sentidos?   10
  ¿Qué mirarán los ojos
que vieron de tu rostro la hermosura,
que no les sea enojos?
Quien oyó tu dulzura,
¿qué no tendrá por sordo y desventura?   15
  Aqueste mar turbado,
¿quién le pondrá ya freno? ¿Quién concierto
al viento fiero, airado?
Estando tú encubierto,
¿qué norte guïará la nave al puerto?   20

---

[31] *siquiera:* 'si una'.

[10] *convertirán:* 'volverán'.

¡Ay!, nube, envidïosa
aun de este breve gozo, ¿qué te aquejas?
¿Dó vuelas presurosa?
¡Cuán rica tú te alejas!
¡Cuán pobres y cuán ciegos, ay, nos dejas!   25

ODA XXII

A Nuestra Señora

Virgen que el sol más pura,
gloria de los mortales, luz del cielo,
en quien la pïedad es cual la alteza:
los ojos vuelve al suelo,
y mira un miserable en cárcel dura,   5
cercado de tinieblas y tristeza.
Y si mayor bajeza
no conoce, ni igual, juïcio humano,
que el estado en que estoy por culpa ajena,
con poderosa mano   10
quiebra, Reina del cielo, esta cadena.
Virgen, en cuyo seno
halló la deïdad digno reposo,
do fue el rigor en dulce amor trocado:
si blando al riguroso   15
volviste, bien podrás volver sereno
un corazón de nubes rodeado.
Descubre el deseado
rostro, que admira el cielo, el suelo adora:
las nubes huïrán, lucirá el día;   20
tu luz, alta Señora,
venza esta ciega y triste noche mía.
Virgen y madre junto,
de tu Hacedor dichosa engendradora
a cuyos pechos floreció la vida: 25
mira cómo empeora

---

²² *¿qué te aquejas?:* '¿por qué te afliges?'.

y crece mi dolor más cada punto.
El odio cunde, la amistad se olvida;
si no es de ti valida
la justicia y verdad, que tú engendraste,   30
¿adónde hallarán seguro amparo?
Y pues madre eres, baste
para contigo el ver mi desamparo.

Virgen, del sol vestida,
de luces eternales coronada,   35
que huellas con divinos pies la luna:
envidia emponzoñada,
engaño agudo, lengua fementida,
odio crüel, poder sin ley ninguna
me hacen guerra a una;   40
pues, contra un tal ejército maldito,
¿cuál pobre y desarmado será parte,
si tu nombre bendito,
María, no se muestra por mi parte?

Virgen, por quien vencida   45
llora su perdición la sierpe fiera,
su daño eterno, su burlado intento:
miran de la ribera
seguras muchas gentes mi caída,
el agua vïolenta, el flaco aliento;   50
los unos con contento,
los otros con espanto, el más piadoso
con lástima la inútil voz fatiga.
Yo, puesto en ti el lloroso
rostro, cortando voy la onda enemiga.   55

Virgen, del Padre Esposa,
dulce Madre del Hijo, templo santo
del inmortal Amor, del hombre escudo:
no veo sino espanto.
Si miro la morada, es peligrosa;   60
si la salida, incierta; el favor, mudo;

---

²⁷ *cada punto:* 'en cada momento'.
⁴⁰ *a una:* 'todos juntos'.
⁴² *será parte:* 'será capaz'.

129

el enemigo, crudo;
desnuda, la verdad; muy proveída
de valedores y armas, la mentira:
la miserable vida   65
sólo cuando me vuelvo a ti respira.

Virgen, que al alto ruego
no más humilde «sí» diste que honesto,
en quien los cielos contemplar desean:
como terrero puesto,   70
los brazos presos, de los ojos ciego,
a cien flechas estoy que me rodean,
que en herirme se emplean.
Siento el dolor, mas no veo la mano;
ni puedo huir, ni me es dado escudarme.   75
¡Quiera tu soberano
Hijo, Madre de amor, por ti librarme!

Virgen, lucero amado,
en mar tempestüosa dará guía,
a cuyo santo rayo calla el viento: 80
mil olas a porfía
hunden en el abismo un desarmado
leño de vela y remo, que sin tiento
el húmedo elemento
corre; la noche carga, el aire truena;   85
ya por el suelo va, ya el cielo toca;
gime la rota entena.
¡Socorre, antes que embista en cruda roca!

Virgen, no inficionada
de la común mancilla y mal primero   90
que al humano linaje contamina:
bien sabes que en ti espero
dende mi tierna edad; y si malvada
fuerza que me venció ha hecho indina

---

⁷⁰ *terrero:* 'blanco'.
⁸³ *leño:* 'barco'.
⁸⁴ el agua.
⁸⁷ *entena:* 'jarcia'.

de tu guarda divina   95
mi vida pecadora, tu clemencia
tanto mostrará más su bien crecido,
cuanto es más la dolencia,
y yo merezco menos ser valido.
    Virgen, el dolor fiero   100
añuda ya la lengua, y no consiente
que publique la voz cuanto desea;
mas oye tú al doliente
ánimo, que contino a ti vocea.

DÉCIMA

Al salir de la cárcel

    Aquí la envidia y mentira
me tuvieron encerrado.
Dichoso el humilde estado
del sabio que se retira
de aqueste mundo malvado,   5
y con pobre mesa y casa,
en el campo deleitoso
con sólo Dios se compasa,
y a solas su vida pasa,
ni envidiado ni envidioso.   10

Baltasar del Alcázar

Baltasar del Alcázar (1530-1606) nació en Sevilla y sirvió a varios nobles como militar y como administrador. Autor de sonetos petrarquistas y religiosos, tiene una nota particular de ironía graciosamente ligera en sus epigramas y canciones octosilábicas. La mejor edición y estudio se encuentran en un tomo publicado por F. Rodríguez Marín (Madrid, 1910).

CANCIÓN I

Tres cosas me tienen preso
de amores el corazón:
la bella Inés, y jamón
y berenjenas con queso.

Una Inés, amantes, es   5
quien tuvo en mí tal poder
que me hizo aborrecer
todo lo que no era Inés.
Trájome un año sin seso,
hasta que en una ocasión   10
me dio a merendar jamón
y berenjenas con queso.

Fue de Inés la primer palma;
pero ya juzgarse ha mal
entre todos ellos cuál   15
tiene más parte en mi alma.
En gusto, medida y peso

no les hallo distinción:
ya quiero Inés, ya jamón,
ya berenjenas con queso.   20
   Alega Inés su beldad;
el jamón, que es de Aracena;
el queso y la berenjena,
su andaluza antigüedad.
Y está tan en fil el peso   25
que, juzgado sin pasión,
todo es uno: Inés, jamón
y berenjenas con queso.
   Servirá este nuevo trato
destos mis nuevos amores   30
para que Inés sus favores
nos los venda más barato,
pues tendrá por contrapeso,
si no hiciere razón,
una lonja de jamón   35
y berenjenas con queso.

SONETO

   Yo acuerdo revelaros un secreto
en un soneto, Inés, bella enemiga;
mas, por buen orden que yo en éste siga,
no podrá ser en el primer cuarteto.
   Venidos al segundo, yo os prometo   5
que no se ha de pasar sin que os lo diga;
mas estoy hecho, Inés, una hormiga,
que van fuera ocho versos del soneto.
   Pues ved, Inés, qué ordena el duro hado,
que teniendo el soneto ya en la boca   10
y el orden de decillo ya estudiado,
   conté los versos todos y he hallado
que, por la cuenta que a un soneto toca,
ya este soneto, Inés, es acabado.

---

[25] *en fil:* 'en fiel' (de balanza).

MADRIGAL

Rasga la venda y mira lo que haces,
rapaz; que en esta edad no es hecho honroso
romperme el sueño y las antiguas paces;
desarma el arco, déjame en reposo,
porque la helada sangre no aprovecha,   5
ni es dispuesto sujeto
donde haga su efeto
la venenosa yerba de tu flecha.
Pero si determinas
con tus armas divinas,   10
rompiendo mis entrañas,
hacerme historiador de tus hazañas,
ablanda el pecho désta que te priva
de tu imperio y valor con su dureza,
igual a su belleza,   15
si no quieres, Amor, que, cuando escriba,
forzado en las cadenas,
cante por tus hazañas las ajenas.

---

[2] *rapaz:* 'niño' (Cupido, dios del amor).

Fernando de Herrera. Retrato de Pacheco *(Ret.,* pág. 107).

Fernando de Herrera

Fernando de Herrera (1534-1597), modesto beneficiado sevillano, fue un gran erudito, digno y austero, que codificó la poesía garcilasiana con voluminosas anotaciones retóricas y literarias, con referencias antiguas y modernas; su edición de Garcilaso (1580) es en efecto todo un magistral curso de erudición poética, que nos define claramente la tradición de la poesía de Herrera mismo. Miembro de la academia, o tertulia, de los condes de Gelves, dedicó a la condesa Leonora de Milán toda su poesía petrarquista, de sufrimiento exquisito. En 1582, un año después de fallecida la condesa, Herrera publicó cuidadosamente una selección de su poesía con el modesto título garcilasiano de *Algunas obras...*; en 1619 salió una edición póstuma mucho más amplia, ordenada por el pintor Pacheco. Además de poesía amorosa, escribió unas pocas odas pindáricas, celebrando con grandilocuencia famosas batallas y otras ocasiones públicas. Su obra, a veces pedante, es la expresión máxima del clasicismo literario sevillano.

El hispanista francés A. Coster reimprimió cuidadosamente las dos ediciones primitivas de la poesía y le dedicó un gran estudio general (1908). A. Gallego Morell ha editado las *Anotaciones* garcilasianas (1966), y J. Montero la *Controversia* sobre estas anotaciones (1987). La primera edición completa de la poesía de Herrera es la de J. M. Blecua (1975); más reciente es la *Poesía castellana original completa* en un solo tomo (Madrid, Cátedra, 1985) editado por Cristóbal Cuevas, en el cual se basa nuestra selección, la cual se limita a la canción, u oda pindárica, por la victoria de Lepanto (1571) y a algunos de los poemas petrarquistas incluidos en la colección de 1582.

CANCIÓN EN ALABANÇA DE LA DIUINA MAGESTAD, POR LA VITORIA DEL SEÑOR DON JUAN*

Cantemos al Señor, que en la llanura
venció del mar al enemigo fiero.
Tú, Dios de las batallas, tú eres diestra,
salud y gloria nuestra.
Tú rompiste las fuerças, y la dura   5
frente de Faraón, feroz guerrero.
Sus escogidos príncipes cubrieron
los abissos del mar, y decendieron
qual piedra en el profundo, y tu ira luego
los tragó, como arista seca el fuego.   10

El soberuio tirano, confiado
en el grande aparato de sus naues
que de los nuestros la ceruiz catiua,
y las manos auiua
al ministerio de su duro estado,   15
derribó, con los braços suyos graues,
los cedros más ecelsos de la cima
y el árbol que más yerto se sublima,
bebiendo agenas aguas, y pisando
el más cerrado y apartado vando.   20

Temblaron los pequeños, confundidos
del impio furor suyo; alçó la frente
contra ti, señor Dios, y enfurecido
ya contra ti se vido,
con los armados braços estendidos,   25
el arrogante cuello del potente.

---

* Oda escrita en 1572 por la victoria cristiana de Lepanto (1571), bajo el
mando de don Juan de Austria, contra los turcos.

20 *vando*: 'ribera'.

138

Cercó su coraçón de ardiente saña
contra las dos Esperias, que el mar baña,
porque en ti confiadas le resisten,
y de armas de tu fe y amor se visten.   30

Dixo aquel insolente y desdeñoso:
«¿No conocen mis iras estas tierras,
y de mis padres los ilustres hechos?
¿O valieron sus pechos
contra ellos con el úngaro dudoso,   35
y de Dalmacia y Roda en las guerras?
¿Pudo su Dios librallos de sus manos?
¿Que Dios saluó a los de Austria y los germanos?
¿Por ventura podrá su Dios aora
guardallos de mi diestra vencedora?   40

Su Roma, temerosa y vmillada,
sus canciones en lágrimas conuierte.
Ella y sus hijos mi furor esperan
quando, vencidos, mueran.
Francia está con discordia quebrantada,   45
y en España amenaza orrible muerte
quien onra de la luna las vanderas.
Y aquellas gentes, en la guerra fieras,
ocupadas están en su defensa,
y aunque no, ¿quién podrá hazerme ofensa?   50

Los poderosos pueblos me obedecen,
y con su daño el yugo an consentido,
y me dan, por saluarse, ya la mano.
Y su valor es vano,
que sus luzes, muriendo, se escurecen.   55
Sus fuertes en batalla an perecido,
sus vírgines están en catiuerio,
su gloria a buelto al cetro de mi imperio.

---

[28] *las dos Hesperias*: Italia y España.
[47] los moriscos.

139

Del Nilo a Eufrates y al Danubio frío,
quanto el sol alto mira, todo es mío.»   60

Tú, Señor, que no sufres que tu gloria
vsurpe quien confía en su grandeza,
preualeciendo en vanidad y en ira,
a este soberuio mira,
que tus templos afea en su vitoria, [...]   65
y en sus cuerpos las fieras brauas ceua,
y en su esparzida sangre el odio prueua,
y hecho ya su oprobrio, dize: «¿Dónde
el Dios destos está? ¿De quién se esconde?»

Por la gloria deuida de tu nombre,   70
por la vengança de tu muerta gente,
y de los presos por aquel gemido,
buelue el braço tendido
contra aquél que aborrece ya ser ombre,
y las onras que a ti se dan consiente;   75
y tres y quatro vezes su castigo
dobla, con fortaleza, al enemigo,
y la injuria a tu nombre cometida
sea el duro cuchillo de su vida.

Leuantó la cabeça el poderoso,   80
que tanto odio te tiene, en nuestro estrago;
juntó el consilio, y contra nos pensaron
los que en él se hallaron.
«Venid», dixeron, «y en el mar vndoso
hagamos de su sangre vn grande lago.   85
Deshagamos a éstos de la gente,
y el nombre de su Cristo juntamente.
Y, diuidiendo dellos los despojos,
hártense en muerte suya nuestros ojos».

Vinieron de Asia y de la antigua Egito   90
los árabes y fieros africanos,
y los que Grecia junta mal con ellos,
con leuantados cuellos,
con gran potencia y número infinito,

y prometieron con sus duras manos 95
encender nuestros fines, y dar muerte
con hierro a nuestra juuentud más fuerte,
nuestros niños prender y las donzellas,
y la gloria ofender y la luz dellas.

Ocuparon del mar los largos senos, 100
en silencio y temor puesta la tierra,
y nuestros fuertes súbito cessaron
y medrosos callaron,
hasta que a los feroces agarenos
el Señor eligiendo nueua guerra, 105
se opuso al jouen de Austria valeroso
con el claro español y belicoso:
que Dios no sufre en Babilonia viua
su querida Sïón siempre catiua.

Qual león a la presa apercibido, 110
esperauan los impios confiados
a los que tú, Señor, eras escudo,
que el coraçón desnudo
de temor, y de fe todo vestido,
de tu espíritu estauan confortados. 115
Sus manos a la guerra compusiste,
y a sus braços fortíssimos pusiste
como el arco azerado, y con la espada
mostraste en su fauor la diestra armada.

Turbáronse los grandes, los robustos 120
rindiéronse temblando y desmayaron,
y tú pusiste, Dios, como la rueda,
como la arista queda
al ímpetu del viento, a estos injustos
que, mil huyendo de vno, se pasmaron. 125
Qual fuego abrasa seluas, y qual llama
que en las espessas cumbres se derrama,

---

[96] *fines*: 'territorios'
[104] *agarenos*: 'árabes'.

tal en tu ira y tempestad seguiste,
y su faz de inominia confundiste.

Quebrantaste al dragón fiero, cortando   130
las alas de su cuerpo temerosas
y sus braços terribles no vencidos,
que con hondos gemidos
se retira a su cueua, siluos dando,
y tiembla con sus sierpes venenosas,   135
lleno de miedo torpe sus entrañas,
de tu león temiendo las hazañas,
que, saliendo de España, dio vn rugido,
que con espanto lo dexó atordido.

Oy los ojos se vieron vmillados   140
del sublime varón y su grandeza,
y tú solo, Señor, fuiste exaltado:
que tu día es llegado,
Señor de los exércitos armados,
sobre la alta ceruiz y su dureza,   145
sobre derechos cedros y estendidos,
sobre empinados montes y crecidos,
sobre torres y muros y las naues
de Tiro, que a los tuyos fueron graues.

Babilonia y Egito, amedrentada,   150
del fuego y asta temblará sangrienta,
y el humo subirá a la luz del cielo,
y, faltos de consuelo,
con rostro oscuro y soledad turbada,
tus enemigos llorarán su afrenta;   155
y tú, Grecia, concorde a la esperança
de Egito, y gloria de su confiança,
triste, que a ella pareces, no temiendo
a Dios, y en tu remedio no atendiendo,

¿por qué, ingrata, tus hijas adornaste   160
en adulterio con tan impia gente
que desseaua profanar tus frutos,
y con ojos enxutos

142

sus odiosos passos imitaste,
su aborrecible vida y mal presente?;   165
por esso Dios se vengará en tu muerte,
que llega a tu ceruiz su diestra fuerte
la aguda espada; ¿quién será que pueda
tener su mano poderosa queda?

Mas tú, fuerça del mar, tú, ecelsa Tiro,   170
que en tus naues estauas gloriosa,
y el término espantauas de la tierra,
y, si hazías guerra,
de temor la cubrías con suspiro,
¿cómo acabaste fiera y orgullosa?;   175
¿quién pensó a tu cabeça daño tanto?
Dios, para conuertir tu gloria en llanto,
y derribar tus ínclitos y fuertes,
te hizo perecer con tantas muertes.

Llorad, naues del mar, que es destrüida   180
toda vuestra soberuia y fortaleza.
¿Quién ya tendrá de ti lástima alguna,
tú que sigues la Luna,
Asia adúltera, en vicios sumergida?
¿Quién mostrará por ti alguna tristeza?   185
¿Quién rogará por ti? Que Dios entiende
tu ira, y la soberuia que te ofende,
y tus antiguas culpas y mudança
an buelto contra ti a pedir vengança.

Los que vieren tus braços quebrantados,   190
y de tus pinos ir el mar desnudo
que sus ondas turbaron y llanura,
viendo tu muerte oscura,
dirán, de tus estragos espantados:
«¿Quién contra la espantosa tanto pudo?»   195

---

167 *llega*: 'acerca'.
169 *queda*: 'quieta'.
191 *pinos*: 'barcos'.

El Señor, que mostró su fuerte mano,
por la fe de su príncipe cristiano
y por el nombre santo de su gloria,
a España le concede esta vitoria.

Bendita, Señor, sea tu grandeza,   200
que despуés de los daños padecidos,
despуés de nuestras culpas y castigo,
rompiste al enemigo
de la antigua soberuia la dureza.
Adórente, Señor, tus escogidos.   205
Confiesse, quanto cerca el ancho cielo,
tu nombre, io nuestro Dios, nuestro consuelo!,
y la ceruiz rebelde, condenada,
padesca en brauas llamas abrasada.

A ti solo la gloria   210
por siglos de los siglos, a ti damos
la onra, y vmillados te adoramos.

SONETO I

Osé i temí, mas pudo la osadía
tanto que despreció el temor cobarde;
subí a do el fuego más m'enciende i arde
cuanto más la esperança se desvía.

Gasté en error la edad florida mía;   5
aora veo el daño, pero tarde:
que ya mal puede ser qu'el seso guarde
a quien s'entrega ciego a su porfía.

Tal vez pruevo (mas, ¿qué me vale?) alçarme
del grave peso que mi cuello oprime,   10
aunque falta a la poca fuerça el hecho.

---

⁹ *tal vez*: 'alguna vez'.
¹¹ *el hecho*: 'el lograrlo'.

144

Sigo al fin mi furor, porque mudarme
no es onra ya, ni justo que s'estime
tan mal de quien tan bien rindió su pecho.

SONETO X

Roxo sol, que con hacha luminosa
coloras el purpúreo i alto cielo:
¿hallaste tal belleza en todo el suelo
qu'iguale a mi serena Luz dichosa?

Aura suäve, blanda i amorosa,   5
que nos halagas con tu fresco buelo:
cuando se cubre del dorado velo
mi Luz, ¿tocaste trença más hermosa?

Luna, onor de la noche, ilustre coro
de las errantes lumbres, i fixadas: 10
¿consideraste tales dos estrellas?

Sol puro, aura, luna, llamas d'oro:
¿oístes vos mis penas nunca usadas?;
¿vistes Luz más ingrata a mis querellas?

SONETO XIIII

«¿Dó vas? ¿Dó vas, crüel? ¿Dó vas? Refrena,
refrena el pressuroso passo, en tanto
que de mi dolor grave el largo llanto
a abrir comiença esta honda vena.

Oye la boz de mil suspiros llena,   5
i de mi mal sufrido el triste canto,
que no podrás ser fiera i dura tanto
que no te mueva esta mi acerba pena.

.uelve tu luz a mí, buelve tus ojos,
antes que quede oscuro en ciega niebla»,   10
dezía, en sueño o en ilusión perdido.

Bolví; halléme solo i entre abrojos,
i, en vez de luz, cercado de tiniebla,
i en lágrimas ardientes convertido.

SONETO XVIII

Flaca esperança en todas mis porfías,
vano desseo en desigual tormento,
i —inútil fruto del dolor que siento—
lágrimas sin descanso i ansias mías:

Un ora alegre, en tantos tristes días,   5
sufrid que tenga un triste descontento,
i que pueda sentir tal vez, contento,
la gloria de fingidas alegrías.

No es justo, no, que siempre quebrantado
me oprima el mal, i me deshaga el pecho   10
nueva pena d'antiguo desvarío.

Mas, ¡ô que temo tanto el dulce estado
que (como al bien que no esté enseñado i hecho)
abraço ufano el grave dolor mío!

SONETO XXI

Como en la cumbre ecelsa de Mimante,
do en eterna prisión arde, i procura
alçar la frente airada, i guerra oscura
mover de nuevo al cielo el gran gigante,

---

[1] *Mimante*: 'nombre de volcán y de gigante'.

se nota, de las nuves que delante   5
buelan i encima en órrida figura,
la calidad de tempestad futura
qu'amenaza con áspero semblante,

assí, de mis suspiros i tristeza,
del grave llanto i grande sentimiento,   10
se muestra el mal qu'encierra el duro pecho;

por esso no os ofenda mi flaqueza,
bella Estrella d'Amor, que mi tormento
no cabe bien en vaso tan estrecho.

SONETO XXVI*

Subo, con tan gran peso quebrantado,
por esta alta, empinada, aguda sierra,
que aún no llego a la cumbre, cuando ierra
el pie, i trabuco, al fondo despeñado.

Del golpe i de la carga maltratado,   5
me alço apena, i a mi antigua guerra
buelvo; mas ¿qué me vale?, que la tierra
mesma me falta al curso acostumbrado.

Pero aunqu'en el peligro desfallesco,
no desamparo el passo, qu'antes torno   10
mil vezes a cansarm'en este engaño.

Crece el temor, i en la porfía cresco;
i sin cessar, cual rueda buelve en torno,
assí, rebuelvo a despeñarm'al daño.

---

* Soneto basado en el mito de Sísifo, condenado al infierno, donde había
de subir una enorme piedra hasta la cima de una montaña, pero sin terminar
nunca su trabajo, pues cuando llegaba arriba la piedra volvía a caer.
    6 *apena*: 'apenas'

No bañes en el mar sagrado i cano,
callada Noche, tu corona oscura,
antes d'oír este amador ufano.

I tú alça de la úmida hondura
las verdes hebras de la bella frente,   5
de Náyades loçana hermosura.

Aquí do el grande Betis ve presente
l'armada vencedora qu'el Egeo
manchó con sangre de la turca gente,

quiero dezir la gloria en que me veo;   10
pero no cause invidia este bien mío
a quien aun no merece mi desseo.

Sossiega el curso tú, profundo río;
oye mi gloria, pues también oíste
mis quexas en tu puro assiento frío.   15

Tú amaste i, como yo, también supiste
del mal dolerte, i celebrar la gloria
de los pequeños bienes que tuviste.

Breve será la venturosa istoria
de mi favor, que breve es l'alegría   20
que tiene algún lugar en mi memoria.

Cuando del claro cielo se desvía
del sol ardiente el alto carro apena,
i casi igual espacio muestra el día,

7-9 En el puerto de Sevilla, después de la batalla de Lepanto.

con blanda voz, qu'entre las perlas suena,   25
teñido el rostro de color de rosa,
d'onesto miedo i d'amor tierno llena,

me dixo assí la bella desdeñosa
qu'un tiempo me negava la esperança,
sorda a mi llanto i ansia congoxosa: 30

«Si por firmeza i dulce amar s'alcança
premio d'Amor, yo tener bien devo
de los males que sufro más holgança.

Mil vezes, por no ser ingrata, pruevo
vencer tu amor, pero al fin no puedo,   35
qu'es mi pecho a sentillo rudo i nuevo.

Si en sufrir más me vences, yo t'ecedo
en pura fe i afetos de terneza;
vive d'oi más ya confiado i ledo.»

No sé si oí, si fui de su belleza   40
arrebatado, si perdí el sentido;
sé qu'allí se perdió mi fortaleza.

Turbado, dixe al fin: «Por no aver sido
este tan grande bien de mí esperado,
pienso que deve ser, si es bien, fingido.   45

Señora, bien sabéis que mi cuidado
todo s'ocupa en vos; que yo no siento
ni pienso sino en verme más penado.

Mayor es qu'el umano mi tormento,
i al mayor mal igual esfuerço tengo,   50
igual con el trabajo el sentimiento.

Las penas que por sola vos sostengo,
me dan valor, i mi firmeza crece
cuanto más en mis males m'entretengo.

No quiero concederos que merece   55
mi afán tal bien que vos sintáis el daño;
más ama quien más sufre i más padece.

No es mi pecho tan rudo o tan estraño
que no conosca en el dolor primero
si, en esto que dixistes, cabe engaño.   60

Un coraçón d'impenetrable azero
tengo para sufrir, i está más fuerte,
cuanto más el asalto es bravo i fiero.

Diom'el cielo en destino aquesta suerte,
i yo la procuré i hallé el camino,   65
para poder onrarme con mi muerte.»

Lo demás qu'entre nos passó, no es dino,
Noche, d'oír el austro pressuroso,
ni el viento de tus lechos más vezino.

Mete en el ancho piélago espumoso   70
tus negras trenças, i úmido semblante,
qu'en tanto que tú yazes en reposo,
podrá Amor darme gloria semejante.

SONETO XXXVIII

Serena Luz, en quien presente espira
divino amor, qu'enciende i junto enfrena
el noble pecho qu'en mortal cadena
al alto Olimpo levantars'aspira;

ricos cercos dorados, do se mira   5
tesoro celestial d'eterna vena;
armonía d'angélica sirena
qu'entre las perlas i el coral respira:

¿cuál nueva maravilla, cuál exemplo
de la inmortal grandeza nos descubre
aquessa sombra del hermoso velo?

Que yo en essa belleza que contemplo,
aunqu'a mi flaca vista ofende i cubre,
la immensa busco i voi siguiendo al cielo.

10

SONETO XL

Viví gran tiempo en confusión perdido,
i, todo de mí mesmo enagenado,
desesperé de bien, qu'en tal estado
perdí la mejor luz de mi sentido.

Mas cuando de mí tuve más olvido,
rompió los duros lazos al cuidado
d'Amor el enemigo más onrado,
i ante mis pies lo derribó vencido.

Aora que procuro mi provecho
puedo dezir que vivo, pues soi mío,
libre, ageno d'Amor i de sus daños.

Pueda el desdén, Antonio, en vuestro pecho
acabar semejante desvarío,
antes que prevalescan sus engaños.

5

10

SONETO LXV

Ya el rigor importuno i grave ielo
desnuda los esmaltes i belleza
de la pintada tierra, i con tristeza
s'ofende en niebla oscura el claro cielo.

Mas, Pacheco, este mesmo órrido suelo   5
reverdece, i, pomposo, su riqueza
muestra, i del blanco mármol la dureza
desata de Favonio el tibio buelo.

Pero el dulce color i hermosura
de nuestra umana vida, cuando huye,   10
no torna, iô mortal suerte, ô breve gloria!

Mas sola la virtud nos assegura;
qu'el tiempo avaro, aunqu'esta flor destruye,
contra ella nunca osó intentar vitoria.

Francisco de la Torre

Francisco de la Torre es un poeta salmantino del siglo XVI, de cuya vida no se sabe nada. Quevedo en 1631 publicó su poesía, con la de Fray Luis de León, como antídoto renacentista contra el barroquismo culterano del siglo XVII. Hay dos ediciones modernas de su poesía: la de A. Zamora Vicente (Clásicos Castellanos, 1956) y la de María Luisa Cerrón Puga, especialista en este poeta (Cátedra, 1984), cuyo texto se reproduce aquí.

LIBRO I, SONETO V

Sigo, Silencio, tu estrellado manto
de transparentes lumbres guarnecido,
enemigo del Sol esclarecido,
ave noturna de agorero canto.   4

El falso mago Amor con el encanto
de palabras quebradas por olvido,
convirtió mi razón, y mi sentido;
mi cuerpo no, por deshacelle en llanto.   8

Tú que sabes mi mal, y tú que fuiste
la ocasión principal de mi tormento,
por quien fui venturoso y desdichado,   11

oye tú solo mi dolor; que al triste
a quien persigue cielo violento,
no le está bien que sepa su cuidado.   14

LIBRO I, ODA I

Mira, Filis, furiosa
onda, que sigue y huye la ribera,
y torna presurosa
echando al punto fuera
del agua el peso de la nao ligera.   5

Aquellas despojadas
plantas, que son estériles abrojos,
solían adornadas
de cárdenos y rojos
ramos lucir ante tus bellos ojos.   10

Vino del Austro frío
invierno yerto, y abrasó la hermosa
gloria del valle umbrío,
y derribó la hojosa
corona de los árboles umbrosa.   15

Agora que el oriente
de tu belleza reverbera, agora
que el rayo transparente
de la rosada Aurora
abre tus ojos, y tu frente dora;   20

antes que la dorada
cumbre de relucientes llamas de oro
húmida y argentada

---

¹⁴ *que sepa*: el sujeto de este verbo también es *cielo violento* (Cerrón).

⁴ *al punto*: 'en un momento'.
¹¹ *Austro*: 'viento del sur'.

154

quede, inútil tesoro
consagrado al errante y fijo coro,   25

goza, Filis, del aura
que la concha de Venus hiere; dado
que apenas se restaura
el contento pasado,
como el día de ayer y el no gozado.   30

Vendrá la temerosa
noche de nieblas, y de vientos llena;
marchitará la rosa
purpúrea, y la azucena
nevada mustia tornará de amena.   35

LIBRO I, SONETO XX

¡Cuántas veces te me has engalanado,
clara y amiga Noche! ¡Cuántas llena
de escuridad y espanto la serena
mansedumbre del cielo me has turbado!   4

Estrellas hay que saben mi cuidado,
y que se han regalado con mi pena;
que entre tanta beldad, la más ajena
de amor, tiene su pecho enamorado.   8

Ellas saben amar, y saben ellas
que he contado su mal llorando el mío,
envuelto en los dobleces de tu manto.   11

Tú, con mil ojos, Noche, mis querellas
oye, y esconde; pues mi amargo llanto
es fruto inútil que al amor envío.   14

---

[25] *el errante y fijo coro*: 'los planetas y las estrellas'.

Bella es mi ninfa si los lazos de oro
al apacible viento desordena;
bella, si de sus ojos enajena
el altivo desdén que siempre lloro;   4

bella, si con la luz que sola adoro
la tempestad del viento y mar serena;
bella, si a la dureza de mi pena
vuelve las gracias del celeste coro.   8

Bella si mansa, bella si terrible,
bella si cruda, bella esquiva, y bella,
si vuelve grave aquella luz del cielo.   11

Cuya beldad humana, y apacible,
ni se puede saber lo que es sin vella,
ni vista entenderá lo que es el suelo.   14

LIBRO III, CANCIÓN II

Doliente cierva, que el herido lado
de ponzoñosa y cruda yerba lleno,
buscas la agua de la fuente pura
con el cansado aliento y con el seno
bello de la corriente sangre hinchado;   5
débil y descaída tu hermosura.
¡Ay, que la mano dura
que tu nevado pecho
ha puesto en tal estrecho,
gozosa va con tu desdicha cuando,   10
cierva mortal, viviendo está penando
tu desangrado y dulce compañero,
el regalado y blando
pecho pasado del veloz montero!

Vuelve, cuitada, vuelve al valle donde   15
queda muerto tu amor, en vano dando
términos desdichados a tu suerte.
Morirás en su seno reclinando
la beldad que la cruda mano esconde
delante de la nube de la muerte;   20
que el paso duro y fuerte,
ya forzoso, y terrible,
no puede ser posible
que le escusen los cielos, permitiendo
crudos astros que mueras padeciendo   25
las acechanzas de un montero crudo,
que te vino siguiendo
por los desiertos de este campo mudo.

Mas, ay, que no dilatas la inclemente
muerte que en tu sangriento pecho llevas   30
del crudo amor vencido, y maltratado.
Tú, con el fatigado aliento, pruebas
a rendir el espíritu doliente
en la corriente de este valle amado;
que el ciervo desangrado,   35
que contigo la vida
tuvo por bien perdida,
no fue tan poco de tu amor querido,
que habiendo tan cruelmente padecido,
quieras vivir sin él, cuando pudieras   40
librar el pecho herido
de crudas llagas y memorias fieras.

Cuando por la espesura de este prado,
como tórtolas solas y queridas,   45
solos y acompañados anduvistes;
cuando de verde mirto y de floridas
violetas, tierno acanto y lauro amado
vuestras frentes bellísimas ceñistes;
cuando las horas tristes
que ausentes, y queridos,   50

con mil mustios bramidos
ensordecistes la ribera umbrosa
del claro Tajo, rica y venturosa,
con vuestro bien, con vuestro mal sentida;
cuya muerte penosa   55
no deja rastro de contenta vida.

Agora el uno cuerpo muerto lleno
de desdén y de espanto, quien solía
ser ornamento de la selva umbrosa;
tú, quebrantada y mustia, al agonía   60
de la muerte rendida; el bello seno
agonizando, el alma congojosa.
Cuya muerte, gloriosa
en los ojos de aquellos
cuyos despojos bellos   65
son vitorias del crudo Amor furioso,
martirio fue de Amor, triunfo glorioso
con que corona y premia dos amantes
que del siempre rabioso
trance mortal salieron muy triunfantes.   70

Canción, fábula un tiempo y caso agora
de una cierva doliente que la dura
flecha del cazador dejó sin vida:
errad por la espesura
del monte, que de gloria tan perdida,   75
no hay sino lamentar su desventura.

LIBRO III, ENDECHA II

El pastor más triste
que ha seguido el cielo;
dos fuentes sus ojos
y un fuego su pecho,
llorando caídas   5
de altos pensamientos,

solo se querella
riberas del Duero.
El silencio amigo,
compañero eterno
de la noche sola,
oye su tormento;
sus endechas llevan
rigurosos vientos,
como su firmeza
mal tenidos celos.
Solo y pensativo
le halla el claro Febo;
sale su Diana,
y hállale gimiendo.
Cielo que le aparta
de su bien inmenso,
le ha puesto en estado
de ningún consuelo.
Tórtola cuitada
que el montero fiero
le quitó la gloria
de su compañero;
elevada y mustia,
del piadoso acento
que oye suspirando
entregar al viento;
porque no se pierdan
suspiros tan tiernos,
ella los recoge,
que se duele de ellos.
Y por ser más dulces
que su arrullo tierno,
de su soledad
se queja con ellos.

      10

      15

      20

      25

      30

      35

      40

18-19 Febo y Diana son el sol y la luna.
35 La tórtola recoge los suspiros del pastor.

¿Qué ha de hacer el triste?
Pierda el sufrimiento,
que tras lo perdido
no cairá contento.

---

[42] *el sufrimiento*: 'la resistencia'.
[43-44] «que después de lo que ha perdido, no tendrá felicidad alguna».

Francisco de Aldana

Francisco de Aldana (1537-1578) nació y se formó en Italia y se hizo soldado profesional, luchando en Flandes y muriendo con el rey don Sebastián de Portugal en la batalla de Alcazarquivir. Su poesía es de una amplia variedad temática y tonal: sensual, pacifista, neoplatónica, violenta, imperial. Su obra más conocida es una epístola dirigida a Arias Montano, en la que evoca una religiosa vida retirada, dedicada a la contemplación de la naturaleza. Su hermano Cosme publicó su poesía en dos tomos póstumos (1589 y 1591), reimpresos por el CSIC en 1953. Su vida y obra han sido estudiadas por A. Rodríguez-Moñino y por E. L. Rivers; éste ha editado también una antología de su poesía en Clásicos Castellanos (1957), edición que es la fuente de los textos siguientes. Véase también la importante edición de José Lara Garrido, *Poesías castellanas completas* (Madrid, Cátedra, 1985).

SONETO XII

«¿Cuál es la causa, mi Damón, que estando
en la lucha de amor juntos trabados
con lenguas, brazos, pies y encadenados
cual vid que entre el jazmín se va enredando
y que el vital aliento ambos tomando   5
en nuestros labios, de chupar cansados,
en medio a tanto bien somos forzados
llorar y suspirar de cuando en cuando?»

«Amor, mi Filis bella, que allá dentro
nuestras almas juntó, quiere en su fragua   10
los cuerpos ajuntar también tan fuerte
    que no pudiendo, como esponja el agua,
pasar del alma al dulce amado centro,
llora el velo mortal su avara suerte.»

SONETO XIII

De sus hermosos ojos dulcemente
un tierno llanto Filis despedía
que por el rostro amado parecía
claro y precioso aljófar transparente;
    en brazos de Damón, con baja frente,   5
triste, rendida, muerta, helada y fría,
estas palabras breves le decía,
creciendo a su llorar nueva corriente:
    «¡Oh pecho duro, oh alma dura y llena
de mil durezas! ¿Dónde vas huyendo?   10
¿Dó vas con ala tan ligera y presta?»
    Y él, soltando de llanto amarga vena,
della las dulces lágrimas bebiendo,
besóla, y sólo un ¡ay! fue su respuesta.

SONETO XVII

Mil veces digo, entre los brazos puesto
de Galatea, que es más que el sol hermosa;
luego ella, en dulce vista desdeñosa,
me dice, «Tirsis mío, no digas esto.»
    Yo lo quiero jurar, y ella de presto   5
toda encendida de un color de rosa
con un beso me impide y presurosa
busca atapar mi boca con su gesto.

----

[14] *el velo mortal:* 'el cuerpo'.

Hágole blanda fuerza por soltarme,
y ella me aprieta más y dice luego: 10
«No lo jures, mi bien, que yo te creo.»
Con esto de tal fuerza a encadenarme
viene que Amor, presente al dulce juego,
hace suplir con obras mi deseo.

SONETO XXX

Otro aquí no se ve que, frente a frente,
animoso escuadrón moverse guerra,
sangriento humor teñir la verde tierra,
y tras honroso fin correr la gente;
   éste es el dulce son que acá se siente: 5
«¡España, Santïago, cierra, cierra!»,
y por süave olor, que el aire atierra,
humo de azufre dar con llama ardiente;
   el gusto envuelto va tras corrompida
agua, y el tacto sólo apalpa y halla   10
duro trofeo de acero ensangrentado,
   hueso en astilla, en él carne molida,
despedazado arnés, rasgada malla:
¡oh solo de hombres digno y noble estado!

SONETO XXXIV

Reconocimiento de la vanidad del mundo

En fin, en fin, tras tanto andar muriendo,
tras tanto varïar vida y destino,
tras tanto de uno en otro desatino
pensar todo apretar, nada cogiendo,

---

[1] *otro:* 'otra cosa'.
[9] *envuelto:* 'pervertido'.

tras tanto acá y allá yendo y viniendo　　　　　　5
cual sin aliento inútil peregrino,
¡oh Dios!, tras tanto error del buen camino,
yo mismo de mi mal ministro siendo,

　　hallo, en fin, que ser muerto en la memoria
del mundo es lo mejor que en él se asconde,　　10
pues es la paga dél muerte y olvido,

　　y en un rincón vivir con la vitoria
de sí, puesto el querer tan sólo adonde
es premio el mismo Dios de lo servido.

SONETO XXXVII

Al Cielo

Clara fuente de luz, nuevo y hermoso,
rico de luminarias, patrio Cielo,
casa de la verdad sin sombra o velo,
de inteligencias ledo, almo reposo:

　　¡oh cómo allá te estás, cuerpo glorioso,　　5
tan lejos del mortal caduco velo,
casi un Argos divino alzado a vuelo,
de nuestro humano error libre y piadoso!

　　¡Oh patria amada!, a ti sospira y llora
esta en su cárcel alma peregrina,　　　　　　10
llevada errando de uno en otro instante;

　　esa cierta beldad que me enamora
suerte y sazón me otorgue tan benina
que, do sube el amor, llegue el amante.

---

¹³ *de sí*: 'sobre uno mismo'.

⁷ *Argos*: personaje de la mitología griega que tenía cien ojos, de los cuales siempre tenía abiertos cincuenta. Mercurio le cortó la cabeza y Juno sembró sus ojos en la cola del pavo real. Simboliza el cielo durante la noche, que tiene como ojos vigilantes las estrellas.

San Juan de la Cruz

San Juan de la Cruz (1542-1591), nombre religioso de Juan de Yepes, fue compañero de Santa Teresa de Ávila en su difícil reforma de los Carmelitas. Estudió en Salamanca, sufrió una dura prisión por sus hermanos relajados, y fue durante esta prisión cuando escribió sus tres poemas místicos fundamentales, llenos de intensas imágenes eróticas. Escribió más tarde extensos comentarios exegéticos en prosa sobre la *Noche oscura*, el *Cántico espiritual* y la *Llama de amor viva;* estos comentarios demuestran un profundo conocimiento teológico, y a veces aclaran la poesía, pero pierden en intensidad mística lo que ganan en claridad racional. Los tres poemas principales tienen la forma estrófica de la lira garcilasiana. Las «coplas» son villancicos populares vueltos a lo divino. Los romances expresan a veces una teología muy prosaica. Así que la gran fama poética de San Juan depende de sólo unos 300 versos excepcionales.

La edición más útil de las obras completas, con sus comentarios en prosa, es la de la Biblioteca de Autores Cristianos. Entre los estudios literarios más importantes están los libros de Dámaso Alonso (1958) y de Margaret Wilson (1975); véanse también los de J. Baruzi (1924) y de G. Brenan (1973). Para el texto de los poemas hemos seguido la edición de D. Ynduráin (Madrid, Cátedra, 1984).

I

CÁNTICO ESPIRITUAL

1

¿Adónde te escondiste,
Amado, y me dexaste con gemido?
Como el ciervo huyste
aviéndome herido;
salí tras ti clamando y eras ydo.   5

2

Pastores, los que fuerdes
allá por las majadas al otero,
si por ventura vierdes
aquél que yo más quiero,
dezilde que adolezco, peno y muero.   10

3

Buscando mis amores
yré por esos montes y riberas;
ni cogeré las flores,
ni temeré las fieras,
y passaré los fuertes y fronteras.   15

4

¡O bosques y espesuras
plantadas por la mano del Amado!,
¡o prado de verduras
de flores esmaltado!,
dezid si por vosotros a passado.   20

Mil gracias derramando
pasó por estos sotos con presura;
    y, yéndolos mirando,
    con sola su figura
vestidos los dexó de hermosura.   25

6

¡Ay!, ¿quién podrá sanarme?
Acaba de entregarte ya de vero;
    no quieras embïarme
    de oy más ya mensajero
que no saben dezirme lo que quiero.   30

7

Y todos quantos vagan
de ti me van mil gracias refiriendo,
    y todos más me llagan,
    y déxame muriendo
un no sé qué que quedan balbuziendo.   35

mujer
cen approximate sur cent
de julz espresser

8

Mas, ¿cómo perseveras,
¡o vida!, no viviendo donde vives,
    y haziendo por que mueras
    las flechas que recives
de lo que del Amado en ti concives?   40

---

[27] *de vero*: 'de veras'.

9

¿Por qué, pues as llagado
aqueste coraçón, no le sanaste?
   Y, pues me le as robado,
   ¿por qué assí le dexaste,
y no tomas el robo que robaste?   45

10

Apaga mis enojos,
pues que ninguno basta a deshazellos,
   y véante mis ojos,
   pues eres lumbre dellos,
y sólo para ti quiero tenellos.   50

11

Descubre tu presencia,
y máteme tu vista y hermosura;
   mira que la dolencia
   de amor, que no se cura
sino con la presencia y la figura.   55

12

¡Oh christalina fuente,
si en esos tus semblantes plateados
   formases de repente
   los ojos deseados
que tengo en mis entrañas dibuxados!   60

_____
[47] *ninguno*: 'nadie'.

168

¡Apártalos, Amado,
que voy de buelo!
                    Buélvete, paloma,
    que el ciervo vulnerado
    por el otero asoma
al ayre de tu buelo, y fresco toma.   65

    Mi Amado las montañas,
los valles solitarios nemorosos,
    las ínsulas estrañas,
    los ríos sonorosos,
el silvo de los ayres amorosos,   70

    la noche sosegada
en par de los levantes del aurora,
    la música callada,
    la soledad sonora,
la cena que recrea y enamora.   75

    Caçadnos las raposas,
questá ya florescida nuestra viña,
    en tanto que de rosas
    hazemos una piña,
y no parezca nadie en la montiña.   80

Detente, cierço muerto;
ven, austro, que recuerdas los amores,
   aspira por mi huerto,
   y corran tus olores,
y pacerá el Amado entre las flores.   85

18

¡O ninfas de Judea!,
en tanto que en las flores y rosales
   el ámbar perfumea,
   morá en los arrabales,
y no queráis tocar nuestros umbrales.   90

19

Escóndete, Carillo,
y mira con tu haz a las montañas,
   y no quieras dezillo;
   mas mira las compañas
de la que va por ínsulas estrañas.   95

20

A las aves ligeras,
leones, ciervos, gamos saltadores,
   montes, valles, riberas,
   aguas, ayres, ardores,
y miedos de las noches veladores: 100

---

81 *cierço*: 'viento frío'.
82 *austro*: 'viento templado'.

21

por las amenas liras _weird_
y canto de serenas os conjuro
que cessen vuestras yras
y no toquéis al muro,
porque la esposa duerma más siguro.   105

22

Entrado se a la esposa
en el ameno huerto desseado,
y a su sabor reposa,
el cuello reclinado
sobre los dulces braços del Amado.   110

23

Debaxo del mançano,
allí conmigo fuiste desposada;
allí te di la mano,
y fuiste reparada
donde tu madre fuera violada.   115

24

Nuestro lecho florido,
de cuevas de leones enlazado,   _weird_
en púrpura tendido,
de paz edificado,
de mil escudos de oro coronado.   120

---

[105] *siguro*: 'seguramente'.
[115] «donde Eva fue seducida».

25

A çaga de tu huella
las jóvenes discurren al camino,
    al toque de centella,
    al adobado vino,
emissiones de bálsamo divino.   125

26

En la interior bodega
de mi Amado beví, y, quando salía
    por toda aquesta bega,
    ya cosa no sabía,
y el ganado perdí que antes seguía.   130

27

Allí me dio su pecho,
allí me enseñó sciencia muy sabrosa,
    y yo le di de hecho
    a mí, sin dexar cosa;
allí le prometí de ser su esposa.   135

28

Mi alma se a empleado,
y todo mi caudal, en su servicio;
    ya no guardo ganado,
    ni ya tengo otro officio,
que ya sólo en amar es mi exercicio.   140

---

[122] *discurren*: 'salen corriendo'.

29

Pues ya si en el egido
de oy más no fuere vista ni hallada,
   diréis que me e perdido,
   que, andando enamorada,
me hize perdediza y fuy ganada.   145

30

De flores y esmeraldas,
en las frescas mañanas escogidas,
   haremos las guirnaldas,
   en tu amor floridas,
y en un cabello mío entretexidas.   150

31

En solo aquel cabello
que en mi cuello volar consideraste,
   mirástele en mi cuello
   y en él preso quedaste,
y en uno de mis ojos te llagaste.   155

32

Quando tú me miravas,
su gracia en mí tus ojos imprimían;
   por esso me adamavas,
   y en esso merecían
los míos adorarlo que en ti vían.   160

---

141 *egido*: 'campo de pasto'.
158 *adamavas*: 'enamorabas'.

33

No quieras despreciarme,
que si color moreno en mí hallaste,
   ya bien puedes mirarme,
   después que me miraste,
que gracia y hermosura en mí dexaste.   165

34

La blanca palomica
al arca con el ramo se a tornado,
   y ya la tortolica
   al socio desseado
en las riberas verdes a hallado.   170

35

En soledad vivía,
y en soledad a puesto ya su nido,
   y en soledad la guía
   a solas su querido,
también en soledad de amor herido.   175

36

Gozémonos, Amado,
y vámonos a ver en tu hermosura
   al monte y al collado,
   do mana el agua pura;
entremos más adentro en la espesura.   180

37

Y luego a las subidas
cabernas de la piedra nos yremos
   que están bien escondidas,
   y allí nos entraremos,
y el mosto de granadas gustaremos.   185

38

Allí me mostrarías
aquello que mi alma pretendía,
   y luego me darías
   allí tú, vida mía,
aquello que me diste el otro día.   190

39

El aspirar de el ayre,
el canto de la dulce filomena,
   el soto y su donayre
   en la noche serena,
con llama que consume y no da pena.   195

40

Que nadie lo mirava,
Aminadab tampoco parescía,
   y el cerco sosegava,
   y la cavallería
a vista de las aguas descendía.   200

---

[192] *filomena*: 'ruiseñor'.
[197] *Aminadab*: 'el enemigo'.

*[Canciones de el alma que se goza de aver llegado al alto estado de la
perfectión, que es la unión con Dios, por el camino de la negación es-
piritual. De el mesmo autor.]*

1

En una noche escura
con ansias en amores inflamada
¡o dichosa ventura!
salí sin ser notada
estando ya mi casa sosegada.   5

2

Ascuras y segura
por la secreta escala, disfraçada,
¡o dichosa ventura!
a escuras y en celada
estando ya mi casa sosegada.   10

3

En la noche dichosa
en secreto que naide me veýa
ni yo mirava cosa
sin otra luz y guía
sino la que en el coraçón ardía.   15

4

Aquésta me guïava
más cierto que la luz de mediodía

adonde me esperava
    quien yo bien me savía
en parte donde naide parecía.

5

    ¡O noche, que güiaste!
¡O noche amable más que la alborada!
    ¡O noche que juntaste
    amado con amada,
amada en el amado transformada!   25

6

    En mi pecho florido,
que entero para él solo se guardaba,
    allí quedó dormido
    y yo le regalaba
y el ventalle de cedros ayre daba.   30

7

    El ayre del almena
quando yo sus cavellos esparcía
    con su mano serena
    en mi cuello hería
y todos mis sentidos suspendía.   35

8

    Quedéme y olbidéme
el rostro recliné sobre el amado;

_____

30 *el ventalle*: 'el abanico'.

177

IV

[Coplas de el mismo, hechas sobre un éstasis de harta contemplación.]

Entréme donde no supe
y quedéme no sabiendo
toda ciencia tracendiendo.

1

Yo no supe dónde entraba
pero cuando allí me vi
sin saver dónde me estaba   5
grandes cosas entendí
no diré lo que sentí
que me quedé no sabiendo
toda sciencia tracendiendo.   10

2

De paz y de piedad
era la sciencia perfecta,
en profunda soledad
entendida vía recta
era cosa tan secreta   15
que me quedé balbuciendo
toda sciencia tracendiendo.

3

Estava tan embebido
tan absorto y ajenado
que se quedó mi sentido   20
de todo sentir privado

y el espíritu dotado
de un entender no entendiendo
toda sciencia tracendiendo.

4

El que allí llega de vero   25
de sí mismo desfallesce
quanto sabía primero
mucho baxo le paresce
y su sciencia tanto cresce
que se queda no sabiendo,   30
toda sciencia tracendiendo.

5

Quanto más alto se suve
tanto menos se entendía
que es la tenebrosa nuve
que a la noche esclarecía   35
por eso quien la sabía
queda siempre no sabiendo,
toda sciencia tracendiendo.

6

Este saber no sabiendo
es de tan alto poder   40
que los sabios arguyendo
jamás le pueden vencer
que no llega su saber
a no entender entendiendo
toda sciencia tracendiendo.   45

---

[27] *primero*: 'antes'.
[28] *mucho*: 'muy'.

7

Y es de tan alta excelencia
aqueste summo saber
que no ay facultad ni sciencia
que le puedan emprender
quien se supiere vencer   50
con un no saber sabiendo,
yrá siempre tracendiendo.

8

Y si lo queréis oýr
consiste esta summa sciencia
en un subido sentir   55
de la dibinal esencia
es obra de su clemencia
hazer quedar no entendiendo
toda sciencia tracendiendo.

V
[Coplas de el alma que pena por ver a Dios. De el mismo autor.]

Vivo sin vivir en mí
y de tal manera espero
que muero porque no muero.

1

En mí yo no vivo ya
y sin Dios vivir no puedo
pues sin él y sin mí quedo   5
este vivir ¿qué será?
Mil muertes se me hará
pues mi misma vida espero
muriendo porque no muero.   10

Esta vida que yo vivo
es privación de vivir
y assí es contino morir
hasta que viva contigo.
Oye mi Dios lo que digo   15
que esta vida no la quiero
que muero porque no muero.

Estando absente de ti
qué vida puedo tener
sino muerte padescer   20
la mayor que nunca vi?
Lástima tengo de mí
pues de suerte persevero
que muero porque no muero.

El pez que del agua sale   25
aun del alibio no caresce
que en la muerte que padesce
al fin la muerte le vale.
Qué muerte abrá que se yguale
a mi vivir lastimero   30
pues si más vivo más muero?

Quando me pienso alibiar
de verte en el Sacramento

házeme más sentimiento
el no te poder gozar   35
todo es para más penar
por no verte como quiero
y muero porque no muero.

                            6

   Y si me gozo Señor
con esperança de verte   40
en ver que puedo perderte
se me dobla mi dolor
viviendo en tanto pabor
y esperando como espero
muérome porque no muero.   45

                            7

   Sácame de aquesta muerte
mi Dios y dame la vida
no me tengas impedida
en este lazo tan fuerte
mira que peno por verte,   50
y mi mal es tan entero
que muero porque no muero.

                            8

   Lloraré mi muerte ya
y lamentaré mi vida
en tanto que detenida   55
por mis pecados está.
¡O mi Dios! quándo será
quando yo diga de vero
vivo ya porque no muero?

[Otras de el mismo, a lo divino.]

Tras de un amoroso lance
y no de esperança falto
volé tan alto tan alto
que le di a la caça alcance.

1

Para que yo alcance diesse   5
a aqueste lance divino
tanto bolar me convino
que de vista me perdiesse
y con todo en este trance
en el buelo quedé falto   10
mas el amor fue tan alto
que le di a la caça alcance.

2

Quando más alto suvía
deslumbróseme la vista
y la más fuerte conquista   15
en escuro se hazía
mas por ser de amor el lance
di un ciego y oscuro salto
y fuy tan alto tan alto
que le di a la caça alcance.   20

3

Cuanto más alto llegava
de este lance tan subido

---

¹⁶ *en escuro*: 'a oscuras'.

tanto más baxo y rendido
y abatido me hallava
dixe: No abrá quien alcance.   25
Abatíme tanto tanto
que fuy tan alto tan alto
que le di a la caça alcance.

4

Por una estraña manera
mil buelos pasé de un buelo   30
porque esperança de cielo
tanto alcança quanto espera
esperé solo este lance
y en esperar no fuy falto
pues fuy tan alto tan alto,   35
que le di a la caça alcance.

VII
[Cantar de la alma que se huelga de conoscer a Dios por fee.]

¡Qué bien sé yo la fonte que mana y corre,
aunque es de noche!

1

Aquella eterna fonte está ascondida.
¡Qué bien sé yo do tiene su manida
aunque es de noche!   5

2

Su origen no lo sé pues no le tiene
mas sé que todo origen della viene
aunque es de noche.

---

[1] *fonte*: 'fuente'.

185

3

Sé que no puede ser cosa tan bella,
y que cielos y tierra beben della   10
   aunque es de noche.

4

Bien sé que suelo en ella no se halla
y que ninguno puede vadealla
   aunque es de noche.

5

Su claridad nunca es escurecida   15
y sé que toda luz de ella es venida
   aunque es de noche.

6

Sé ser tan caudalosas sus corrientes,
que infiernos cielos riegan y a las gentes
   aunque es de noche.   20

7

El corriente que nace desta fuente
bien sé que es tan capaz y omnipotente
   aunque es de noche.

8

El corriente que de estas dos procede
sé que ninguna de ellas le precede   25
   aunque es de noche.

[24-25] la Trinidad.

9

Aquesta eterna fonte está escondida
en este vivo pan por darnos vida
   aunque es de noche.

10

Aquí se está llamando a las criaturas   30
y de esta agua se hartan, aunque a escuras
   porque es de noche.

11

Aquesta viva fuente que deseo
en este pan de vida yo la veo
   aunque es de noche.   35

VIII
[El pastorcico.]

1

Un pastorcico solo está penando
ageno de plazer y de contento
y en su pastora puesto el pensamiento
y el pecho del amor muy lastimado.

2

No llora por averle amor llagado   5
que no le pena verse así affligido
aunque en el coraçón está herido
mas llora por pensar que está olbidado.

Que sólo de pensar que está olbidado
de su vella pastora con gran pena   10
se dexa maltratar en tierra agena
el pecho del amor mui lastimado!

Y dize el pastorcico: ¡Ay desdichado
de aquel que de mi amor a hecho ausencia
y no quiere gozar la mi presencia   15
y el pecho por su amor muy lastimado!

Y al cavo de un gran rato se a encumbrado
sobre un árbol do abrió sus braços vellos
y muerto se a quedado asido dellos
el pecho del amor muy lastimado.   20

---

[20] Esta última estrofa narra el suicidio del enamorado o (a lo divino) la
Crucifixión.

Miguel de Cervantes

Miguel de Cervantes (1547-1616), autor del *Quijote* y de las *Novelas ejemplares*, escribió miles de versos, tanto en sus comedias como en su novela pastoril. Publicó además un largo poema burlesco en tomo aparte: el *Viaje del Parnaso* (1614); esta obra ha sido editada últimamente, con los poemas sueltos, por E. L. Rivers (1991). Este poema es un comentario sobre el estado de la poesía española, y sobre las pretensiones literarias del mismo Cervantes (cap. IV):

> Yo corté con mi ingenio aquel vestido
> con que al mundo la hermosa *Galatea*
> salió para librarse del olvido.
> Soy por quien *La Confusa* nada fea
> pareció en los teatros admirable,
> si esto a su fama es justo se le crea.
> Yo, con estilo en parte razonable,
> he compuesto *Comedias* que en su tiempo
> tuvieron de lo grave y de lo afable.
> Yo he dado en *Don Quijote* pasatiempo
> al pecho melancólico y mohíno
> en cualquier sazón, en todo tiempo.
> Yo he abierto en mis *Novelas* un camino
> por do la lengua castellana puede
> mostrar con propiedad un desatino.
> Yo soy aquel que en la invención excede
> a muchos, y al que falta en esta parte,
> es fuerza que su fama falta quede.
> Desde mis tiernos años amé el arte
> dulce de la agradable poësía,

y en ella procuré siempre agradarte.
    Nunca voló la pluma humilde mía
por la región satírica, bajeza
que a infames premios y desgracias guía.
    Yo el soneto compuse que así empieza,
por honra principal de mis escritos:
Voto a Dios, que me espanta esta grandeza.
    Yo he compuesto romances infinitos,
y el de *Los celos* es aquel que estimo,
entre otros que los tengo por malditos.

Son innumerables los ecos de la poesía garcilasiana que se encuentran esparcidos a lo largo de la obra cervantina, tanto en su prosa como en su poesía. El mito pastoril formaba parte de la ideología de Cervantes, con su dialéctica entre arte y naturaleza. Pero el Cervantes maduro mira con ojos irónicos todos los mitos, tanto los pastoriles como los heroicos; los sueños literarios del Renacimiento van cediendo en Cervantes a un humorístico desengaño barroco.

En cuanto a los textos de nuestra selección, el primer soneto se encuentra en la «Novela de la Gitanilla» (*Novelas ejemplares*, ed. H. Sieber, Madrid, Cátedra, 1980, pág. 96); los demás poemas se encuentran en *Viage del Parnaso, poesías varias* (ed. E. Rivers, Madrid, Espasa-Calpe, 1991).

I

    Cuando Preciosa el panderete toca
y hiere el dulce son los aires vanos,
perlas son que derrama con las manos;
flores son que despide de la boca.
    Suspensa el alma, y la cordura loca   5
queda a los dulces actos sobrehumanos,
que, de limpios, de honestos y de sanos,
su fama al cielo levantado toca.
    Colgadas del menor de sus cabellos
mil almas lleva, y a sus plantas tiene   10
Amor rendidas una y otra flecha.

Ciega y alumbra con sus soles bellos,
su imperio Amor por ellos le mantiene,
y aún más grandezas de su ser sospecha.

22

Yaze donde el sol se pone
entre dos taxadas peñas
una entrada de un abismo,
quiero dezir, una cueva
profunda, lóbrega, escura,   5
aquí mojada, allí seca,
propio alvergue de la noche,
del horror y las tinieblas.
Por la boca sale un ayre
que al alma encendida yela,   10
y un fuego, de quando en quando,
que el pecho de yelo quema.
Óyese dentro un rüýdo
como crugir de cadenas
y unos ayes luengos, tristes,   15
embueltos en tristes quexas.
Por las funestas paredes,
por los resquicios y quiebras
mil bívoras se descubren
y ponçoñosas culebras.   20
A la entrada tiene puesto[s],

9-14 El imperio de Amor (Cupido), con sus dos flechas de amor y de odio,
se rinde a los pies de Preciosa, cuyos «soles» (ojos) permiten al Amor mante-
ner su imperio.
11 *una y otra flecha:* Son las flechas de Cupido; la de oro enciende amor y
la de plomo lo rechaza; Ovidio, *Metamorphoses,* I: «quod facit, auratum est
et cuspide fulget acuta / quod fugat, obtusum est et habet sub harundine
plumbum».
13 «Amor mantiene su imperio por los ojos de ella.»

en una amarilla piedra,
huessos de muerto encaxados
de modo que forman letras,
las quales, vistas del fuego   25
que arroja de sí la cueva,
dizen: «Ésta es la morada
de los zelos y sospechas.»
Y un pastor contava a Lauso
esta maravilla cierta   30
de la cueva, fuego y yelo,
aullidos, sierpes y piedra,
el qual, oyendo, le dixo:
—Pastor, para que te crea,
no has menester juramentos   35
ni hazer la vista esperiencia.
Un vivo traslado es ésse
de lo que mi pecho encierra,
el qual, como en cueva escura,
no tiene luz, ni la espera.   40
Seco, le tienen desdenes
bañado en lágrimas tiernas;
ayre, fuego y los suspiros
le abrasan contino y yelan.
Los lamentables aullidos   45
son mis continuas querellas,
bívoras mis pensamientos
que en mis entrañas se cevan.
La piedra escrita, amarilla,
es mis sin igual firmezas,   50
que mis huessos en la muerte
mostrarán que son de piedra.
Los zelos son los que habitan
en esta morada estrecha,
que engendraron los descuydos   55
de mi querida Silena.—
En pronunciando este nombre,
cayó como muerto en tierra,
que de memorias de zelos
aquestos fines se esperan.   60

EL CAPITÁN BECERRA VINO A SEVILLA A ENSEÑAR LO QUE
HABÍAN DE HACER LOS SOLDADOS, Y A ESTO Y A LA ENTRA-
DA DEL DUQUE DE MEDINA EN CÁDIZ HIZO CERVANTES
ESTE SONETO.

Vimos en julio otra semana santa,
atestada de ciertas cofradías
que los soldados llaman compañías,
de quien el vulgo, y no el inglés, se espanta;
   huvo de plumas muchedumbre tanta   5
que en menos de catorce o quince días
volaron sus pigmeos y Golías,
y cayó su edificio por la planta.
   Bramó el Becerro y púsolos en sarta;
tronó la tierra, escurecióse el cielo,   10
amenazando una total rüina;
   y al cabo, en Cádiz, con mesura harta
(ido ya el conde sin ningún recelo),
triunfando entró el gran duque de Medina.

26

AL TÚMULO DEL REY QUE SE HIZO EN SEVILLA*

   —¡Voto a Dios que me espanta esta grandeza
y que diera un doblón por descrivilla!,

---

¹ En julio de 1596 las tropas españolas volvieron a ocupar el puerto de Cá-
diz, después de haberlo saqueado los ingleses, durante 24 días, bajo el man-
do del conde de Essex.
⁷ *Golías:* por gigantes.

* Cuando murió Felipe II, en 1598, se celebraron solemnes misas funera-
les en todas las catedrales de España, con grandes túmulos, o catafalcos, artís-
ticos que representaran su ataúd. En este soneto un soldado pondera la gran-
deza del túmulo sevillano.

porque ¿a quién no suspende y maravilla
esta máquina insigne, esta riqueza?

¡Por Jesuchristo vivo, cada pieza   5
vale más que un millón, y que es mancilla
que esto no dure un siglo, O gran Sevilla,
Roma triunfante en ánimo y nobleza!

¡Apostaré que la ánima del muerto,
por gozar este sitio, oi ha dexado   10
el cielo, de que goza eternamente!—

Esto oyó un valentón y dixo: —¡Es cierto
lo que dize voazé, seor soldado,
y quien dixere lo contrario miente!—

Y luego encontinente   15
caló el chapeo, requirió la espada,
miró al soslayo, fuésse, y no huvo nada.

---

[16] *chapeo*: 'sombrero'.

Poemas anónimos
de entre dos siglos

No tenemos fecha exacta para el famoso soneto anónimo *A Cristo crucificado*; circuló en muchas copias manuscritas y se aprendió de memoria en muchos colegios y misiones, sobre todo de los padres jesuitas. Se ha atribuido a varios autores: a Santa Teresa de Jesús, a San Ignacio de Loyola, a San Francisco Javier, a Fray Pedro de los Reyes (franciscano), a Fray Miguel de Guevara (misionero agustino que murió en México en 1640). El soneto no es místico sino devocional, perteneciendo a la tradición de los ejercicios espirituales. Reproducimos la versión editada por P. Blanco Suárez en su antología (Madrid, 1933), versión de tradición jesuita.

También son anónimas las siguientes letrillas y sonetos eróticos que se escribieron entre finales del siglo XVI y principios del XVII. Son burlescos, en el sentido cervantino: se burlan de la mitología amorosa del amor cortés. Véase la antología francesa de Alzieu, Jammes y Lissorgues, *Floresta de poesías eróticas del Siglo de Oro* (1975), de donde se han tomado estos poemas.

No me mueve, mi Dios, para quererte
el cielo que me tienes prometido;
ni me mueve el infierno tan temido
para dejar por eso de ofenderte.

Tú me mueves, Señor; muéveme el verte   5
clavado en una cruz y escarnecido;
muéveme ver tu cuerpo tan herido;
muévenme tus afrentas y tu muerte.

Muéveme, al fin, tu amor, y en tal manera,
que aunque no hubiera cielo, yo te amara,   10
y aunque no hubiera infierno, te temiera.

No me tienes que dar porque te quiera;
pues aunque lo que espero no esperara,
lo mismo que te quiero te quisiera.

LETRA

No me le digáis mal,
madre, a Fray Antón;
no me le digáis mal,
que le tengo en devoción.

Madre, yo no niego   5
que él burla conmigo,
y de aqueste juego
siempre le castigo;

---

[13] «que aunque quanto espero, no esperara».

Esta variante está tomada de la redacción del Soneto publicada por el padre Menchaca, S. J., en su edición de las *Cartas de San Francisco Xavier,* Bolonia, 1795; redacción que reprodujo dicho autor en otra edición suya de las *Cartas de San Ignacio de Loyola,* Bolonia, 1804. Pero el padre Menchaca tomó dicha redacción de una obra un siglo anterior, la *Vida del Patriarca San Ignacio de Loyola* (en italiano), por don Vigilio Nolarci (anagrama del autor: el padre Aloys Carnoli, S. J.), Venecia, 1687.

mil veces le digo:
«¡Padre, tentación!»
No me le digáis mal,
que le tengo en devoción.

Cuando estamos juntos
ambos de rodillas,
sácame por puntos
algunas cosillas;
háceme cosquillas
en el corazón.
No me le digáis mal,
que le tengo en devoción.

Yo tengo reposo
con su Reverencia,
que tiene presencia
de buen religioso;
aunque es peligroso
en mi salvación,
no me le digáis mal,
que le tengo en devoción.

Es fraile polido
de muy lindo talle,
que desde la calle
viene apercebido;
arroja el vestido,
y queda en jubón;
no me le digáis mal,
que le tengo en devoción.

Cuando quiere entrar
viene muy honesto,
mesurado el gesto
por disimular:

10

15

20

25

30

35

40

---

[29] *polido:* 'primoroso'.

háceme turbar
su Visitación;
no me le digáis mal,
que le tengo en devoción.

LETRA

Si osase decir mi boca
lo que siente el alma mía,
señora, tocar querría
donde la camisa os toca.

No es mucho no tener tasa   5
este temor de perderos,
pues, señora, en el quereros
de la misma suerte pasa:
desde el chapín a la boca
os adora el alma mía,   10
y sólo tocar querría
donde la camisa os toca.

Si os viese yo, mi señora,
y sin camisa os tocase,
y otro bien no desease   15
aquesta alma que os adora,
y entonces ojos y boca
tocase la boca mía,
lo demás yo tocaría
donde la camisa os toca.   20

Siento yo extrañamente
de ver que os está tocando,
y con morir deseando
lo que ella goza y no siente;
pues diferencia hay poca   25

---

[9] *chapín:* 'zapato'.

198

de su tocadura y mía,
señora, tocar querría
donde la camisa toca.

Caracoles me pide la niña,
y pídelos cada día.

De una vez que la tacaña
los caracoles comió,
tal gusto el manjar le dio,   5
que por él se desentraña:
y con inquietud extraña,
diversas veces repite
que no hay cosa que así quite
toda su melancolía,   10
y pídelos cada día.

Si ella viese cuando estriba
en su concha el caracol,
y saca suspenso al sol
sus cuernos y frente altiva,   15
y, dando espuma y saliva,
se despega y desanuda,
para mí no tengo duda
de que lo aborrecería.
Y pídelos cada día.   20

Yo no sé qué nuevo efeto
puede hacer este manjar,
que al gusto del paladar
de la niña es tan aceto;
ella sabe este secreto,   25
pues cuando la persuado

---

[24] *aceto:* 'aceptable'.

que no es carne ni pescado,
ella que es carne porfía,
y pídelos cada día.

Si es carne, como ella mesma   30
lo confiesa, la mocosa,
¿cómo es ella tan golosa
de comellos en Cuaresma?
Dice que el padre Ledesma
le mandó que, en penitencia,   35
los comiese con decencia
los sábados si quería,
y pídelos cada día.

Aunque comida viscosa
y que engendra opilación,   40
danle más satisfación
por ser la salsa sabrosa;
y la causan a la Rosa,
cuando para su gobierno
sacan un palmo de cuerno,   45
gran consuelo y alegría,
y pídelos cada día.

Repréndela su madre
cuando se los ve comer;
dice que no halla, a su ver,   50
regalo que ansí le cuadre,
y que, a pesar de su padre,
aunque la mate y la riña,
poblará dellos la niña
su sotillo y pradería,   55
y pídelos cada día.

Si la niña está con pena,
con tristeza y con enojo,
para alegrarle el ojo
dénselos después de cena,   60
porque sustancia tan buena

no la probó en su vida;
por ellos anda perdida
si son frescos y en cuantía,
y pídelos cada día.   65

SONETO

Cuando en tus brazos, Filis, recogiéndome,
el pecho me descubres hermosísimo,
allí donde el tocar es sabrosísimo
estás un breve rato entreteniéndome.

Y cuando lo que quiero concediéndome,   5
un beso das sabroso, otro dulcísimo,
y en aquel deleite süavísimo,
deleite das y tomas respondiéndome,

las hojas de los árboles meneándose,
al céfiro mil vientos sucediéndole,   10
serían perezosas, imitándonos.

Mas cuando el dulce fin viene llegándose,
la noche se hace día bendiciéndole,
y la luna se alegra contemplándonos.

SONETO

El vulgo comúnmente se aficiona
a la que sabe que es doncella y moza,
porque ansí le parece al que la goza
que le coge la flor de su persona.

Yo, para mí, más quiero una matrona   5
que con mil arteficios se remoza,
y, por gozar de aquel que la retoza,
una hora de la noche no perdona.

---

⁸ *perdona:* 'deja pasar'.

La doncella no hace de su parte,
cuando la gozan, cosa que aproveche,   10
ni se menea, ni da dulces besos.

Mas la otra lo hace de tal arte,
y amores os dirá, que en miel y leche
convierte las médulas de los huesos.

SONETO

Una nueva locura se ha asentado
en los entendimientos desta era,
que no hay quien a la hermosa dama quiera,
si no es discreta y sabia en sumo grado.

Por la hermosura no dan un cornado,   5
y adóranla si es fea y es parlera,
como si en el aviso consistiera
tener la dama el cuerpo bien formado.

¡O necio humor, no amor, mas devaneo!
¡Como, porque es astuta, la raposa   10
y no como, por simple, la gallina!

Cualquiera vaya, pues, tras su deseo,
que de mujeres quiero la hermosa,
pues hermosura busco y no dotrina.

SONETO

Ninguna mujer hay que yo no quiera,
a todas amo y soy aficionado;
de toda suerte, condición y estado,
todas las amo y quiero en su manera.

---

⁵ *cornado:* 'moneda ínfima'.

Adoro la amorosa y la austera,   5
por la discreta y simple soy penado,
y por morena y blanca enamorado,
ora sea casada, ora soltera.

Todo lo que Dios cría es buena cosa,
tan mujer es aquésta como aquélla,   10
lo que tiene la una, la otra tiene.

Agora sea fea, agora hermosa,
siempre es tenella por hermosa y bella,
que en la mujer el hombre se conviene.

SONETO

Los ojos vueltos, que del negro dellos
muy poco o casi nada parecía,
y la divina boca helada y fría,
bañados en sudor rostro y cabellos,

las blancas piernas y los brazos bellos,   5
con que al mozo en mil lazos envolvía,
ya Venus fatigados los tenía,
remisos, sin mostrar vigor en ellos.

Adonis, cuando vio llegado el punto
de echar con dulce fin cosas aparte,   10
dijo: «No ceses, diosa, anda, señora,

no dejes de mene...», y no dijo «arte»,
que el aliento y la voz le faltó junto,
y el dulce juego feneció a la hora.

---

[14] «que el hombre se aviene con la mujer que sea».

[14] *a la hora:* 'a la vez'.

SONETO

—¿Qué hacéis, hermosa? —Mírome a este espejo.
—¿Por qué desnuda? —Por mejor mirarme.
—¿Qué veis en vos? —Que quiero acá gozarme.
—Pues, ¿por qué no os gozáis? —No hallo aparejo.

—¿Qué os falta? —Uno que sea en amor viejo.   5
—Pues, ¿qué sabrá ése hacer? —Sabrá forzarme.
—¿Y cómo os forzará? —Con abrazarme,
 sin esperar licencia ni consejo.

—¿Y no os resistiréis? —Muy poca cosa.
—¿Y qué tanto? —Menos que aquí lo digo,   10
 que él me sabrá vencer si es avisado.

—¿Y si os deja por veros regurosa?
—Tenerle he yo a este tal por enemigo,
 vil, necio, flojo, lacio y apocado.

---

[10] *qué tanto*: 'cuánto'.

II

Poesía barroca

Lupercio y Bartolomé L. de Argensola

Los hermanos Lupercio L. de Argensola (1559-1613) y Bartolomé L. de Argensola (1562-1631) nacieron en Barbastro (Aragón) y estudiaron en Huesca y Zaragoza. El hermano mayor sirvió al conde de Lemos en Madrid y Nápoles; el menor, ordenado de sacerdote, sirvió al mismo conde como capellán en Nápoles, y fue más tarde canónigo de Zaragoza y cronista oficial de Aragón.

La poesía de los dos es en general moralista y sobriamente clásica; se nota sobre todo la influencia de Horacio y de Juvenal. Además de unos sonetos bien conocidos, merecen estudiarse con cuidado sus elegías y epístolas. Sus obras se publicaron juntas en la edición póstuma de 1634; las dos ediciones modernas son de J. M. Blecua, una para eruditos (Zaragoza, 1950-1951) y la otra destinada a un público más amplio (Clásicos Castellanos, tomos 173, 184 y 185). O. H. Green publicó un estudio de la vida y obra de Lupercio (Filadelfia, 1927, y Zaragoza, 1945). Nuestro texto se basa en la segunda edición de Blecua.

SONETO I

*A una muger que
se afeitaba y estaba hermosa*

Yo os quiero confesar, don Juan, primero:
que aquel blanco y color de doña Elvira
no tiene de ella más, si bien se mira,
que el haberle costado su dinero.

207

Pero tras eso confesaros quiero   5
que es tanta la beldad de su mentira
que en vano a competir con ella aspira
belleza igual de rostro verdadero.
   Mas, ¿qué mucho que yo perdido ande
por un engaño tal, pues que sabemos   10
que nos engaña así Naturaleza?
   Porque ese cielo azul que todos vemos
ni es cielo ni es azul: ¡Lástima grande
que no sea verdad tanta belleza!

SONETO II

Al sueño

Imagen espantosa de la muerte,
sueño cruel, no turbes más mi pecho,
mostrándome cortado el nudo estrecho,
consuelo solo de mi adversa suerte.
   Busca de algún tirano el muro fuerte,   5
de jaspe las paredes, de oro el techo;
o el rico avaro en el angosto lecho
haz que temblando con sudor despierte.
   El uno vea el popular tumulto
romper con furia las herradas puertas,   10
o al sobornado siervo el hierro oculto;
   el otro, sus riquezas descubiertas
con llave falsa o con violento insulto:
y déjale al Amor sus glorias ciertas.

[*Lupercio*]

---

[11] *hierro oculto:* 'daga escondida'.

No fueron tus divinos ojos, Ana,
los que al yugo amoroso me han rendido;
ni los rosados labios, dulce nido
del ciego niño, donde néctar mana;
   ni las mejillas de color de grana;   5
ni el cabello, que al oro es preferido;
ni las manos, que a tantos han vencido;
ni la voz, que está en duda si es humana.
   Tu alma, que en tus obras se trasluce,
es la que sujetar pudo la mía,   10
porque fuese inmortal su cautiverio.
   Así todo lo dicho se reduce
a solo su poder, porque tenía
por ella cada cual su ministerio.

[*Lupercio*]

SONETO IV

Tras importunas lluvias amanece,
coronando los montes, el sol claro;
salta del lecho el labrador avaro,
que las horas ociosas aborrece.
   La torva frente al duro yugo ofrece   5
el animal que a Europa fue tan caro;
sale, de su familia firme amparo,
y los surcos solícito enriquece.
   Vuelve de noche a su mujer honesta,
que lumbre, mesa y lecho le apercibe,   10
y el enjambre de hijuelos le rodea.

[12-14] «Así es que todo lo mencionado se reduce sencillamente al poder de tu alma, pues por comisión de ella cada cual tenía su ministerio.»

[6] el toro, o sea el buey.
[10] *apercibe:* 'prepara'.

Fáciles cosas cena con gran fiesta,
el sueño sin envidia le recibe:
¡o Corte, o confusión!, ¿quién te desea?

[Lupercio]

SONETO V

«Dime, Padre común, pues eres justo,
¿por qué ha de permitir tu providencia,
que, arrastrando prisiones la inocencia,
suba la fraude a tribunal augusto?
   ¿Quién da fuerzas al brazo, que robusto   5
hace a tus leyes firme resistencia,
y que el celo, que más las reverencia,
gima a los pies del vencedor injusto?
   Vemos que vibran vitoriosas palmas
manos inicuas, la virtud gimiendo   10
del triunfo en el injusto regocijo.»
   Esto decía yo, cuando, riendo,
celestial ninfa apareció, y me dijo:
«¡Ciego!, ¿es la tierra el centro de las almas?»

[Bartolomé]

SONETO VI

*A un caballero y una dama que se criaban
juntos desde niños y siendo mayores de edad per-
severaron en la misma conversación*

Firmio, en tu edad ningún peligro hay leve;
porque nos hablas ya con voz escura,
y, aunque dudoso, el bozo a tu blancura
sobre esse labio superior se atreve.

---

10 *inicuas:* 'injustas'.
14 Es decir, que la justicia divina no se somete al juicio humano.

210

       Y en ti, oh Drusila, de sutil relieve   5
el pecho sus dos bultos apresura,
y en cada cual sobre la cumbre pura
vivo forma un rubí su centro breve.
       Sienta vuestra amistad leyes mayores;
que siempre Amor para el primer veneno   10
busca la inadvertencia más sencilla.
       Si astuto el áspid se escondió en lo ameno
de un campo fértil, ¿quién se maravilla
de que pierdan el crédito sus flores?

                                                   [*Bartolomé*]

---

⁹ Que vuestra amistad se someta a reglas más estrechas.

Luis de Góngora

Luis de Góngora (1561-1627) nació en Córdoba, estudió en Salamanca y luego se hizo canónigo en su ciudad natal, donde jugaba a los naipes y asistía a funciones teatrales y musicales. En 1617 se ordenó sacerdote para poder ser nombrado capellán en la corte madrileña, donde buscaba puestos más lucrativos y sostenía polémicas personales y literarias con sus grandes rivales Lope de Vega y Francisco de Quevedo. Cargado de deudas y gravemente enfermo, volvió a Córdoba antes de morir.

En la poesía lírica cultivó todos los géneros, tanto populares como eruditos, con notable empeño ingenioso, llevando hasta sus últimas consecuencias las posibilidades de cada género. El rigor formal de sus poemas mayores fue atacado y defendido duramente. Desde la voz infantil de «Hermana Marica» y el tono folklórico de «La más bella niña», sus romances llegan a la irónica perfección de *Angélica y Medoro* y la parodia burlesca de *Píramo y Tisbe;* también impresiona la variedad magistral de sus letrillas y sonetos. La *Fábula de Polifemo y Galatea* (1613) pertenece al periodo culminante de las *Soledades;* en estos grandes poemas se lleva a un extremo la tradición cultista que empezó con Garcilaso, complicándose ahora profundamente con una agudeza conceptista de suma dificultad. La sustancia de esta poesía es un paisaje virgiliano y ovidiano cada vez más ricamente variado; el juego de las metáforas evoca detalles coloristas de la materia física, y se combina con la musicalidad de raras palabras hábilmente combinadas y con alusiones y desplazamientos difíciles de resolver. Todo se dispone para darnos a entender una visión muy particular de la realidad. El redescubrimiento de este mundo gongorino fue la hazaña cultural de los poetas de 1927.

Góngora mismo publicó pocos poemas suyos, pero ordenó

en un manuscrito fastuoso (llamado de Chacón) una especie de edición particular. Las mejores ediciones modernas son las de R. Foulché-Delbosc (1921) y de los hermanos Millé y Giménez (Aguilar, 1943). La bibliografía moderna de estudios gongorinos es muy extensa, con libros en francés (L.-P. Thomas, Robert Jammes), en alemán (W. Pabst) y en inglés (E. Joiner Gates). En español véanse los ensayos de G. Diego, Salinas, Lorca, Alberti, Guillén; los libros de A. Reyes (1923, 1927), Artigas (1925), Cossío (1927) y, sobre todo, de Dámaso Alonso, autor de una edición con prosificación de las *Soledades* (1927), *La lengua poética de Góngora* (1935), *Ensayos y estudios gongorinos* (1955), *Góngora y el «Polifemo»* (1961). Esta última obra contiene, además de una edición ejemplar del *Polifemo,* una antología e introducción imprescindibles; de ahí proceden nuestros textos. Posteriormente se ha publicado otra excelente antología poética de Góngora, editada por Antonio Carreira (1986, 1993), y una nueva edición, también ejemplar, de las *Soledades,* editada por Robert Jammes (1994).

SONETO LIII

(moral)

Infiere, de los achaques de la vejez,
cercano el fin, a que católico se alienta

En este occidental, en este, oh Licio,
climatérico lustro de tu vida,
todo mal afirmado pie es caída,
toda fácil caída es precipicio.
    ¿Caduca el paso? Ilústrese el jüicio.   5
Desatándose va la tierra unida;
¿qué prudencia del polvo prevenida
la rüina aguardó del edificio?

---

² *climatérico:* dícese del séptimo o noveno año de la vida humana y sus múltiplos que se consideran como críticos.
⁶ Se desbaratan los ladrillos, o sea, el cuerpo.

La piel, no sólo, sierpe venenosa,
mas con la piel los años se desnuda,   10
y el hombre, no. ¡Ciego discurso humano!
    ¡Oh aquel dichoso, que la ponderosa
porción depuesta en una piedra muda,
la leve da al zafiro soberano!

[1623]

SONETO LIV

(moral)

De la brevedad engañosa de la vida

    Menos solicitó veloz saeta
destinada señal, que mordió aguda;
agonal carro por la arena muda
no coronó con más silencio meta,
    que presurosa corre, que secreta,   5
a su fin nuestra edad. A quien lo duda,
fiera que sea de razón desnuda,
cada Sol repetido es un cometa.
    ¿Confiésalo Cartago, y tú lo ignoras?
Peligro corres, Licio, si porfías   10
en seguir sombras y abrazar engaños.
    Mal te perdonarán a ti las horas:
las horas que limando están los días,
los días que royendo están los años.

[1623]

---

¹² *ponderosa:* 'pesada'. Aquí ponderosa porción —cuerpo— se opone a leve porción —alma.

¹⁴ *zafiro:* 'cielo'.

³⁻⁴ El carro de carreras que da la vuelta entre el silencio del público.

⁸ *un cometa:* 'un aviso'.

215

(fúnebre)

Inscripción para el sepulcro de Dominico Greco

Ésta en forma elegante, oh peregrino,
de pórfido luciente dura llave,
el pincel niega al mundo más süave,
que dio espíritu a leño, vida a lino.
Su nombre, aún de mayor aliento dino   5
que en los clarines de la Fama cabe,
el campo ilustra de ese mármol grave:
venéralo y prosigue tu camino.
Yace el Griego. Heredó Naturaleza
Arte; y el Arte, estudio; Iris, colores;   10
Febo, luces —si no sombras, Morfeo—.
Tanta urna, a pesar de su dureza,
lágrimas beba, y cuantos suda olores
corteza funeral de árbol sabeo.

[1615]

SONETO LXXXII

(amoroso)

La dulce boca que a gustar convida
un humor entre perlas destilado,

---

² *pórfido:* roca de color oscuro.
⁴ *leño, lino:* 'tabla o lienzo en el que se pintaba'.
⁵ *dino:* 'digno'.
⁷ *el campo:* 'la superficie'.
⁹⁻¹¹ Éste es el epitafio que El Greco dejó al mundo enriquecido con su arte.
¹⁴ *árbol sabeo:* la mirra.

y a no invidiar aquel licor sagrado
que a Júpiter ministra el garzón de Ida,
   amantes, no toquéis, si queréis vida,   5
porque entre un labio y otro colorado
Amor está, de su veneno armado,
   cual entre flor y flor sierpe escondida.

   No os engañen las rosas que, a la Aurora,
diréis que aljofaradas y olorosas   10
se le cayeron del purpúreo seno:
   manzanas son de Tántalo, y no rosas,
que después huyen del que incitan ahora;
y sólo del amor queda el veneno.

[1584]

SONETO LXXXVI*

(amoroso)

   De pura honestidad templo sagrado
cuyo bello cimiento y gentil muro
de blanco nácar y alabastro duro
fue por divina mano fabricado;
   pequeña puerta de coral preciado,   5
claras lumbreras de mirar seguro,
que a la esmeralda fina el verde puro
habéis para viriles usurpado;

---

   ³ *aquel licor:* 'el néctar divino'.
   ¹² *Tántalo:* por servir a su hijo como manjar en el banquete de los dioses
fue castigado a permanecer en medio de un río cuyas aguas retrocedían cuan-
do quería beber, y debajo de unos árboles frutales cuyas ramas se levantaban
al intentar coger las frutas.

   * En este soneto el cuerpo de la mujer se describe, desde abajo hasta arri-
ba, como si fuera un templo clásico.

soberbio techo, cuyas cimbrias de oro,
al claro sol, en cuanto en torno gira,   10
ornan de luz, coronan de belleza;
   ídolo bello, a quien humilde adoro:
oye piadoso al que por ti suspira,
tus himnos canta y tus virtudes reza.

[1582]

SONETO CIII

(amoroso)

De un caminante enfermo que
se enamoró donde fue hospedado

   Descaminado, enfermo, peregrino,
en tenebrosa noche, con pie incierto
la confusión pisando del desierto,
voces en vano dio, pasos sin tino.
   Repetido latir, si no vecino,   5
distinto, oyó de can siempre despierto,
y en pastoral albergue mal cubierto,
piedad halló, si no halló camino.
   Salió el Sol, y entre armiños escondida,
soñolienta beldad con dulce saña   10
salteó al no bien sano pasajero.
   Pagará el hospedaje con la vida;
más le valiera errar en la montaña
que morir de la suerte que yo muero.

[1594]

---

⁹ *cimbrias:* armazón de madera para construir arcos y bóvedas.

⁵ *latir:* 'ladrar'.

SONETO CIX

(amoroso)

De una dama que, quitándose una sortija,
se picó con un alfiler

Prisión del nácar era articulado
(de mi firmeza un émulo luciente)
un diamante, ingenïosamente
en oro también él aprisionado.
    Clori, pues, que su dedo apremïado   5
de metal, aun precioso, no consiente,
gallarda un día, sobre impacïente,
lo redimió del vínculo dorado.
    Mas, ay, que insidïoso latón breve
en los cristales de su bella mano   10
sacrílego divina sangre bebe:
    púrpura ilustró menos indïano
marfil; invidïosa, sobre nieve
claveles deshojó la Aurora en vano.

                [1620]

SONETO CLXV

Ilustre y hermosísima María,
mientras se dejan ver a cualquier hora
en tus mejillas la rosada Aurora,
Febo en tus ojos y en tu frente el día,
    y mientras con gentil descortesía   5
mueve el viento la hebra voladora
que la Arabia en sus venas atesora
y el rico Tajo en sus arenas cría;
    antes que, de la edad Febo eclipsado
y el claro día vuelto en noche obscura,   10
huya la Aurora del mortal nublado;

---

¹⁰ *los cristales:* 'la piel blanca'.

⁷⁻⁸ Es decir, que es de oro su pelo.

lo que hoy es rubio tesoro
...anca nieve su blancura:
:l color, la luz, el oro.

[1583]

SONETO CLXVI

Mientras por competir con tu cabello,
oro bruñido al sol relumbra en vano;
mientras con menosprecio en medio el llano
mira tu blanca frente el lilio bello;
mientras a cada labio, por cogello,   5
siguen más ojos que al clavel temprano;
y mientras triunfa con desdén lozano
del luciente cristal tu gentil cuello;
goza cuello, cabello, labio y frente,
antes que lo que fue en tu edad dorada   10
oro, lilio, clavel, cristal luciente,
no sólo en plata o vïola troncada
se vuelva, mas tú y ello juntamente
en tierra, en humo, en polvo, en sombra, en nada.

[1582]

FÁBULA DE POLIFEMO Y GALATEA*

Al conde de Niebla

1

Estas que me dictó rimas sonoras,
culta sí, aunque bucólica, Talía
—¡oh excelso conde!—, en las purpúreas horas
que es rosas el alba y rosicler el día,

---

* Para una lectura cabal del *Polifemo* es imprescindible la prosificación con
comentarios de Dámaso Alonso.
² *Talía:* musa de la poesía pastoril.

ahora que de luz tu Niebla doras,   5
escucha, al son de la zampoña mía,
si ya los muros no te ven, de Huelva,
peinar el viento, fatigar la selva.

2

Templado, pula en la maestra mano
el generoso pájaro su pluma,   10
o tan mudo en la alcándara, que en vano
aun desmentir al cascabel presuma;
tascando haga el freno de oro, cano,
del caballo andaluz la ociosa espuma;
gima el lebrel en el cordón de seda.   15
Y al cuerno, al fin, la cítara suceda.

3

Treguas al ejercicio sean robusto,
ocio atento, silencio dulce, en cuanto
debajo escuchas de dosel augusto,
del músico jayán el fiero canto.   20
Alterna con las Musas hoy el gusto;
que si la mía puede ofrecer tanto
clarín (y de la Fama no segundo),
tu nombre oirán los términos del mundo.

4

Donde espumoso el mar sicilïano   25
el pie argenta de plata al Lilibeo
(bóveda o de las fraguas de Vulcano,
o tumba de los huesos de Tifeo),
pálidas señas cenizoso un llano
—cuando no del sacrílego deseo—   30

---

⁹ *templado:* 'preparado para la caza'.
¹¹ *alcándara:* percha donde se ponían las aves de cetrería.
²⁰ *el músico jayán:* el cíclope que canta (Polifemo).
²⁶ *el Lilibeo:* un volcán.
²⁸ *Tifeo:* un gigante.

del duro oficio da. Allí una alta roca
mordaza es a una gruta, de su boca.

5

Guarnición tosca de este escollo duro
troncos robustos son, a cuya greña
menos luz debe, menos aire puro   35
la caverna profunda, que a la peña;
caliginoso lecho, el seno obscuro
ser de la negra noche nos lo enseña
infame turba de nocturnas aves,
gimiendo tristes y volando graves.   40

6

De este, pues, formidable de la tierra
bostezo, el melancólico vacío
a Polifemo, horror de aquella sierra,
bárbara choza es, albergue umbrío
y redil espacioso donde encierra   45
cuanto las cumbres ásperas cabrío
de los montes, esconde: copia bella
que un silbo junta y un peñasco sella.

7

Un monte era de miembros eminente
este (que, de Neptuno hijo fiero,   50
de un ojo ilustra el orbe de su frente,
émulo casi del mayor lucero)
cíclope, a quien el pino más valiente,
bastón, le obedecía, tan ligero,
y al grave peso junco tan delgado,   55
que un día era bastón y otro cayado.

31 El «duro oficio» es el del herrero Vulcano.
37 *caliginoso:* 'denso, oscuro, tenebroso'.
46 *cuanto... cabrío:* todas las cabras.
56 Que el bastón más grueso se dobla bajo su peso.

8

Negro el cabello, imitador undoso
de las obscuras aguas del Leteo,
al viento que lo peina proceloso,
vuela sin orden, pende sin aseo   60
un torrente es su barba impetüoso,
que (adusto hijo de este Pirineo)
su pecho inunda, o tarde, o mal, o en vano
surcada aun de los dedos de su mano.

9

No la Trinacria en sus montañas, fiera   65
armó de crüeldad, calzó de viento,
que redima feroz, salve ligera,
su piel manchada de colores ciento:
pellico es ya la que en los bosques era
mortal horror al que con paso lento   70
los bueyes a su albergue reducía,
pisando la dudosa luz del día.

10

Cercado es (cuanto más capaz, más lleno)
de la fruta, el zurrón, casi abortada,
que el tardo otoño deja al blando seno   75
de la piadosa hierba, encomendada:
la serba, a quien le da rugas el heno;
la pera, de quien fue cuna dorada

---

[58] *Leteo:* uno de los cuatro ríos del Infierno. Sus aguas hacían olvidar de pronto todo su pasado a quien las bebía.

[60] *pende:* 'cuelga'.

[62] *Pirineo:* el propio Polifemo, quien por su enorme estatura se identifica con la montaña.

[65] *Trinacria:* Sicilia.

[77] *serba:* fruta parecida a la pera.

la rubia paja, y —pálida tutora—
la niega avara, y pródiga la dora.   80

11

  Erizo es el zurrón, de la castaña,
y (entre el membrillo o verde o datilado)
de la manzana hipócrita, que engaña,
a lo pálido no, a lo arrebolado,
y, de la encina (honor de la montaña,   85
que pabellón al siglo fue dorado)
el tributo, alimento, aunque grosero,
del mejor mundo del candor primero.

12

  Cera y cáñamo unió (que no debiera)
cien cañas, cuyo bárbaro rüido,   90
de más ecos que unió cáñamo y cera
albogues, duramente es repetido.
La selva se confunde, el mar se altera,
rompe Tritón su caracol torcido,
sordo huye el bajel a vela y remo: 95
¡tal la música es de Polifemo!

13

  Ninfa, de Doris hija, la más bella,
adora, que vio el reino de la espuma.
Galatea es su nombre, y dulce en ella
el terno Venus de sus Gracias suma.   100
Son una y otra luminosa estrella
lucientes ojos de su blanca pluma:

[85-87] *de la encina... el tributo:* las bellotas.
[92] *albogue:* antiguo instrumento rústico-pastoril.
[94] *Tritón:* divinidad del mar con cuerpo de hombre y cola de pez.
[97-98] Polifemo adora a la ninfa más bella...

si roca de cristal no es de Neptuno,
pavón de Venus es, cisne de Juno.

14

Purpúreas rosas sobre Galatea   105
la Alba entre lilios cándidos deshoja:
duda el Amor cuál más su color sea,
o púrpura nevada, o nieve roja.
De su frente la perla es, eritrea,
émula vana; el ciego dios se enoja,   110
y, condenado su esplendor, la deja
pender en oro al nácar de su oreja.

15

Invidia de las ninfas y cuidado
de cuantas honra el mar deidades era;
pompa del marinero niño alado   115
que sin fanal conduce su venera.
Verde el cabello, el pecho no escamado,
ronco sí, escucha a Glauco la ribera
inducir a pisar la bella ingrata,
en carro de cristal, campos de plata.   120

16

Marino joven, las cerúleas sienes,
del más tierno coral ciñe Palemo,
rico de cuantos la agua engendra bienes,
del Faro odioso al promontorio extremo;
mas en la gracia igual, si en los desdenes   125

₁₀₄ Aquí se trastuecan los atributos de las dos diosas.
₁₀₆ *cándidos:* 'blancos'.
₁₁₁ *la:* 'a perla'.
₁₁₈ *Glauco:* dios marino, personificación de la vida del mar.
₁₂₁ *cerúleas:* 'azuladas'.
₁₂₂ *Palemo:* dios marino.

perdonado algo más, que Polifemo,
de la que, aún no le oyó, y, calzada plumas,
tantas flores pisó como él espumas.

17

Huye la ninfa bella; y el marino
amante nadador, ser bien quisiera, 130
ya que no áspid a su pie divino,
dorado pomo a su veloz carrera;
mas, ¿cuál diente mortal, cuál metal fino
la fuga suspender podrá ligera
que el desdén solicita? ¡Oh cuánto yerra 135
delfín que sigue en agua corza en tierra!

18

Sicilia, en cuanto oculta, en cuanto ofrece,
copa es de Baco, huerto de Pomona:
tanto de frutas ésta la enriquece,
cuanto aquél de racimos la corona. 140
En carro que estival trillo parece,
a sus campañas Ceres no perdona,
de cuyas siempre fértiles espigas
las provincias de Europa son hormigas.

19

A Pales su viciosa cumbre debe 145
lo que a Ceres, y aún más, su vega llana;
pues si en la una granos de oro llueve,
copos nieva en la otra mil de lana.
De cuantos siegan oro, esquilan nieve,
o en pipas guardan la exprimida grana, 150

[143-144] Que Sicilia exporta trigo a Europa.
[145] *Pales:* diosa del ganado ovejuno. *Viciosa:* 'enmarañada'.

bien sea religión, bien amor sea,
deidad, aunque sin templo, es Galatea.

20

Sin aras, no: que el margen donde para
del espumoso mar su pie ligero,
al labrador, de sus primicias ara,   155
de sus esquilmos es al ganadero;
de la Copia —a la tierra, poco avara—
el cuerno vierte el hortelano, entero,
sobre la mimbre que tejió, prolija,
si artificiosa no, su honesta hija.   160

21

Arde la juventud, y los arados
peinan las tierras que surcaron antes,
mal conducidos, cuando no arrastrados
de tardos bueyes, cual su dueño errantes;
sin pastor que los silbe, los ganados   165
los crujidos ignoran resonantes
de las hondas, si, en vez del pastor pobre,
el céfiro no silba, o cruje el robre.

22

Mudo la noche el can, el día, dormido,
de cerro en cerro y sombra en sombra yace.   170
Bala el ganado; al mísero balido,
nocturno el lobo de las sombras nace.
Cébase; y fiero, deja humedecido
en sangre de una lo que la otra pace.
¡Revoca, Amor, los silbos, o a su dueño   175
el silencio del can siga, y el sueño!

[153-160] Que la playa es altar donde a Galatea le dejan sus ofrendas el labrador, el ganadero y el hortelano.
[157] *Copia:* personificación de la abundancia.

23

La fugitiva ninfa, en tanto, donde
hurta un laurel su tronco al sol ardiente,
tantos jazmines cuanta hierba esconde
la nieve de sus miembros, da a una fuente.   180
Dulce se queja, dulce le responde
un ruiseñor a otro, y dulcemente
al sueño da sus ojos la armonía,
por no abrasar con tres soles el día.

24

Salamandria del Sol, vestido estrellas,   185
latiendo el Can del cielo estaba, cuando
(polvo el cabello, húmidas centellas,
si no ardientes aljófares, sudando)
llegó Acis; y, de ambas luces bellas
dulce Occidente viendo al sueño blando,   190
su boca dio, y sus ojos cuanto pudo,
al sonoro cristal, al cristal mudo.

25

Era Acis un venablo de Cupido,
de un fauno, medio hombre, medio fiera,
en Simetis, hermosa ninfa, habido: 195
gloria del mar, honor de su ribera.
El bello imán, el ídolo dormido,
que acero sigue, idólatra venera,
rico de cuanto el huerto ofrece pobre,
rinden las vacas y fomenta el robre.   200

26

El celestial humor recién cuajado
que la almendra guardó entre verde y seca,

[191-192] Simultáneamente bebe agua y mira el cuerpo de la ninfa dormida.
[200] La miel es lo que «fomenta el roble» o la encina (v. 206).

en blanca mimbre se lo puso al lado,
y un copo, en verdes juncos, de manteca;
en breve corcho, pero bien labrado,   205
un rubio hijo de una encina hueca,
dulcísimo panal, a cuya cera
su néctar vinculó la primavera.

27

Caluroso, al arroyo da las manos,
y con ellas las ondas a su frente,   210
entre dos mirtos que, de espuma canos,
dos verdes garzas son de la corriente.
Vagas cortinas de volantes vanos
corrió Favonio lisonjeramente
a la (de viento cuando no sea) cama   215
de frescas sombras, de menuda grama.

28

La ninfa, pues, la sonorosa plata
bullir sintió del arroyuelo apenas
cuando, a los verdes márgenes ingrata,
segur se hizo de sus azucenas.   220
Huyera; mas tan frío se desata
un temor perezoso por sus venas,
que a la precisa fuga, al presto vuelo,
grillos de nieve fue, plumas de hielo.

29

Fruta en mimbres halló, leche exprimida   225
en juncos, miel en corcho, mas sin dueño;
si bien al dueño debe, agradecida,
su deidad culta, venerado el sueño.
A la ausencia mil veces ofrecida,
este de cortesía no pequeño   230

---

[220] *segur:* 'hoz'. Se recogió rápidamente, segando las azucenas.

indicio la dejó —aunque estatua helada—
más discursiva y menos alterada.

30

No al Cíclope atribuye, no, la ofrenda;
no a sátiro lascivo, ni a otro feo
morador de las selvas, cuya rienda   235
el sueño aflija, que aflojó el deseo.
El niño dios, entonces de la venda,
ostentación gloriosa, alto trofeo
quiere que al árbol de su madre sea
el desdén hasta allí de Galatea.   240

31

Entre las ramas del que más se lava
en el arroyo, mirto levantado,
carcaj de cristal hizo, si no aljaba,
su blanco pecho, de un arpón dorado.
El monstro de rigor, la fiera brava   245
mira la ofrenda ya con más cuidado,
y aun siente que a su dueño sea, devoto,
confuso alcaide más, el verde soto.

32

Llamáralo, aunque muda, mas no sabe
el nombre articular que más querría;   250
ni lo ha visto, si bien pincel süave
lo ha bosquejado ya en su fantasía.
Al pie —no tanto ya, del temor, grave—
fía su intento; y, tímida, en la umbría
cama de campo y campo de batalla,   255
fingiendo sueño al cauto garzón halla.

---

²³² *discursiva:* 'pensativa'.
²³⁷ Cupido, dios del amor.
²⁵¹ El «pincel» es el «arpón» (v. 244) de Cupido (cfr. vv. 271-272).

33

El bulto vio, y, haciéndolo dormido,
librada en un pie toda sobre él pende
(urbana al sueño, bárbara al mentido
retórico silencio que no entiende):   260
no el ave reina, así, el fragoso nido
corona inmóvil, mientras no desciende
—rayo con plumas— al milano pollo
que la eminencia abriga de un escollo,

34

como la ninfa bella, compitiendo   265
con el garzón dormido en cortesía,
no sólo para, mas el dulce estruendo
del lento arroyo enmudecer querría.
A pesar luego de las ramas, viendo
colorido el bosquejo que ya había   270
en su imaginación Cupido hecho
con el pincel que le clavó su pecho,

35

de sitio mejorada, atenta mira,
en la disposición robusta, aquello
que, si por lo süave no la admira,   275
es fuerza que la admire por lo bello.
Del casi tramontado sol aspira
a los confusos rayos, su cabello;
flores su bozo es, cuyas colores,
como duerme la luz, niegan las flores.   280

36

En la rústica greña yace oculto
el áspid, del intonso prado ameno,
antes que del peinado jardín culto

en el lascivo, regalado seno;
en lo viril desata de su vulto   285
lo más dulce el Amor, de su veneno;
bébelo Galatea, y da otro paso
por apurarle la ponzoña al vaso.

37

    Acis —aún más de aquello que dispensa
la brújula del sueño vigilante—,   290
alterada la ninfa esté o suspensa,
Argos es siempre atento a su semblante,
lince penetrador de lo que piensa,
cíñalo bronce o múrelo diamante:
que en sus paladïones Amor ciego,   295
sin romper muros, introduce fuego.

38

    El sueño de sus miembros sacudido,
gallardo el joven la persona ostenta,
y al marfil luego de sus pies rendido,
el coturno besar dorado intenta.   300
Menos ofende el rayo prevenido,
al marinero, menos la tormenta
prevista le turbó o pronosticada:
Galatea lo diga, salteada.

39

    Más agradable y menos zahareña,   305
al mancebo levanta venturoso,
dulce ya concediéndole y risueña,
paces no al sueño, treguas sí al reposo.

292-293 *Argos, lince:* de muchos ojos penetrantes.
295 *paladïones:* 'caballos troyanos'.
304 *salteada:* 'asaltada'.
305 *zahareña:* 'desdeñosa, arisca'.

232

Lo cóncavo hacía de una peña
a un fresco sitïal dosel umbroso,   310
y verdes celosías unas hiedras,
trepando troncos y abrazando piedras.

40

   Sobre una alfombra, que imitara en vano
el tirio sus matices (si bien era
de cuantas sedas ya hiló, gusano,   315
y, artífice, tejió la Primavera)
reclinados, al mirto más lozano,
una y otra lasciva, si ligera,
paloma se caló, cuyos gemidos
—trompas de Amor— alteran sus oídos.   320

41

   El ronco arrullo al joven solicita;
mas, con desvíos Galatea suaves,
a su audacia los términos limita,
y el aplauso al concento de las aves.
Entre las ondas y la fruta, imita   325
Acis al siempre ayuno en penas graves:
que, en tanta gloria, infierno son no breve,
fugitivo cristal, pomos de nieve.

42

   No a las palomas concedió Cupido
juntar de sus dos picos los rubíes,   330
cuando al clavel el joven atrevido
las dos hojas le chupa carmesíes.
Cuantas produce Pafo, engendra Gnido,

---

[324] *concento:* 'música'.
[325-328] Acis imita a Tántalo.
[333] *Pafo, Gnido:* antiguas ciudades de Chipre y Asia Menor, respectiva-
mente, consagradas a Venus.

negras vïolas, blancos alhelíes,
llueven sobre el que Amor quiere que sea   335
tálamo de Acis ya y de Galatea.

43

Su aliento humo, sus relinchos fuego,
si bien su freno espumas, ilustraba
las columnas Etón que erigió el griego,
do el carro de la luz sus ruedas lava,   340
cuando, de amor el fiero jayán ciego,
la cerviz oprimió a una roca brava,
que a la playa, de escollos no desnuda,
linterna es ciega y atalaya muda.

44

Árbitro de montañas y ribera,   345
aliento dio, en la cumbre de la roca,
a los albogues que agregó la cera,
el prodigioso fuelle de su boca;
la ninfa los oyó, y ser más quisiera
breve flor, hierba humilde, tierra poca,   350
que de su nuevo tronco vid lasciva,
muerta de amor, y de temor no viva.

45

Mas —cristalinos pámpanos sus brazos—
amor la implica, si el temor la anuda,
al infelice olmo que pedazos   355
la segur de los celos hará aguda.
Las cavernas en tanto, los ribazos,
que ha prevenido la zampoña ruda,
el trueno de la voz fulminó luego:
¡referidlo, Piérides, os ruego!   360

---

[339] *Etón:* uno de los caballos del carro del Sol.
[360] *Piérides:* Musas.

46

«¡Oh bella Galatea, más süave
que los claveles que tronchó la aurora;
blanca más que las plumas de aquel ave
que dulce muere y en las aguas mora;
igual en pompa al pájaro que, grave,   365
su manto azul de tantos ojos dora
cuantas el celestial zafiro estrellas!
¡Oh tú, que en dos incluyes las más bellas!:

47

deja las ondas, deja el rubio coro
de las hijas de Tetis, y el mar vea,   370
cuando niega la luz un carro de oro,
que en dos la restituye Galatea.
Pisa la arena, que en la arena adoro
cuantas el blanco pie conchas platea,
cuyo bello contacto puede hacerlas,   375
sin concebir rocío, parir perlas.

48

Sorda hija del mar, cuyas orejas
a mis gemidos son rocas al viento:
o dormida te hurten a mis quejas
purpúreos troncos de corales ciento,   380
o al disonante número de almejas
—marino, si agradable no, instrumento—
coros tejiendo estés, escucha un día
mi voz, por dulce, cuando no por mía.

49

Pastor soy, mas tan rico de ganados,   385
que los valles impido más vacíos,

---

³⁷² *dos:* dos soles (los ojos de Galatea).
³⁸⁶ *impido:* 'lleno'.

los cerros desparezco levantados
y los caudales seco de los ríos;
no los que, de sus ubres desatados,
o derivados de los ojos míos,   390
leche corren y lágrimas; que iguales
en número a mis bienes son mis males.

50

Sudando néctar, lambicando olores,
senos que ignora aun la golosa cabra,
corchos me guardan, más que abeja flores   395
liba inquïeta, ingeniosa labra;
troncos me ofrecen árboles mayores,
cuyos enjambres, o el abril los abra,
o los desate el mayo, ámbar distilan
y en ruecas de oro rayos del sol hilan.   400

51

Del Júpiter soy hijo, de las ondas,
aunque pastor; si tu desdén no espera
a que el monarca de esas grutas hondas,
en trono de cristal te abrace nuera,
Polifemo te llama, no te escondas;   405
que tanto esposo admira la ribera
cual otro no vio Febo, más robusto,
del perezoso Volga al Indo adusto.

52

Sentado, a la alta palma no perdona
su dulce fruto mi robusta mano;   410
en pie, sombra capaz es mi persona
de innumerables cabras el verano.

---

387 *desparezco:* 'cubro, tapo'.
393 *lambicando:* de alambique, destilando.
409 *no perdona:* 'alcanza'.

236

¿Qué mucho, si de nubes se corona
por igualarme la montaña en vano,
y en los cielos, desde esta roca, puedo   415
escribir mis desdichas con el dedo?

53

Marítimo alciön roca eminente
sobre sus huevos coronaba, el día
que espejo de zafiro fue luciente
la playa azul, de la persona mía.   420
Miréme, y lucir vi un sol en mi frente,
cuando en el cielo un ojo se veía:
neutra el agua dudaba a cuál fe preste,
o al cielo humano, o al cíclope celeste.

54

Registra en otras puertas el venado   425
sus años, su cabeza colmilluda
la fiera cuyo cerro levantado,
de helvecias picas es muralla aguda;
la humana suya el caminante errado
dio ya a mi cueva, de piedad desnuda,   430
albergue hoy, por tu causa, al peregrino,
do halló reparo, si perdió camino.

55

En tablas dividida, rica nave
besó la playa miserablemente,
de cuantos vomitó riquezas, grave,   435
por las bocas del Nilo el Oriënte.
Yugo aquel día, y yugo bien süave,
del fiero mar a la sañuda frente

---

417 *alciön:* ave marina legendaria.
426-428 el jabalí.
429 la (cabeza) humana del caminante.

imponiéndole estaba (si no al viento
dulcísimas coyundas) mi instrumento,   440

56

cuando, entre globos de agua, entregar veo
a las arenas ligurina haya,
en cajas los aromas del Sabeo,
en cofres las riquezas de Cambaya:
delicias de aquel mundo, ya trofeo   445
de Escila, que ostentado en nuestra playa,
lastimoso despojo fue dos días
a las que esta montaña engendra arpías.

57

Segunda tabla a un ginovés mi gruta
de su persona fue, de su hacienda;   450
la una reparada, la otra enjuta,
relación del naufragio hizo horrenda.
Luciente paga de la mejor fruta
que en hierbas se recline, en hilos penda,
colmillo fue del animal que el Ganges   455
sufrir muros le vio, romper falanges:

58

arco, digo, gentil, bruñida aljaba,
obras ambas de artífice prolijo,
y de Malaco rey a deidad Java

---

⁴⁴² *ligurina haya:* se refiere a los barcos procedentes de Liguria, que al naufragar dejan en la playa los despojos de sus cargas.

⁴⁴³ *Sabeo:* procedente de Sabá, ciudad de Arabia antigua.

⁴⁴⁴ *Cambaya:* ciudad de la India, famosa por las piedras preciosas que en ella se trabajan.

⁴⁴⁶ *Escila:* célebre escollo del golfo de Mesina, que junto al torbellino de Caribdis, que está enfrente, fue el espanto de los navegantes antiguos.

⁴⁴⁹ *tabla:* 'salvavidas'.

⁴⁵⁵⁻⁴⁵⁶ marfil.

alto don, según ya mi huésped dijo.   460
De aquél la mano, de ésta el hombro agrava;
convencida la madre, imita al hijo:
serás a un tiempo en estos horizontes
Venus del mar, Cupido de los montes.»

59

Su horrenda voz, no su dolor interno,   465
cabras aquí le interrumpieron, cuantas
—vagas el pie, sacrílegas el cuerno—
a Baco se atrevieron en sus plantas.
Mas, conculcado el pámpano más tierno
viendo el fiero pastor, voces él tantas,   470
y tantas despidió la honda piedras,
que el muro penetraron de las hiedras.

60

De los nudos, con esto, más süaves,
los dulces dos amantes desatados,
por duras guijas, por espinas graves   475
solicitan el mar con pies alados:
tal, redimiendo de importunas aves
incauto meseguero sus sembrados
de liebres dirimió copia, así, amiga,
que vario sexo unió y un surco abriga.   480

61

Viendo el fiero jayán, con paso mudo
correr al mar la fugitiva nieve
(que a tanta vista el líbico desnudo
registra el campo de su adarga breve)
y al garzón viendo, cuantas mover pudo   485

---

[463] «Carga tú la mano del arco y el hombro de la aljaba.»
[469] *conculcado:* 'pisado'.
[478] *meseguero:* 'hombre que cultiva trigo'.

celoso trueno, antiguas hayas mueve:
tal, antes que la opaca nube rompa,
previene rayo fulminante trompa.

62

Con vïolencia desgajó infinita,
la mayor punta de la excelsa roca,   490
que al joven, sobre quien la precipita,
urna es mucha, pirámide no poca.
Con lágrimas la ninfa solicita
las deidades del mar, que Acis invoca:
concurren todas, y el peñasco duro   495
la sangre que exprimió, cristal fue puro.

63

Sus miembros lastimosamente opresos
del escollo fatal fueron apenas,
que los pies de los árboles más gruesos
calzó el líquido aljófar de sus venas.   500
Corriente plata al fin sus blancos huesos,
lamiendo flores y argentando arenas,
a Doris llega, que, con llanto pío,
yerno lo saludó, lo aclamó río.

                          [1613]

                        LETRILLA XIX

                          (sacra)

Oveja perdida, ven
sobre mis hombros, que hoy
no sólo tu pastor soy,
sino tu pasto también.

---

[503] *Doris:* madre de Galatea. Enternecida por la cruel muerte de Acis le
transformó en río.

Por descubrirte mejor   5
cuando balabas perdida,
dejé en un árbol la vida,
donde me subió el amor;
si prenda quieres mayor,
mis obras hoy te la den.   10
    Oveja perdida, ven
sobre mis hombros, que hoy
no sólo tu pastor soy,
sino tu pasto también.

Pasto al fin hoy tuyo hecho,   15
¿cuál dará mayor asombro,
o el traerte yo en el hombro,
o el traerme tú en el pecho?
Prendas son de amor estrecho
que aun los más ciegos las ven.   20
    Oveja perdida, ven
sobre mis hombros, que hoy
no sólo tu pastor soy,
sino tu pasto también.

[1609]

LETRILLA XXIII

(sacra)

Al nacimiento de Cristo nuestro Señor

    Caído se le ha un clavel
hoy a la Aurora del seno:
¡qué glorioso que está el heno,
porque ha caído sobre él!

Cuando el silencio tenía   5
todas las cosas del suelo,
y coronada del yelo
reinaba la noche fría,
en medio la monarquía
de tiniebla tan crüel,   10

caído se le ha un clavel
hoy a la Aurora del seno:
¡qué glorioso que está el heno,
porque ha caído sobre él!

De un solo clavel ceñida   15
la Virgen, aurora bella,
al mundo se le dio, y ella
quedó cual antes florida;
a la púrpura caída
sólo fue el heno fiel.   20
    Caído se le ha un clavel
hoy a la Aurora del seno:
¡qué glorioso que está el heno,
porque ha caído sobre él!

El heno, pues, que fue dino,   25
a pesar de tantas nieves,
de ver en sus brazos leves
este rosicler divino,
para su lecho fue lino,
oro para su dosel.   30
    Caído se le ha un clavel
hoy a la Aurora del seno:
¡qué glorioso que está el heno,
porque ha caído sobre él!
              [1621]

LETRILLA XLVIII

(burlesca)

Ándeme yo caliente
* y ríase la gente.*
Traten otros del gobierno
del mundo y sus monarquías,

[19-20] Que solo el pesebre recibió al Encarnado.

mientras gobiernan mis días   5
mantequillas y pan tierno,
y las mañanas de invierno
naranjada y aguardiente,
    y ríase la gente.

   Coma en dorada vajilla   10
el Príncipe mil cuidados,
como píldoras dorados;
que yo en mi pobre mesilla
quiero más una morcilla
que en el asador reviente,   15
    y ríase la gente.

   Cuando cubra las montañas
de blanca nieve el enero,
tenga yo lleno el brasero
de bellotas y castañas,   20
y quien las dulces patrañas
del rey que rabió me cuente,
    y ríase la gente.

   Busque muy en hora buena
el mercader nuevos soles;   25
yo conchas y caracoles
entre la menuda arena,
escuchando a Filomena
sobre el chopo de la fuente,
    y ríase la gente.   30

   Pase a media noche el mar,
y arda en amorosa llama,
Leandro por ver su dama;

---

⁵ *gobiernan:* 'alimentan'.

que yo más quiero pasar
del golfo de mi lagar   35
la blanca o roja corriente,
    y ríase la gente.

Pues Amor es tan crüel
que de Píramo y su amada
hace tálamo una espada,   40
do se junten ella y él,
sea mi Tisbe un pastel
y la espada sea mi diente,
    y ríase la gente.
            [1581]

ROMANCE XXXII

(amoroso)

 1. Servía en Orán al Rey
    un español con dos lanzas,
    y con el alma y la vida
    a una gallarda africana,
 2. tan noble como hermosa,   5
    tan amante como amada,
    con quien estaba una noche,
    cuando tocaron al arma.
 3. Trescientos cenetes eran
    de este rebato la causa,   10
    que los rayos de la luna
    descubrieron sus adargas;
 4. las adargas avisaron
    a las mudas atalayas,
    las atalayas los fuegos,   15
    los fuegos a las campanas;

---

[39] *Píramo,* creyendo muerta a Tisbe, se dio muerte a sí mismo, y cuando
ésta vio que había muerto, se suicidó a su vez con la misma espada.

5. y ellas al enamorado,
    que en los brazos de su dama
    oyó el militar estruendo
    de las trompas y las cajas.   20

6. Espuelas de honor le pican
    y freno de amor le para;
    no salir es cobardía,
    ingratitud es dejalla.

7. Del cuello pendiente ella,   25
    viéndole tomar la espada,
    con lágrimas y suspiros
    le dice aquestas palabras:

8. «Salid al campo, señor,
    bañen mis ojos la cama;   30
    que ella me será también,
    sin vos, campo de batalla.

9. Vestíos y salid apriesa,
    que el General os aguarda;
    yo os hago a vos mucha sobra   35
    y vos a él mucha falta.

10. Bien podéis salir desnudo,
    pues mi llanto no os ablanda;
    que tenéis de acero el pecho
    y no habéis menester armas.»   40

11. Viendo el español brïoso
    cuánto le detiene y habla,
    le dice así: «Mi señora,
    tan dulce como enojada,

12. porque con honra y amor   45
    yo me quede, cumpla y vaya,
    vaya a los moros el cuerpo,
    y quede con vos el alma.

13. Concededme, dueño mío,
    licencia para que salga   50
    al rebato en vuestro nombre,
    y en vuestro nombre combata.»
                                            [1587]

---

²⁰ *cajas:* 'tambores'.

(amoroso)

La más bella niña
de nuestro lugar,
hoy viuda y sola,
y ayer por casar,
viendo que sus ojos   5
a la guerra van,
a su madre dice,
que escucha su mal:
   Dejadme llorar
   orillas del mar.   10

Pues me distes, madre,
en tan tierna edad
tan corto el placer,
tan largo el pesar,
y me cautivastes   15
de quien hoy se va
y lleva las llaves
de mi libertad:
   dejadme llorar
   orillas del mar.   20

En llorar conviertan
mis ojos, de hoy más,
el sabroso oficio
del dulce mirar,
pues que no se pueden   25
mejor ocupar,

---

[5] *sus ojos:* 'su querido marido'.

yéndose a la guerra
quien era mi paz:
  dejadme llorar
  orillas del mar.   30

No me pongáis freno
ni queráis culpar;
que lo uno es justo,
lo otro por demás.
Si me queréis bien,   35
no me hagáis mal;
harto peor fuera
morir y callar:
  dejadme llorar
  orillas del mar.   40

Dulce madre mía,
¿quién no llorará,
aunque tenga el pecho
como un pedernal,
y no dará voces   45
viendo marchitar
los más verdes años
de mi mocedad?
  Dejadme llorar
  orillas del mar.   50

Váyanse las noches,
pues ido se han
los ojos que hacían
los míos velar;
váyanse y no vean   55
tanta soledad,
después que en mi lecho
sobra la mitad.
  Dejadme llorar
  orillas del mar.   60
          [1580]

(burlesco)

Hermana Marica,
mañana, que es fiesta,
no irás tú a la amiga
ni yo iré a la escuela.
    Pondráste el corpiño   5
y la saya buena,
cabezón labrado,
toca y albanega;
    y a mí me pondrán
mi camisa nueva,   10
sayo de palmilla,
media de estameña;
    y si hace bueno
trairé la montera
que me dio la Pascua   15
mi señora abuela
    y el estadal rojo
con lo que le cuelga,
que trajo el vecino
cuando fue a la feria.   20
    Iremos a misa,
veremos la iglesia;
darános un cuarto
mi tía la ollera.
    Compraremos de él   25
(que nadie lo sepa)
chochos y garbanzos

---

³ *amiga:* 'escuela para niñas'.
⁷ *cabezón:* lista de lienzo que se cose a la parte superior de la camisa.
⁸ *albanega:* cofia para recoger el cabello.
¹¹ *palmilla:* género de paño.
¹² *estameña:* tejido ordinario de lana.
¹⁷ *estadal:* cinta bendita que se lleva al cuello.

para la merienda;
   y en la tardecica,
en nuestra plazuela   30
jugaré yo al toro
y tú a las muñecas
   con las dos hermanas
Juana y Madalena
y las dos primillas   35
Marica y la tuerta;
   y si quiere madre
dar las castañetas,
podrás tanto de ello
bailar en la puerta;   40
   y al son del adufe
cantará Andrehuela:
«no me aprovecharon
madre, las hierbas»;
   y yo de papel   45
haré una librea
teñida con moras
porque bien parezca,
   y una caperuza
con muchas almenas;   50
pondré por penacho
las dos plumas negras
   del rabo del gallo,
que acullá en la huerta
anaranjeamos   55
las Carnestolendas;
   y en la caña larga
pondré una bandera
con dos borlas blancas
en sus tranzaderas;   60
   y en mi caballito
pondré una cabeza

---

⁴¹ *adufe:* instrumento morisco parecido a la pandereta.
⁵⁶ *Carnestolendas:* Carnaval.

de guadamecí,
dos hilos por riendas;
    y entraré en la calle   65
haciendo corvetas
yo, y otros del barrio,
que son más de treinta.
    Jugaremos cañas
junto a la plazuela   70
porque Barbolilla
salga acá y nos vea;
    Barbola, la hija
de la panadera,
la que suele darme   75
tortas con manteca,
    porque algunas veces
hacemos yo y ella
las bellaquerías
detrás de la puerta.   80
            [1580]

---

⁶³ *guadamecí:* cuero adornado con dibujos o relieve.

Lope Félix de Vega Carpio

Lope Félix de Vega Carpio (1562-1635) nació en Madrid de pa-
dres humildes e hizo precoces estudios en esa ciudad y en Alcalá. En
su desordenada vida particular combinaba simultánea y separada-
mente los papeles de amante, soldado, marido, secretario y sacerdo-
te. También literariamente fue un fenómeno de fertilidad producti-
va, escribiendo historias y novelas, poesía narrativa y dramática y lí-
rica. Sin las innovaciones estilísticas de un Góngora, Lope cultivó
variadas tradiciones populares y cultas con mucha facilidad y con
intensas emociones dulces y fuertes. Su gran hazaña literaria fue,
por supuesto, la creación de una comedia popular y nacional para el
teatro madrileño: escribió centenares de piezas, combinando estro-
fas octosilábicas con las endecasilábicas, temas históricos con los li-
terarios y amorosos.

En cuanto a su poesía lírica es difícil hacer aquí más que men-
cionar rápidamente algunas muestras de la que él mismo publicó
a lo largo de su vida. (Las canciones folklóricas aparecen princi-
palmente en sus comedias.) Fue uno de los inventores principa-
les del romancero nuevo (consagrado en el *Romancero general*
de 1600); en este romancero él cuenta sus amores disfrazado de
pastor o de moro; otros romances nuevos de tipo más filosófico
aparecen en la *Dorotea* (1632). Las *Rimas humanas* (1602) contie-
nen 200 sonetos, algunos petrarquistas y otros mitológicos o pas-
toriles, con muchos elementos autobiográficos. Sus *Rimas sacras*
(1614) contienen 100 sonetos devocionales y hagiográficos, en los
cuales la expresión sentimental del amor de Cristo se parece a la
del amor humano; también en este tomo encontramos octavas,
glosas, romances, canciones, tercetos, idilios y villanescas, todos
llenos de una religiosidad muy personal. Con el poema mitológi-
co *Circe* (1624) publicó seis notables epístolas en verso (tercetos),

una égloga, 44 sonetos y varios salmos. Sus *Triunfos divinos* (1625) contienen sonetos, canciones, etc. Finalmente, con seudónimo irónico, publicó la colección semiburlesca de *Rimas humanas y divinas del licenciado Tomé de Burguillos* (1634), con muchos sonetos nuevos y con espinelas, églogas y la *Gatomaquia*, poema épico-burlesco de una batalla entre gatos.

Es notable la reedición, en la segunda parte del siglo XVIII, de las *Obras sueltas* de Lope; todavía es imprescindible esta serie de tomos, sustituida en parte por la edición de poesías (Clásicos Planeta) hecha en 1969 por J. M. Blecua. J. F. Montesinos es el editor de la mejor antología de la poesía lírica de Lope (Clásicos Castellanos, tomos 68 y 75); véanse también su introducción y sus *Estudios sobre Lope* (México, 1951). La gran biografía literaria de Lope es la de H. A. Rennert, traducida y ampliada por A. Castro (1919 y 1968). Entre los estudios generales de su vida y obra véanse los de J. Entrambasaguas (Labor) y A. Zamora Vicente (Gredos). Nuestros textos se basan en la antología de Montesinos. Posteriormente se ha publicado la *Poesía selecta* (Madrid, Cátedra, 1984), editada por Antonio Carreño.

ROMANCES PRIMEROS

A Filis

[XII]

Hortelano era Belardo
de las huertas de Valencia,
que los trabajos obligan
a lo que el hombre no piensa.
Pasado el hebrero loco,   5
flores para mayo siembra,
que quiere que su esperanza
dé fruto a la primavera.
El trébol para las niñas
pone al lado de la huerta,   10
porque la fruta de amor

---

[1] *Belardo:* Lope (desterrado en Valencia).

de las tres hojas aprenda.
Albahacas amarillas,
a partes verdes y secas,
trasplanta para casadas   15
que pasan ya de los treinta;
y para las viudas pone
muchos lirios y verbena,
porque lo verde del alma
encubre la saya negra.   20
Torongil para muchachas
de aquellas que ya comienzan
a deletrear mentiras,
que hay poca verdad en ellas.
El apio a las opiladas   25
y a las preñadas almendras;
para melindrosas cardos
y ortigas para las viejas.
Lechugas para bri̇osas
que cuando llueve se queman,   30
mastuerzo para las frías
y ajenjos para las feas.
   De los vestidos que un tiempo
trujo en la Corte, de seda,
ha hecho para las aves   35
un espantajo de higuera:
las lechuguillazas grandes,
almidonadas y tiesas,
y el sombrero boleado,
que adornan cuello y cabeza,   40
y sobre un jubón de raso
la más guarnecida cuera,
sin olvidarse las calzas
españolas y tudescas.
Andando regando un día,   45
vióle en medio de la higuera,
y riéndose de velle,

---

[37] un gran cuello almidonado.

le dice desta manera:
—¡O ricos despojos
de mi edad primera,   50
y trofeos vivos
de esperanzas muertas!
¡Qué bien parecéis
de dentro y de fuera,
sobre que habéis dado   55
fin a mi tragedia!
¡Galas y penachos
de mi soldadesca,
un tiempo colores
y agora tristeza!   60
Un día de Pascua
os llevé a mi aldea
por galas costosas,
invenciones nuevas.
Desde su balcón   65
me vio una doncella
con el pecho blanco
y la ceja negra.
Dejóse burlar;
caséme con ella,   70
que es bien que se paguen
tan honrosas deudas.
Supo mi delito
aquella morena
que reinaba en Troya   75
cuando fue mi reina.
Hizo de mis cosas
una grande hoguera,
tomando venganzas
en plumas y letras.   80

---

[80] pleito legal que motivó el destierro de Lope.

254

A Belisa

[II]

—Mira, Zaide, que te aviso
que no pases por mi calle
ni hables con mis mujeres,
ni con mis cautivos trates,
ni preguntes en qué entiendo   5
ni quién viene a visitarme,
qué fiestas me dan contento
o qué colores me aplacen;
basta que son por tu causa
las que en el rostro me salen,   10
corrida de haber mirado
moro que tan poco sabe.
Confieso que eres valiente,
que hiendes, rajas y partes,
y que has muerto más cristianos   15
que tienes gotas de sangre;
que eres gallardo ginete,
que danzas, cantas y tañes,
gentil hombre, bien crïado
cuanto puede imaginarse;   20
blanco, rubio por extremo,
señalado por linaje,
el gallo de las bravatas,
la nata de los donaires;
y pierdo mucho en perderte   25
y gano mucho en amarte,
y que si nacieras mudo,
fuera posible adorarte;
y por este inconveniente
determino de dejarte,   30
que eres pródigo de lengua
y amargan tus libertades;

y habrá menester ponerte
quien quisiere sustentarte
un alcázar en el pecho   35
y en los labios un alcaide.
Mucho pueden con las damas
los galanes de tus partes,
porque los quieren brïosos,
que rompan y que desgarren;   40
mas tras esto, Zaide amigo,
si algún convite te hacen
al plato de sus favores,
quieren que comas y calles.
Costoso fue el que te hice;   45
venturoso fueras, Zaide,
si conservarme supieras
como supiste obligarme.
Apenas fuiste salido
de los jardines de Tarfe   50
cuando hiciste de la tuya
y de mi desdicha alarde.
A un morito mal nacido
me dicen que le enseñaste
la trenza de los cabellos   55
que te puse en el turbante;
no quiero que me la vuelvas
ni quiero que me la guardes,
mas quiero que entiendas, moro,
que en mi desgracia la traes.   60
También me certificaron
cómo le desafiaste
por las verdades que dijo,
que nunca fueran verdades.
De mala gana me río: 65
¡qué donoso disparate!
No guardas tú tu secreto
¿y quieres que otro le guarde?
No quiero admitir disculpa;
otra vez vuelvo a avisarte   70
que ésta será la postrera

que me hables y te hable.—
Dijo la discreta Zaida
a un altivo bencerraje,
y al despedirle repite: 75
«Quien tal hace, que tal pague.»

CANCIONES POPULARES

Canción de velador

Velador que el castillo velas,
vélale bien y mira por ti,
que velando en él me perdí.
Mira las campañas llenas
de tanto enemigo armado,   5
Ya estoy, amor, desvelado
de velar en las almenas.
Ya que las campanas suenas,
toma ejemplo y mira en mí,
que velando en él me perdí.   10

CANTAR DE SIEGA

    Blanca me era yo
cuando entré en la siega;
dióme el sol y ya soy morena.
Blanca solía yo ser
antes que a segar viniese   5
mas no quiso el sol que fuese
blanco el fuego en mi poder.
Mi edad al almanecer
era lustrosa azucena;
dióme el sol y ya soy morena.   10

I

—Reverencia os hago,
linda vizcaína,
que no hay en Vitoria
doncella más linda.
Lleváisla del alma   5
que esos ojos mira,
y esas blancas tocas
son prisiones ricas.
Más preciara haceros
mi querida amiga   10
que vencer los moros
que a Navarra lidian.
—Id con Dios, el conde;
mirad que soy niña,
y he miedo a los hombres   15
que andan en la villa.
Si me ve mi madre,
a fe que me riña.
Yo no trato en almas,
sino en almohadillas.   20
—Dadme vuestra mano;
vámonos, mi vida,
a la mar, que tengo
cuatro naves mías.
—¡Ay Dios, que me fuerzan!   25
¡Ay Dios, que me obligan!—
Tómala en los brazos
y a la mar camina.

---

⁵ *la:* 'la reverencia'.

A caza va el caballero
por los montes de París,
la rienda en la mano izquierda
y en la derecha el neblí.   5
Pensando va en su señora
que no la ha visto al partir,
porque como era casada,
estaba su esposo allí.
Como va pensando en ella,
olvidado se ha de sí;   10
los perros siguen las sendas
entre hayas y peñas mil.
El caballo va a su gusto,
que no le quiere regir.
Cuando vuelve el caballero,   15
hallóse de un monte al fin;
volvió la cabeza al valle
y vio una dama venir,
en el vestido serrana
y en el rostro serafín.   20
—Por el montecico sola
            ¿cómo iré?
¡Ay Dios, si me perderé!
¿Cómo iré triste, cuitada,
de aquel ingrato dejada?   25
Sola, triste, enamorada,
            ¿dónde iré?
¡Ay Dios, si me perderé!
—¿Dónde vais, serrana bella,
por este verde pinar?   30
Si soy hombre y voy perdido,
mayor peligro lleváis.
—Aquí cerca, caballero,
me ha dejado mi galán
por ir a matar un oso   35

que ese valle abajo está.
—¡Oh, mal haya el caballero
en el monte al lubricán,
que a solas deja su dama
por matar un animal!   40
Si os place, señora mía,
volved conmigo al lugar,
y porque llueve, podréis
cubriros con mi gabán.—
Perdido se han en el monte   45
con la mucha obscuridad;
al pie de una parda peña
el alba aguardando están;
la ocasión y la ventura
siempre quieren soledad.   50

MAYA

I

En las mañanicas
del mes de mayo
cantan los ruiseñores,
retumba el campo.
En las mañanicas,   5
como son frescas,
cubren ruiseñores
las alamedas.
Ríense las fuentes
tirando perlas   10
a las florecillas
que están más cerca.
Vístense las plantas
de varias sedas,
que sacar colores   15
poco les cuesta.

---

38 *lubricán:* 'crepúsculo'.

Los campos alegran
tapetes varios,
cantan los ruiseñores,
retumba el campo.   20

Sale el mayo hermoso
con los frescos vientos,
que le ha dado marzo,
de céfiros bellos.
Las lluvias de abril   25
flores le trujeron:
púsose guirnaldas
en rojos cabellos.
Los que eran amantes
amaron de nuevo   30
y los que no amaban
a buscarlo fueron.
Y luego que vieron
mañanas de mayo,
cantan los ruiseñores,   35
retumba el campo.

LETRAS VARIAS

V

Claros aires de Valencia
que dais a la mar embates,
a sus verdes plantas flores
y a sus naranjos azâres;
huéspedes frescos de abril,   5
instrumentos de sus aves,
campanitas del amor
que despertáis los amantes:
llevad mis suspiros,
aires suaves,   10
al azâr de unas manos
que en ellas nacen.

261

No ser, Luscinda, tus bellas
niñas formalmente estrellas
bien puede ser;
pero que en su claridad
no tengan cierta deidad,   5
no puede ser.

Que su boca celestial
no sea el mismo coral,
bien puede ser;
mas que no exceda la rosa   10
en ser roja y olorosa,
no puede ser.

Que no sea el blanco pecho
de nieve o cristales hecho
bien puede ser;   15
mas que no exceda en blancura
cristales y nieve pura,
no puede ser.

Que no sea sol ni Apolo,
ángel puro y fénix solo   20
bien puede ser;
pero que de ángel no tenga
lo que con ángel convenga,
no puede ser.

Que no sean lirios sus venas   25
ni sus manos azucenas,
bien puede ser;
mas que en ellas no se vean
cuantas gracias se desean,
no puede ser.   30

Si os partiéredes al alba,
quedito, pasito, amor,
no espantéis al ruiseñor.

Si os levantáis de mañana
de los brazos que os desean,   5
porque en los brazos no os vean
de alguna envidia liviana,
pisad con planta de lana,
quedito, pasito, amor,
no espantéis al ruiseñor.   10

LETRILLAS JOCOSAS

Mariquita me llaman
los carreteros,
Mariquita me llaman...
voyme con ellos.

Lavaréme en el Tajo   5
muerta de risa,
que el arena en los dedos
me hace cosquillas.

Que no quiero bonetes,
que soy muy boba,   10
y en andando con picos
me pico toda.

Si te echares al agua,
bien de mis ojos,
llévame en tus brazos,   15
nademos todos.

Cuantas veces me brindan
tus ojos bellos,
como son de pimienta,
bebo con ellos.   20

Mi forzado me dice
que no le sigo;
daré viento a las velas
con mis suspiros.

CANCIÓN DE SAN JUAN

II

Íbase la niña,
noche de San Juan,
a coger los aires
al fresco del mar.
Miraba los remos   5
que remando van
cubiertos de flores,
flores de azahar.
Salió un caballero
por el arenal,   10
dijérale amores
cortés y galán.
Respondió la esquiva,
quísola abrazar;
con temor que tiene   15
huyendo se va.
Salióle al camino
otro por burlar,
las hermosas manos
le quiere tomar.   20
Entre estos desvíos
perdido se han
sus ricos zarcillos;
vanlos a buscar.

264

«¡Dejadme llorar   25
orillas del mar!»
«¡Por aquí, por allí los vi,
por aquí deben de estar!»
Lloraba la niña,
no los puede hallar;   30
danse para ellos,
quiérenla engañar.
«¡Dejadme llorar
orillas del mar!»
«¡Por aquí, por allí los vi,   35
por aquí deben de estar!»
«Tomad, niña, el oro
y no lloréis más,
que todas las niñas
nacen en tomar,   40
que las que no toman
después llorarán
el no haber tomado
en su verde edad.»

SEGUIDILLAS DE LA NOCHE DE SAN JUAN

I

Salen de Valencia
noche de San Juan
mil coches de damas
al fresco del mar.
¡Cómo retumban los remos,   5
madre, en el agua,
con el fresco viento
de la mañana!
Despertad, señora mía,
despertad,   10
porque viene el alba
del señor San Juan.

Vamos a la playa
noche de San Juan,
que alegra la tierra
y retumba el mar.
En la playa hagamos   5
fiestas de mil modos,
coronados todos
de verbena y ramos.
A su arena vamos,
noche de San Juan,   10
que alegra la tierra
y retumba el mar.

RIMAS HUMANAS (1602)

I

Versos de amor, conceptos esparcidos
engendrados del alma en mis cuidados,
partos de mis sentidos abrasados,
con más dolor que libertad nacidos;
    expósitos al mundo en que perdidos,   5
tan rotos anduvistes y trocados
que sólo donde fuistes engendrados
fuérades por la sangre conocidos:
    pues que le hurtáis el laberinto a Creta,
a Dédalo los altos pensamientos,   10
la furia al mar, las llamas al abismo,
    si aquel áspid hermoso no os aceta,
dejad la tierra, entretened los vientos,
descansaréis en vuestro centro mismo.

Vierte racimos la gloriosa palma
y sin amor se pone estéril luto;
Dafne se queja en su laurel sin fruto,
Narciso en blancas hojas se desalma.
    Está la tierra sin la lluvia en calma,   5
viles hierbas produce el campo enjuto;
porque nunca pagó al amor tributo,
gime en su piedra de Anaxarte el alma.
    Oro engendra el amor de agua y de arenas;
porque las conchas aman el rocío,   10
quedan de perlas orientales llenas.
    No desprecies, Lucinda hermosa, el mío,
que al trasponer del sol, las azucenas
pierden el lustre y nuestra edad el brío.

LXI

Ir y quedarse y con quedar partirse,
partir sin alma y ir con alma ajena;
oír la dulce voz de una sirena
y no poder del árbol desasirse;
    arder como la vela y consumirse   5
haciendo torres sobre tierna arena;
caer de un cielo y ser demonio en pena
y de serlo jamás arrepentirse;
    hablar entre las mudas soledades,
pedir prestada sobre fe paciencia   10
y lo que es temporal llamar eterno;

---

3 *Dafne,* al huir de Apolo, desdeñando su amor, fue transformada en laurel.

4 *Narciso,* enamorado de su propia imagen, despreció a la ninfa Eco y fue castigado a morir deseándose a sí mismo.

8 *Anaxarte,* por su corazón insensible al amor fue metamorfoseada en estatua de piedra (véanse estrofas 14-20 de la Oda a la Flor de Gnido de Garcilaso).

creer sospechas y negar verdades
es lo que llaman en el mundo ausencia:
fuego en el alma y en la vida infierno.

LXXI

De Europa y Júpiter*

Pasando el mar el engañoso toro,
volviendo la cerviz, el pie besaba
de la llorosa ninfa que miraba
perdido de las ropas el decoro.
    Entre las aguas y las hebras de oro   5
ondas el fresco viento levantaba
a quien con los suspiros ayudaba
del mal guardado virginal tesoro.
    Cayéronsele a Europa de las faldas
las rosas al decirle el toro amores,   10
y ella, con el dolor de sus guirnaldas,
    dicen que lleno el rostro de colores,
en perlas convirtió sus esmeraldas
y dijo: —¡Ay triste, yo perdí las flores!

LXXVIII

Al triunfo de Judit

Cuelga sangriento de la cama al suelo
el hombro diestro del feroz tirano
que opuesto al muro de Betulia en vano
despidió contra sí rayos al cielo.

---

  * *Europa y Júpiter:* Júpiter, enamorado de Europa, tomó forma de toro y mezclándose con los rebaños que ella guardaba la raptó precipitándose al mar.

  [4] se atacó a sí mismo al atacar a Dios.

Revuelto con el ansia el rojo velo 5
del pabellón a la siniestra mano,
descubre el espectáculo inhumano
del tronco horrible convertido en hielo.
　Vertido Baco el fuerte arnés afea,
los vasos y la mesa derribada; 10
duermen las guardas que tan mal emplea;
　y sobre la muralla coronada
del pueblo de Israel, la casta hebrea
con la cabeza resplandece armada.

CXXXVII

A la noche

Noche, fabricadora de embelecos,
loca, imaginativa, quimerista,
que muestras al que en ti su bien conquista
los montes llanos y los mares secos;
　habitadora de celebros huecos, 5
mecánica, filósofa, alquimista,
encubridora vil, lince sin vista,
espantadiza de tus mismos ecos:
　la sombra, el miedo, el mal se te atribuya,
solícita, poeta, enferma, fría, 10
manos del bravo y pies del fugitivo.
　Que vele o duerma, media vida es tuya:
si velo, te lo pago con el día,
y si duermo no siento lo que vivo.

---

[8] del cadáver degollado de Holofernes.
[9] *Baco:* 'vino'.

[5] *celebros:* 'cerebros'.

Suelta mi manso, mayoral extraño,
pues otro tienes de tu igual decoro;
deja la prenda que en el alma adoro,
perdida por tu bien y por mi daño.

Ponle su esquila de labrado estaño   5
y no le engañen tus collares de oro;
toma en albricias este blanco toro
que a las primeras yerbas cumple un año.

Si pides señas, tiene el vellocino
pardo, encrespado, y los ojuelos tiene   10
como durmiendo en regalado sueño.

Si piensas que no soy su dueño, Alcino,
suelta y verásle si a mi choza viene,
que aún tienen sal las manos de su dueño.

CLXXXIX

Querido manso mío que venistes
por sal mil veces junto aquella roca
y en mi grosera mano vuestra boca
y vuestra lengua de clavel pusistes,

¿por qué montañas ásperas subistes   5
que tal selvatiquez el alma os toca?
¿Qué furia os hizo condición tan loca
que la memoria y la razón perdistes?

Paced la anacardina porque os vuelva
de ese crüel y interesable sueño,   10
y no bebáis del agua del olvido.

Aquí está vuestra vega, monte y selva;
yo soy vuestro pastor y vos mi dueño,
vos mi ganado y yo vuestro perdido.

---

⁹ *anacardina:* planta a la que se atribuía la virtud de restituir la memoria.

Es la mujer del hombre lo más bueno,
y locura decir que lo más malo;
su vida suele ser y su regalo,
su muerte suele ser y su veneno
    Cielo a los ojos cándido y sereno, 5
que muchas veces al infierno igualo,
por raro al mundo su valor señalo;
por falso al hombre su rigor condeno.
    Ella nos da su sangre, ella nos cría;
no ha hecho el cielo cosa más ingrata; 10
es un ángel y a veces una harpía;
    quiere, aborrece, trata bien, maltrata,
y es la mujer, al fin, como sangría,
que a veces da salud y a veces mata.

RIMAS SACRAS (1614)

I

    Cuando me paro a contemplar mi estado
y a ver los pasos por donde he venido,
me espanto de que un hombre tan perdido
a conocer su error haya llegado.
    Cuando miro los años que he pasado 5
la divina razón puesta en olvido,
conozco que piedad del cielo ha sido
no haberme en tanto mal precipitado.
    Entré por laberinto tan extraño
fiando al débil hilo de la vida 10
el tarde conocido desengaño,
    mas de tu luz mi escuridad vencida,
el monstruo muerto de mi ciego engaño,
vuelve a la patria la razón perdida.

XIV

Pastor que con tus silbos amorosos
me despertaste del profundo sueño;
tú que hiciste cayado de ese leño
en que tiendes los brazos poderosos:
    vuelve los ojos a mi fe piadosos,   5
pues te confieso por mi amor y dueño
y la palabra de seguirte empeño
tus dulces silbos y tus pies hermosos.
    Oye, pastor, pues por amores mueres,
no te espante el rigor de mis pecados,   10
pues tan amigo de rendidos eres.
    Espera, pues, y escucha mis cuidados...
Pero ¿cómo te digo que me esperes
si estás para esperar los pies clavados?

XVIII

    ¿Qué tengo yo que mi amistad procuras?
¿Qué interés se te sigue, Jesús mío,
que a mi puerta, cubierto de rocío,
pasas las noches del invierno escuras?
    ¡Oh, cuánto fueron mis entrañas duras,   5
pues no te abrí! ¡Qué extraño desvarío
si de mi ingratitud el yelo frío
secó las llagas de tus plantas puras!
    ¡Cuántas veces el ángel me decía:
Alma, asómate agora a la ventana,   10
verás con cuánto amor llamar porfía!
    ¡Y cuántas, hermosura soberana:
Mañana le abriremos —respondía—,
para lo mismo responder mañana!

No sabe qué es amor quien no te ama,
celestial hermosura, esposo bello;
tu cabeza es de oro, y tu cabello
como el cogollo que la palma enrama;
    tu boca como lirio, que derrama   5
licor al alba; de marfil tu cuello;
tu mano el torno, y en su palma el sello,
que el alma por disfraz jacintos llama.
    ¡Ay Dios!, ¿en qué pensé cuando, dejando
tanta belleza y las mortales viendo,   10
perdí lo que pudiera estar gozando?
    Mas si del tiempo que perdí me ofendo,
tal prisa me dará, que un hora amando
venza los años que pasé fingiendo.

LA CIRCE (1624)

XXXII

De la abrasada eclíptica que ignora
intrépido corrió las líneas de oro
mozo infeliz, a quien el verde coro
vio sol, rayo tembló, difunto llora.
    Centellas, perlas no, vertió el aurora,   5
llamas el pez austral, bombas el toro,
etnas la nieve del Atlante moro,
la mar incendios y cenizas Flora.
    Así me levanté, y a la presencia
llegué de un sol; así también me asombra   10
cayendo en noche eterna de su ausencia.
    Así a los dos el Po Faetontes nombra,
pero muertos con esta diferencia,
que él quiso ser el sol y yo la sombra.

---

[3] *mozo infeliz:* 'Fetonte, o Faetón, que guió mal el carro del Sol.'

TRIUNFOS DIVINOS

Temores en el favor

Cuando en mis manos, rey eterno, os miro,
y la cándida víctima levanto,
de mi atrevida indignidad me espanto
y la piedad de vuestro pecho admiro.
    Tal vez el alma con temor retiro,   5
tal vez la doy al amoroso llanto,
que arrepentido de ofenderos tanto
con ansias temo y con dolor suspiro.
    Volved los ojos a mirarme humanos
que por las sendas de mi error siniestras   10
me despeñaron pensamientos vanos;
    no sean tantas las miserias nuestras
que a quien os tuvo en sus indignas manos
vos le dejéis de las divinas vuestras.

[1625]

EL LAUREL DE APOLO

—Boscán, tarde llegamos. ¿Hay posada?
—Llamad desde la posta, Garcilaso.
—¿Quién es? —Dos caballeros del Parnaso.
—No hay donde nocturnar palestra armada.
    —No entiendo lo que dice la criada.   5
Madona, ¿qué decís? —Que afecten paso,
que obstenta limbos el mentido ocaso
y el sol depinge la porción rosada.
    —¿Estás en ti, mujer? —Negóse al tino
el ambulante huésped—. ¡Que en tan poco   10
tiempo tal lengua entre cristianos haya!
    Boscán, perdido habemos el camino;
preguntad por Castilla, que estoy loco
o no habemos salido de Vizcaya.

[1630]

LA DOROTEA

Canta pájaro amante en la enramada
selva a su amor, que por el verde suelo
no ha visto el cazador que con desvelo
le está escuchando, la ballesta armada.

Tírale, yerra, vuela y la turbada   5
voz en el pico transformada en yelo,
vuelve y de ramo en ramo acorta el vuelo
por no alejarse de la prenda amada.

Desta suerte el amor canta en el nido;
mas luego que los celos que recela   10
le tiran flechas de temor de olvido,

huye, teme, sospecha, inquiere, cela
y hasta que ve que el cazador es ido,
de pensamiento en pensamiento vuela.
                            [1632]

Soneto de repente

Un soneto me manda hacer Violante,
que en mi vida me he visto en tanto aprieto;
catorce versos dicen que es soneto:
burla burlando van los tres delante.

Yo pensé que no hallara consonante   5
y estoy a la mitad de otro cuarteto,
mas si me veo en el primer terceto,
no hay cosa en los cuartetos que me espante.

Por el primer terceto voy entrando,
y parece que entré con pie derecho,   10
pues fin con este verso le voy dando.

Ya estoy en el segundo, y aun sospecho
que voy los trece versos acabando;
contad si son catorce, y está hecho.

LA ARCADIA

Canción III

¡Oh libertad preciosa,
no comparada al oro
ni al bien mayor de la espaciosa tierra;
más rica y más gozosa
que el precioso tesoro   5
que el mar del sur entre su nácar cierra!
Con armas, sangre y guerra,
con las vidas y famas
conquistada en el mundo;
paz dulce, amor profundo,   10
que el mal apartas y a tu bien nos llamas;
en ti sola se anida
oro, tesoro, paz, bien, gloria y vida.
      Cuando de las humanas
tinieblas, vi del cielo   15
la luz, principio de mis dulces días,
aquellas tres hermanas
que nuestro humano velo
tejiendo llevan por inciertas vías,
las duras penas mías   20
trocaron en la gloria
que en libertad poseo,
con siempre igual deseo;
donde verá por mi dichosa historia,
quien más leyere en ella,   25
que es dulce libertad lo menos della.
      Yo, pues, señor exento
desta montaña y prado,
gozo la gloria y libertad que tengo;
soberbio pensamiento   30
jamás ha derribado
la vida humilde y pobre que entretengo.
Cuando a las manos vengo
con el muchacho ciego,

haciendo rostro embisto,   35
venzo, triunfo y resisto
la flecha, el arco, la ponzoña, el fuego,
y con libre albedrío
lloro el ajeno mal y canto el mío.
    Cuando el aurora baña   40
con helado rocío
de aljófar celestial el monte y prado,
salgo de mi cabaña,
riberas deste río,
a dar el nuevo pasto a mi ganado;   45
y cuando el sol dorado
muestra sus fuerzas graves,
al sueño el pecho inclino
debajo un sauce o pino,
oyendo el son de las parleras aves,   50
o ya gozando el aura,
donde el perdido aliento se restaura.
    Cuando la noche fría
con su estrellado manto
el claro día en su tiniebla encierra,   55
y suena en la espesura
el tenebroso canto
de los nocturnos hijos de la tierra,
a pie de aquesta sierra
con rústicas palabras   60
mi ganadillo cuento,
y el corazón, contento
del gobierno de ovejas y de cabras,
la temerosa cuenta
del cuidadoso rey me representa.   65
    Aquí la verde pera
con la manzana hermosa,
de gualda y roja sangre matizada,
y de color de cera
la cermeña olorosa   70

63-64 Los romanos cobraban caro a los peregrinos.
70 *cermeña*: 'fruto del cermeño'.

277

tengo, y la endrina de color morada;
aquí de la enramada
parra que al olmo enlaza
melosas uvas cojo,
y en cantidad recojo,   75
al tiempo que las ramas desenlaza
el caluroso estío,
membrillos que coronan este río.
   No me da descontento
el hábito costoso   80
que de lascivo el pecho noble infama;
es mi dulce sustento
del campo generoso
estas silvestres frutas que derrama;
mi regalada cama   85
de blandas pieles y hojas,
que algún rey la envidiara,
y de ti, fuente clara,
que bullendo el arena y agua arrojas,
estos cristales puros,   90
sustentos pobres, pero bien seguros.
   Estése el cortesano
procurando a su gusto
la blanda cama y el mejor sustento;
bese la ingrata mano   95
del poderoso injusto,
formando torres de esperanza al viento;
viva y muera sediento
por el honroso oficio:
y goce yo del suelo,   100
al aire, al sol y al hielo
ocupado en mi rústico ejercicio,
que más vale pobreza
en paz que en guerra mísera riqueza.
   Ni temo al poderoso   105
ni al rico lisonjeo,
ni soy camaleón del que gobierna;
ni me tiene envidioso
la ambición y deseo

de ajena gloria ni de fama eterna.   110
Carne sabrosa y tierna,
vino aromatizado,
pan blanco de aquel día,
en prado, en fuente fría,
halla un pastor con hambre fatigado;   115
que el grande y el pequeño
somos iguales lo que dura el sueño.
                                    [1598]

LOS PASTORES DE BELÉN (1612)

Romance VIII

La niña a quien dijo el ángel
que estaba de gracia llena,
cuando de ser de Dios madre
le trujo tan altas nuevas,
ya le mira en un pesebre   5
llorando lágrimas tiernas,
que obligándose a ser hombre,
también se obliga a sus penas.
«¿Qué tenéis, dulce Jesús?—
le dice la niña bella—;   10
¿tan presto sentís, mis ojos,
el dolor de mi pobreza?
Yo no tengo otros palacios
en que recibiros pueda,
sino mis brazos y pechos   15
que os regalan y sustentan.
No puedo más, amor mío,
porque si yo más pudiera,
vos sabéis que vuestros cielos
envidiaran mi riqueza.»   20
El niño recién nacido
no mueve la pura lengua,
aunque es la sabiduría

de su eterno Padre inmensa,
mas revelándole al alma   25
de la Virgen la respuesta,
cubrió de sueño en sus brazos
blandamente sus estrellas.
Ella entonces, desatando
la voz regalada y tierna,   30
así tuvo a su armonía
la de los cielos suspensa:

    Pues andáis en las palmas,
ángeles santos,
que se duerme mi niño,   35
tened los ramos.

    Palmas de Belén
que mueven airados
los furiosos vientos
que suenan tanto: 40
no le hagáis ruido,
corred más paso;
que se duerme mi niño,
tened los ramos.

    El niño divino,   45
que está cansado
de llorar en la tierra,
por su descanso
sosegar quiere un poco
del tierno llanto.   50
Que se duerme mi niño,
tened los ramos.

Rigurosos yelos
le están cercando;
ya veis que no tengo   55
con qué guardarlo.
Ángeles divinos
que vais volando,
que se duerme mi niño,
tened los ramos.   60

LA DOROTEA [1632]

I

A mis soledades voy,
de mis soledades vengo,
porque para andar conmigo
me bastan mis pensamientos.
No sé qué tiene el aldea   5
donde vivo y donde muero,
que con venir de mí mismo
no puedo venir más lejos.
Ni estoy bien ni mal conmigo,
mas dice mi entendimieno   10
que un hombre que todo es alma
está cautivo en su cuerpo.
Entiendo lo que me basta
y solamente no entiendo
cómo se sufre a sí mismo   15
un ignorante soberbio.
De cuantas cosas me cansan
fácilmente me defiendo,
pero no puedo guardarme
de los peligros de un necio.   20
Él dirá que yo lo soy,
pero con falso argumento,
que humildad y necedad
no caben en un sujeto.
La diferencia conozco   25

porque en él y en mí contemplo
su locura en su arrogancia,
mi humildad en mi desprecio.
O sabe naturaleza
más que supo en este tiempo,   30
o tantos que nacen sabios
es porque lo dicen ellos.
«Sólo sé que no sé nada»
dijo un filósofo, haciendo
la cuenta con su humildad   35
adonde lo más es menos.
No me precio de entendido,
de desdichado me precio,
que los que no son dichosos
¿cómo pueden ser discretos?   40
No puede durar el mundo
porque dicen, y lo creo,
que suena a vidrio quebrado
y que ha de romperse presto.
Señales son del juïcio   45
ver que todos le perdemos,
unos por carta de más,
otros por carta de menos.
Dijeron que antiguamente
se fue la verdad al cielo;   50
tal la pusieron los hombres
que desde entonces no ha vuelto.
En dos edades vivimos
los propios y los ajenos:
la de plata los extraños   55
y la de cobre los nuestros.
¿A quién no dará cuidado,
si es español verdadero,
ver los hombres a lo antiguo
y el valor a lo moderno?   60
Todos andan bien vestidos,
y quéjanse de los precios,
de medio arriba, romanos,
de medio abajo, romeros.

Dijo Dios que comería 65
su pan el hombre primero
en el sudor de su cara
por quebrar su mandamiento;
y algunos, inobedientes
a la vergüenza y al miedo, 70
con las prendas de su honor
han trocado los efetos.
Virtud y filosofía
peregrinan como ciegos;
el uno se lleva al otro, 75
llorando van y pidiendo.
Dos polos tiene la tierra,
universal movimiento:
la mejor vida, el favor,
la mejor sangre, el dinero. 80
Oigo tañer las campanas
y no me espanto, aunque puedo,
que en lugar de tantas cruces
haya tantos hombres muertos.
Mirando estoy los sepulcros, 85
cuyos mármoles eternos
están diciendo sin lengua
que no lo fueron sus dueños.
¡Oh, bien haya quien los hizo,
porque solamente en ellos 90
de los poderosos grandes
se vengaron los pequeños!
Fea pintan a la envidia:
yo confieso que la tengo
de unos hombres que no saben 95
quién vive pared en medio.
Sin libros y sin papeles,
sin tratos, cuentas ni cuentos
cuando quieren escribir
piden prestado el tintero. 100

---

[88] *lo:* 'eternos'.

Sin ser pobres ni ser ricos
tienen chimenea y huerto;
no los despiertan cuidados,
ni pretensiones, ni pleitos;
ni murmuraron del grande   105
ni ofendieron al pequeño;
nunca, como yo, firmaron
parabién ni pascuas dieron.
Con esta envidia que digo
y lo que paso en silencio,   110
a mis soledades voy,
de mis soledades vengo.

VI

¡Pobre barquilla mía
entre peñascos rota,
sin velas desvelada
y entre las olas sola!
¿Adónde vas perdida   5
adónde, di, te engolfas,
que no hay deseos cuerdos
con esperanzas locas?
Como las altas naves
te apartas animosa   10
de la vecina tierra
y al fiero mar te arrojas.
Igual en las fortunas,
mayor en las congojas,
pequeña en las defensas,   15
incitas a las ondas.
Advierte que te llevan
a dar entre las rocas
de la soberbia envidia,
naufragio de las honras.   20
Cuando por las riberas
andabas costa a costa
nunca del mar temiste

las iras procelosas:
segura navegabas, 25
que por la tierra propia
nunca el peligro es mucho
adonde el agua es poca.
(Verdad es que en la patria
no es la virtud dichosa, 30
ni se estimó la perla
hasta dejar la concha.)
Dirás que muchas barcas
con el favor en popa,
saliendo desdichadas, 35
volvieron venturosas.
No mires los ejemplos
de las que van y tornan,
que a muchas ha perdido
la dicha de las otras. 40
Para los altos mares
no llevas, cautelosa,
ni velas de mentiras
ni remos de lisonjas.
¿Quién te engañó, barquilla? 45
Vuelve, vuelve la proa,
que presumir de nave
fortunas ocasiona.
¿Qué jarcias te entretejen?
¿Qué ricas banderolas 50
azote son del viento
y de las aguas sombra?
¿En qué gavia descubres,
del árbol alta copa,
la tierra en perspectiva, 55
del mar incultas orlas?
¿En qué celajes fundas
que es bien echar la sonda
cuando, perdido el rumbo,
erraste la derrota? 60
Si te sepulta arena,
¿qué sirve fama heroica?;

que nunca desdichados
sus pensamientos logran.
¿Qué importa que te ciñan 65
ramas verdes o rojas,
que en selvas de corales
salado césped brota?
Laureles de la orilla
solamente coronan 70
navíos de alto borde
que jarcias de oro adornan.
No quieras que yo sea,
por tu soberbia pompa,
Faetonte de barqueros 75
que los laureles lloran.
Pasaron ya los tiempos
cuando, lamiendo rosas,
el céfiro bullía
y suspiraba aromas. 80
Ya fieros huracanes
tan arrogantes soplan,
que salpicando estrellas,
del sol la frente mojan.
Ya los valientes rayos 85
de la vulcana forja,
en vez de torres altas,
abrasan pobres chozas.
Contenta con tus redes,
a la playa arenosa 90
mojado me sacabas,
pero vivo; ¿qué importa?
Cuando de rojo nácar
se afeitaba la aurora,
más peces te llenaban 95
que ella lloraba aljófar.
Al bello sol que adoro,
enjuta ya la ropa,

---

[86] de la forja de Vulcano.

286

nos daba una cabaña
la cama de sus hojas;   100
esposo me llamaba,
yo la llamaba esposa,
parándose de envidia
la celestial antorcha.
Sin pleito, sin disgusto,   105
la muerte nos divorcia:
¡ay de la pobre barca
que en lágrimas se ahoga!
Quedad sobre la arena,
inútiles escotas,   110
que no ha menester velas
quien a su bien no torna.
Si con eternas plantas
las fijas luces doras,
¡oh dueño de mi barca!   115
y en dulce paz reposas,
merezca que le pidas
al bien que eterno gozas
que adonde estás me lleve,
más pura y más hermosa.   120
Mi honesto amor te obligue,
que no es digna victoria
para quejas humanas
ser las deidades sordas.
Mas ¡ay, que no me escuchas!...   125
Pero la vida es corta:
viviendo, todo falta;
muriendo, todo sobra.

---

110 *escotas:* 'telas'.
114 *doras:* 'pisas'.

Juan de Arguijo

Juan de Arguijo (1567-1623), hijo de familia adinerada sevilla-
na, era patrón de las artes. Adquirió en círculos académicos una
erudición clásica y arqueológica que era típica de la Sevilla rena-
centista. Su poesía es de un formalismo exquisito, sobre todo en
los sonetos de tema clásico y pictorial. Hay dos ediciones recien-
tes: la de R. Benítez Claros (Santa Cruz de Tenerife, 1967) y la de
S. B. Vranich (Madrid, Clásicos Castalia, t. 40, 1972); en ésta se
basan nuestros textos.

VIII

A UNA ESTATUA DE NIOBE*,
QUE LABRÓ PRAXITELES, DE AUSONIO

Viví, y en dura piedra convertida,
labrada por la mano artificiosa
de Praxiteles, Níobe hermosa,
vuelvo segunda vez a tener vida.
A todo me dejó restituida,   5
mas no al sentido, l'arte poderosa;
que no le tuve yo, cuando furiosa
los altos dioses desprecié atrevida.
¡Ay triste! Cuán en vano me consuelo,
si ardiente llanto mana el mármol frío   10
sin que mi antigua pena el tiempo cure;

---

* *Niobe:* orgullosa de su fecundidad se burló de Leto, y los hijos de ésta,
Diana y Apolo, mataron a todos los suyos a flechazos. Agotada de llorar se
transformó en piedra.

Pues ha querido el riguroso cielo,
porque fuese perpetuo el dolor mío,
que faltándome l'alma, el llanto dure.

X

A NARCISO

Crece el insano ardor, crece el engaño
del que en las aguas vio su imagen bella;
y él, sola causa de su mortal querella,
busca el remedio y acrecienta el daño.
Vuelve a verse en la fuente ¡caso extraño!:   5
del'agua sale el fuego; mas en ella
templarlo piensa, y la enemiga estrella
sus ojos cierra al fácil desengaño.
Fallecieron las fuerzas y el sentido
al ciego amante amado, que a su suerte   10
la costosa beldad cayó rendida.
Y ahora, en flor purpúrea convertido,
l'agua, que fue principio de su muerte,
hace que crezca, y prueba a darle vida.

XI

[A GANIMEDES*]

No temas, o bellísimo troyano,
viendo que arrebatado en nuevo vuelo
con corvas uñas te levanta al cielo
la feroz ave por el aire vano.
¿Nunca has oído el nombre soberano   5
del alto Olimpo, la piedad y el celo
de Júpiter, que da la pluvia al suelo
y arma con rayos la tonante mano;

---

* *Ganimedes:* Júpiter se transformó en águila para raptarlo, y le llevó al Olimpo para que fuera el copero de los dioses.

290

A cuyas sacras aras humillado
gruesos toros ofrece el Teucro en Ida,   10
implorando remedio a sus querellas?
    El mismo soy. No al'águila eres dado
en despojo; mi amor te trae. Olvida
tu amada Troya y sube a las estrellas.

A ARIADNA, DEJADA DE TESEO*

    «¿A quién me quejaré del cruel engaño,
árboles mudos, en mi triste duelo?
¡Sordo mar, tierra extraña, nuevo cielo!
¡Fingido amor, costoso desengaño!
    »Huye el pérfido autor de tanto daño,   5
y quedo sola en peregrino suelo,
do no espero a mis lágrimas consuelo,
que no permite alivio mal tamaño.
    »Dioses, si entre vosotros hizo alguno
de un desamor ingrato amarga prueba,   10
vengadme, os ruego, del traidor Teseo.»
    Tal se queja Ariadna en importuno
lamento al cielo; y entretanto lleva
el mar su llanto, el viento su deseo.

XXVII

[DE ANFIÓN]

    Si pudo de Anfión el dulce canto
juntar las piedras del tebano muro;
si con suave lira osó seguro
bajar el Tracio al reino del espanto;

---

    * *Ariadna y Teseo:* Teseo venció al Minotauro y salvó a Ariadna del labe-
rinto, pero por orden de Minerva la abandonó.

Si la voz regalada pudo tanto   5
que abrió las puertas de diamante duro,
y un rato suspendió de aquel oscuro
lugar la pena y miserable llanto;
    Y si del canto la admirable fuerza
domestica los fieros animales,   10
y enfrena la corriente de los ríos:
    ¿Qué nuevo mal en mi pesar s'esfuerza,
pues con lo que descrecen otros males
se van acrecentando más los míos?

XLVIII

[A LAS RUINAS DE CARTAGO]

    Este soberbio monte y levantada
cumbre, ciudad un tiempo, hoy sepultura
de aquel valor, cuya grandeza dura
contra las fuerzas de la suerte airada,
    Ejemplo cierto fue en la edad pasada,   5
y será fiel testigo en la futura
del fin que ha de tener la más segura
pujanza, vanamente confiada.
    Mas en tanta rüina mayor gloria
no os pudo fallecer, ¡oh celebrados   10
de la antigua Cartago ilustres muros!,
    Que mucho más creció vuestra memoria
porque fuistes del mundo derribados,
que si permaneciérades seguros.

[A LA MUDANZA DE LA FORTUNA]

Yo vi del rojo sol la luz serena
turbarse, y que en un punto desparece
su alegre faz, y en torno se oscurece
el cielo, con tiniebla de horror llena.
El Austro proceloso airado suena,   5
crece su furia, y la tormenta crece,
y en los hombros de Atlante se estremece
el alto Olimpo, y con espanto truena;
Mas luego vi romperse el negro velo
deshecho en agua, y a su luz primera   10
restituirse alegre el claro día,
Y de nuevo esplendor ornado el cielo
miré, y dije: ¿Quién sabe si le espera
igual mudanza a la fortuna mía?

Francisco de Medrano

Francisco de Medrano (1570-1607), natural de Sevilla, estuvo durante quince años en la Compañía de Jesús, que le mandó a varios colegios en Castilla; pasó gran parte de este tiempo en Salamanca. En 1602 salió de la Compañía y volvió a Sevilla a pasar sus últimos cinco años como hombre de letras y dueño de un cortijo. Se coloca cronológicamente entre Herrera y Góngora, pero sobre todo se nota en su obra la influencia de Fray Luis de León, a quien sigue en sus traducciones e imitaciones de las odas de Horacio. También son muy clásicos sus sonetos, que dan muestras de una particular sensualidad espiritual. Sus obras se publicaron póstumamente (1617) en Palermo; Dámaso Alonso ha estudiado su vida y obra (1948) y, con Stephen Reckert, ha publicado una excelente edición de su poesía (1958), coordinada después por María Luisa Cerrón (Madrid, Cátedra, 1988); nuestra selección se basa en esta edición, modernizándose la ortografía.

SONETOS

XI

Veré al tiempo tomar de ti, señora,
   por mí venganza, hurtando tu hermosura;
   veré el cabello vuelto en nieve pura,
   que el arte y juventud encrespa y dora;
y en vez de rosas, con que tiñe ahora   5
   tus mejillas la edad, ay, malsegura,
   lilios sucederán en la madura,

que el pesar quiten y la envidia a Flora.
Mas cuando a tu belleza el tiempo ciego
   los filos embotare, y el aliento   10
   a tu boca hurtare soberana,
bullir verás mi herida, arder el fuego:
   que ni muere la llama, calmo el viento;
   ni la herida, embotado el hierro, sana.

XXIX

No sé cómo, ni cuándo, ni qué cosa
   sentí, que me llenaba de dulzura:
   sé que llegó a mis brazos la hermosura,
   de gozarse conmigo cudiciosa.
Sé que llegó, si bien, con temerosa   5
   vista, resistí apenas su figura:
   luego pasmé, como el que en noche escura,
   perdido el tino, el pie mover no osa.
Siguió un gran gozo a aqueste pasmo, o sueño
   —no sé cuándo, ni cómo, ni qué ha sido—   10
   que lo sensible todo puso en calma.
Ignorallo es saber; que es bien pequeño
   el que puede abarcar solo el sentido,
   y éste pudo caber en sola el alma.

XXX

A Don Juan de Arguijo, contra el artificio

Cansa la vista el artificio humano,
   cuanto mayor más presto: la más clara
   fuente y jardín compuestos dan en cara
   que nuestro ingenio es breve y nuestra mano.
Aquel, aquel descuido soberano   5
   de la Naturaleza, en nada avara,
   con luenga admiración suspende y para
   a quien lo advierte con sentido sano.

Ver cómo corre eternamente un río,
    cómo el campo se tiende en las llanuras,   10
    y en los montes se añuda y se reduce,
grandeza es siempre nueva y grata, Argío;
    tal, pero, es el autor que las produce:
    ¡oh Dios, inmenso en todas sus criaturas!

XXXIX

Las almas son eternas, son iguales,
    son libres, son espíritus, María:
    si en ellas hay amor, con la porfía
    de los estorbos crece, y de los males.
Nacimos en fortuna desiguales,   5
    no en gustos; la violencia nos desvía;
    el tiempo corre lento, y deja el día
    de sí hasta en los mármoles señales.
Mas tú ni a tiempo alguno ni a violencia
    ni a aquello desigual de la fortuna,   10
    ni temas a la más prolija ausencia;
que si nuestras dos almas son a una,
    ¿en quién, si ya no en Dios, habrá potencia
    que las gaste o las fuerce o las desuna?

ODA V

A Luis Ferri, entrando el hibierno

¿Vees, Fabio, ya de nieve coronados
    los montes?, ¿vees el soto ya desnudo?,
    ¿y, con el yelo agudo,
    los arroyos parados?

Llégate al fuego, y quítame del'ante   5
    esos leños mayores. ¡Oh, qué brasa!
    ¡y qué a sabor las asa
    Nise! ¡y el Alicante

qué tal es! Come bien, que están süaves
　　las batatas, y bebe alegremente:　　　　　　　　　　10
　　que no serás prudente
　　si necio ser no sabes.

Remite a Dios, remite otros cuidados,
　　que Él sabe y puede encarcelar los vientos
　　cuando más turbulentos　　　　　　　　　　　　　15
　　los mares traen hinchados.

Huye saber lo que será mañana:
　　salga la luz templada o salga fría,
　　tú no pierdas el día,
　　no, que jamás se gana.　　　　　　　　　　　　　20

Y mientras no con rigurosas nieves
　　tu edad marchita el tiempo y tus verdores,
　　coge de tus amores,
　　coge las rosas breves.

Ahora da lugar la noche escura　　　　　　　　　　25
　　y larga al instrumento bientemplado,
　　y al requiebro aplazado
　　ocasión da segura.

Baja a la puerta (de su madre en vano
　　guardada) con pie sordo la doncella　　　　　　　30
　　y por debajo de ella
　　te deja asir la mano.

«Suelte», risueña, «que esperar no puedo»,
　　dice, y turbada, «¡Suelte, no me ofenda!»:
　　quitarle has tú la prenda　　　　　　　　　　　35
　　del malrebelde dedo.

Rodrigo Caro

Rodrigo Caro (1573-1647) fue anticuario y arqueólogo andaluz; su fama como poeta depende de una sola oda de 102 versos. Las ruinas de la ciudad romana, que se encuentran cerca de Sevilla, son evocadas con gestos típicamente renacentistas, que remontan al soneto «Superbi colli...» de Castiglione, y que nos recuerdan poemas de Boscán, de Garcilaso, de DuBellay *(Antiquités de Rome)* y de Quevedo. Además del estudio biográfico y crítico de Santiago Montoto (Sevilla, 1915), véanse los artículos de E. M. Wilson *(RFE,* t. 23, 1936), de A. del Campo *(RFE,* t. 41, 1957) y de F. López Estrada *(Estudios de Arte Español,* Sevilla, 1974). P. Blanco Suárez estudia en su antología cuatro redacciones diferentes del poema, todas autógrafas; reproducimos su edición de la versión vulgata final.

CANCIÓN A LAS RUINAS DE ITÁLICA

1. Estos, Fabio, ¡ay dolor! que ves ahora
campos de soledad, mustio collado
fueron un tiempo Itálica famosa.
Aquí de Cipión la vencedora
colonia fue: por tierra derribado   5
yace el temido honor de la espantosa
muralla, y lastimosa
reliquia es solamente.
De su invencible gente
sólo quedan memorias funerales,   10

donde erraron ya sombras de alto ejemplo.
Este llano fue plaza, allí fue templo:
de todo apenas quedan las señales.
Del gimnasio y las termas regaladas
leves vuelan cenizas desdichadas.   15
Las torres que desprecio al aire fueron
a su gran pesadumbre se rindieron.
   2. Este despedazado anfiteatro,
impío honor de los dioses, cuya afrenta
publica el amarillo jaramago,   20
ya reducido a trágico teatro
¡oh fábula del tiempo! representa
cuánta fue su grandeza, y es su estrago.
¿Cómo en el cerco vago
de su desierta arena   25
el gran pueblo no suena?
¿Dónde, pues fieras hay, está el desnudo
luchador, dónde está el atleta fuerte?
Todo despareció: cambió la suerte
voces alegres en silencio mudo: 30
mas aun el tiempo da en estos despojos
espectáculos fieros a los ojos:
y miran tan confusos lo presente,
que voces de dolor el alma siente.
   3. Aquí nació aquel rayo de la guerra,   35
gran padre de la patria, honor de España,
pío, felice, triunfador Trajano,
ante quien muda se prostró la tierra
que ve del sol la cuna, y la que baña
el mar también vencido gaditano.   40
Aquí de Elio Adriano,
de Teodosio divino,
de Silio peregrino
rodaron de marfil y oro las cunas.
Aquí ya de laurel, ya de jazmines   45
coronados los vieron los jardines

---

[20] *jaramago:* planta de hojas amarillas que suele crecer entre los escombros.

que ahora son zarzales y lagunas.
La casa para el César fabricada
¡ay! yace de lagartos vil morada.
Casas, jardines, césares murieron,   50
y aun las piedras que de ellos se escribieron.
    4. Fabio, si tú no lloras, pon atenta
la vista en luengas calles destruidas,
mira mármoles y arcos destrozados,
mira estatuas soberbias, que violenta   55
Némesis derribó, yacer tendidas;
y ya en alto silencio sepultados
sus dueños celebrados.
Así a Troya figuro,
así a su antiguo muro.   60
Y a ti, Roma, a quien queda el nombre apenas,
oh patria de los dioses y los reyes:
y a ti, a quien no valieron justas leyes,
fábrica de Minerva, sabia Atenas.
Emulación ayer de las edades,   65
hoy cenizas, hoy vastas soledades;
que no os respetó el hado, no la muerte
¡ay! ni por sabia a ti, ni a ti por fuerte.
    5. Mas ¿para qué la mente se derrama
en buscar al dolor nuevo argumento?   70
Basta ejemplo menor, basta el presente.
Que aún se ve el humo aquí, aún se ve la llama,
aún se oyen llantos hoy, hoy ronco acento.
Tal genio, o religión fuerza la mente
de la vecina gente   75
que refiere admirada
que en la noche callada
una voz triste se oye que llorando
Cayó Itálica dice: y lastimosa
Eco reclama *Itálica* en la hojosa   80
selva, que se le opone resonando
Itálica: y el caro nombre oído
de *Itálica* renuevan el gemido
mil sombras nobles en su gran ruina.
¡Tanto, aun la plebe a sentimiento inclina!   85

6. Esta corta piedad, que agradecido
huésped a tus sagrados manes debo,
les dó y consagro, Itálica famosa.
Tú, (si lloroso don han admitido
las ingratas cenizas de que llevo   90
dulce noticia asaz si lastimosa)
permíteme piadosa
usura a tierno llanto
que vea el cuerpo santo
de Geroncio, tu mártir y prelado.   95
Muestra de su sepulcro algunas señas,
y cavaré con lágrimas las peñas
que ocultan su sarcófago sagrado.
Pero mal pido el único consuelo
de todo el bien que airado quitó el cielo.   100
Goza en las tuyas sus reliquias bellas,
para invidia del mundo y las estrellas.

[92-94] «permíteme, a cambio de mis lágrimas, que yo vea...».

Andrés Fernández de Andrada

Andrés Fernández de Andrada se conoce como poeta sevillano sólo por su famosa *Epístola moral a Fabio,* escrita poco antes de 1613. Este poema es una de las cumbres de la epístola horaciana, tradición que en la literatura española arranca de Garcilaso, Hurtado de Mendoza, Boscán y Cetina, y que se continúa en Aldana, los Argensola, Lope, Quevedo y otros muchos de los poetas del Siglo de Oro. En esta epístola el poeta sevillano se dirige a otro andaluz que se encuentra ambicionando puestos en la corte de Madrid: con grave sencillez critica tales pretensiones y le aconseja a su amigo que se desengañe y se retire de Castilla, aceptando estoicamente la transitoria condición humana. El poema es una antología de tópicos morales sacados de la Biblia, de Séneca, de Horacio, y de otros autores. Véase el estudio biográfico de Dámaso Alonso que se encuentra en *Dos españoles del Siglo de Oro* (Madrid, 1960); el texto crítico establecido por Alonso *(La «Epístola moral a Fabio», de Andrés Fernández de Andrada: edición y estudio,* Madrid, Gredos, 1978) se reproduce aquí.

EPÍSTOLA MORAL A FABIO

Fabio, las esperanzas cortesanas
prisiones son do el ambicioso muere
y donde al más activo nacen canas.

El que no las limare o las rompiere,
ni el nombre de varón ha merecido   5
ni subir al honor que pretendiere.

El ánimo plebeyo y abatido
elija, en sus intentos temeroso,
primero estar suspenso que caído;

que el corazón entero y generoso   10
al caso adverso inclinará la frente
antes que la rodilla al poderoso.

Más triunfos, más coronas dio al prudente
que supo retirarse, la fortuna,
que al que esperó obstinada y locamente.   15

Esta invasión terrible e importuna
de contrarios sucesos nos espera
desde el primer sollozo de la cuna.

Dejémosla pasar como a la fiera
corriente del gran Betis, cuando airado   20
dilata hasta los montes su ribera.

Aquel entre los héroes es contado
que el premio mereció, no quien le alcanza
por vanas consecuencias del estado.

Peculio propio es ya de la privanza   25
cuanto de Astrea fue, cuanto regía
con su temida espada y su balanza.

El oro, la maldad, la tiranía
del inicuo, precede, y pasa al bueno:
¿qué espera la virtud o qué confía?   30

Ven y reposa en el materno seno
de la antigua Romúlea, cuyo clima
te será más humano y más sereno;

adonde, por lo menos, cuando oprima
nuestro cuerpo la tierra, dirá alguno   35
«¡Blanda le sea!», al derramarla encima;

---

²⁶ *Astrea:* 'la Justicia'.

donde no dejarás la mesa ayuno,
cuando en ella te falte el pece raro
o cuando su pavón nos niegue Juno.

Busca, pues, el sosiego dulce y caro,   40
como en la oscura noche del Egeo
busca el piloto el eminente faro;

que si acortas y ciñes tu deseo,
dirás: «Lo que desprecio he conseguido,
que la opinión vulgar es devaneo.»   45

Más quiere el ruiseñor su pobre nido
de pluma y leves pajas, más sus quejas
en el bosque repuesto y escondido,

que agradar lisonjero las orejas
de algún príncipe insigne, aprisionado   50
en el metal de las doradas rejas.

Triste de aquel que vive destinado
a esa antigua colonia de los vicios,
augur de los semblantes del privado.

Cese el ansia y la sed de los oficios,   55
que acepta el don, y burla del intento,
el ídolo a quien haces sacrificios.

Iguala con la vida el pensamiento,
y no le pasarás de hoy a mañana,
ni quizá de un momento a otro momento.   60

Casi no tienes ni una sombra vana
de nuestra grande Itálica, ¿y esperas?
¡Oh error perpetuo de la suerte humana!

Las enseñas grecianas, las banderas
-del senado y romana monarquía,   65
murieron, y pasaron sus carreras.

305

¿Qué es nuestra vida más que un breve día,
do apenas sale el sol, cuando se pierde
en las tinieblas de la noche fría?

¿Qué más que el heno, a la mañana verde,   70
seco a la tarde? ¡Oh ciego desvarío!
¿Será que de este sueño se recuerde?

¿Será que pueda ver que me desvío
de la vida, viviendo, y que está unida
la cauta muerte al simple vivir mío?   75

Como los ríos, que en veloz corrida
se llevan a la mar, tal soy llevado
al último suspiro de mi vida.

De la pasada edad ¿qué me ha quedado?
O ¿qué tengo yo, a dicha, en la que espero,   80
sin alguna noticia de mi hado?

¡Oh si acabase, viendo cómo muero,
de aprender a morir antes que llegue
aquel forzoso término postrero:

antes que aquesta mies inútil siegue   85
de la severa muerte dura mano,
y a la común materia se la entregue!

Pasáronse las flores del verano,
el otoño pasó con sus racimos,
pasó el invierno con sus nieves cano;   90

las hojas que en las altas selvas vimos,
cayeron, ¡y nosotros a porfía
en nuestro engaño inmóviles vivimos!

Temamos al Señor, que nos envía
las espigas del año y la hartura,   95
y la temprana pluvia y la tardía.

No imitemos la tierra siempre dura
a las aguas del cielo y al arado,
ni la vid cuyo fruto no madura.

¿Piensas acaso tú que fue crïado   100
el varón para el rayo de la guerra,
para sulcar el piélago salado,

para medir el orbe de la tierra
y el cerco por do el sol siempre camina?
¡Oh, quien así lo entiende, cuánto yerra!   105

Esta nuestra porción alta y divina
a mayores acciones es llamada
y en más nobles objetos se termina.

Así aquella que a solo el hombre es dada
sacra razón y pura me despierta,   110
de esplendor y de rayos coronada;

y en la fría región, dura y desierta,
de aqueste pecho enciende nueva llama,
y la luz vuelve a arder que estaba muerta.

Quiero, Fabio, seguir a quien me llama,   115
y callado pasar entre la gente,
que no afecto los hombres ni la fama.

El soberbio tirano del Oriente,
que maciza las torres de cien codos,
del cándido metal puro y luciente,   120

apenas puede ya comprar los modos
del pecar. La virtud es más barata:
ella consigo misma ruega a todos.

¡Mísero aquel que corre y se dilata
por cuantos son los climas y los mares,   125
perseguidor del oro y de la plata!

Un ángulo me basta entre mis lares,
un libro y un amigo, un sueño breve,
que no perturben deudas ni pesares.

Esto tan solamente es cuanto debe
naturaleza al parco y al discreto,
y algún manjar común, honesto y leve.

No, porque así te escribo, hagas conceto
que pongo la virtud en ejercicio:
que aun esto fue difícil a Epicteto.

Basta, al que empieza, aborrecer el vicio,
y el ánimo enseñar a ser modesto;
después le será el cielo más propicio.

Despreciar el deleite no es supuesto
de sólida virtud, que aun el vicioso
en sí propio le nota de molesto.

Mas no podrás negarme cuán forzoso
este camino sea al alto asiento,
morada de la paz y del reposo.

No sazona la fruta en un momento
aquella inteligencia que mensura
la duración de todo a su talento:

flor la vimos primero, hermosa y pura;
luego, materia acerba y desabrida;
y perfecta después, dulce y madura.

Tal la humana prudencia es bien que mida
y comparta y dispense las acciones
que han de ser compañeras de la vida.

130

135

140

145

150

---

[135] *Epicteto:* célebre filósofo estoico del siglo I.
[139] *supuesto:* 'base suficiente'.

No quiera Dios que siga los varones
que moran nuestras plazas, macilentos,
de la virtud infames histrïones;   155

   esos inmundos trágicos y atentos
al aplauso común, cuyas entrañas
son infaustos y oscuros monumentos.

   ¡Cuán callada que pasa las montañas   160
el aura, respirando mansamente!
¡Qué gárrula y sonante por las cañas!

   ¡Qué muda la virtud por el prudente!
¡Qué redundante y llena de rüido
por el vano, ambicioso y aparente!   165

   Quiero imitar al pueblo en el vestido,
en las costumbres sólo a los mejores,
sin presumir de roto y mal ceñido.

   No resplandezca el oro y los colores
en nuestro traje, ni tampoco sea   170
igual al de los dóricos cantores.

   Una mediana vida yo posea,
un estilo común y moderado,
que no le note nadie que le vea.

   En el plebeyo barro mal tostado,   175
hubo ya quien bebió tan ambicioso
como en el vaso múrrino preciado;

   y alguno tan ilustre y generoso
que usó como si fuera vil gaveta,
del cristal transparente y luminoso.   180

---

[157] *trágicos:* 'farsantes'.
[179] *gaveta:* 'cajoncillo'.

Sin la templanza ¿viste tú perfeta
alguna cosa? ¡Oh muerte!, ven callada
como sueles venir en la saeta;

no en la tonante máquina preñada
de fuego y de rumor, que no es mi puerta   185
de doblados metales fabricada.

Así, Fabio, me muestra descubierta
su esencia la verdad, y mi albedrío
con ella se compone y se concierta.

No te burles de ver cuánto confío,   190
ni al arte de decir, vana y pomposa,
el ardor atribuyas de este brío.

¿Es por ventura menos poderosa
que el vicio la virtud, o menos fuerte?
No la arguyas de flaca y temerosa.   195

La codicia en las manos de la suerte
se arroja al mar, la ira a las espadas,
y la ambición se ríe de la muerte.

¿Y no serán siquiera tan osadas
las opuestas acciones, si las miro   200
de más ilustres genios ayudadas?

Ya, dulce amigo, huyo y me retiro
de cuanto simple amé: rompí los lazos.
Ven y sabrás al grande fin que aspiro,
antes que el tiempo muera en nuestros brazos.   205

Pedro Espinosa

Pedro Espinosa (1578-1650), natural de Antequera, era muy joven cuando recogió la gran antología cortesana de poesía lírica del Siglo de Oro español, *Flores de poetas ilustres de España* (Valladolid, 1605). Su propia poesía delicadamente colorista ocupa un sitio intermedio en la tradición que va de Garcilaso a Góngora: su ovidiana *Fábula de Genil,* por ejemplo, se puede relacionar con el *Polifemo* de éste y con la Égloga III de aquél. Su soneto en alejandrinos (versos de 14 sílabas divididas en dos hemistiquios) es notable como antecedente de ciertos sonetos modernistas. Las obras de Espinosa fueron estudiadas (1907) y editadas (1909) por F. Rodríguez Marín; véase también el *Homenaje a Pedro Espinosa* (Sevilla, 1953). F. López Estrada, autoridad máxima en cuestiones de poesía antequerana, ha editado para Clásicos Castellanos (t. 205) la obra completa de Espinosa; de esta edición se reproducen los textos siguientes.

13

LA FÁBULA DEL GENIL*

También entre las ondas fuego enciendes,
Amor, como en la esfera de tu fuego,
y a los dioses de escarcha también prendes

---

* *Genil:* río andaluz que desemboca en el Guadalquivir.

como a Vulcano, con lascivo juego;
del sacro Olimpo a Júpiter deciendes   5
y a Febo dejas sin su lumbre, ciego,
y a Marte pones, con infame prueba,
que de tu madre las palabras beba.

El claro dios Genil sintió tus lazos,
que a la náyade Cínaris adora: 10
ella le hace el corazón pedazos,
y él crece con las lágrimas que llora.
Corta las aguas con los blancos brazos
la ninfa, que con otras ninfas mora
debajo de las aguas cristalinas   15
en aposentos de esmeraldas finas.

El despreciado dios su dulce amante
con las náyades vido estar bordando,
y, por enternecer aquel diamante,
sobre un pescado azul llegó cantando.   20
De una concha una cítara sonante
con destrísimos dedos va tocando;
paró el agua a su queja, y, por oílla,
los sauces se inclinaron a la orilla:

«Vosotras, que miráis mi fuego ardiente,   25
seréis —dice— testigos de mi pena
y del rigor y término inclemente
de la que está de gracia y desdén llena.
Neptuno fue mi abuelo, y de una fuente
que es, de una sierra de cristales, vena,   30
soy dios, y con mis ondas fuera a Tetis
si no atajara mi camino el Betis.

Vestida está mi margen de espadaña
y de viciosos apios y mastranto,

---

⁸ *tu madre:* Venus.
³⁴ *viciosos:* 'espesos'. *Mastranto:* planta que crece a orilla de los ríos.

312

y el agua, clara como el ámbar, baña   35
troncos de mirtos y de lauro santo.
No hay en mi margen silbadora caña
ni adelfa, mas violetas y amaranto,
de donde llevan flores en las faldas
para hacer las hénides guirnaldas.   40

Hay blancos lirios, verdes mirabeles
y azules, guarnecidos alhelíes,
y allí las clavellinas y claveles
parecen sementera de rubíes.
Hay ricas alcatifas y alquiceles,   45
rojos, blancos, gualdados y turquíes,
y derraman las auras con su aliento
ámbares y azahares por el viento.

Yo, cuando salgo de mis grutas hondas,
estoy de frescos palios cobijado,   50
y entre nácares crespos de redondas
perlas mi margen veo estar honrado.
El sol no tibia mis cerúleas ondas,
ni las enturbia el balador ganado;
ni a las napeas que en mi orilla cantan   55
los pintados lagartos las espantan.

Así del olmo abrazan ramo y cepa
con pámpanos harpados los sarmientos;
falta lugar por donde el rayo quepa
del sol, y soplan los delgados vientos,   60
Por flegibles tarahes sube y trepa
la inexplicable yedra, y los contentos
ruiseñores trinando, allí no hay selva
que en mi alabanza a responder no vuelva.

---

[40] *hénides:* 'ninfas'.
[45] *alcatifas:* tapetes o alfombras finas. *Alquiceles:* tejido usado como tapete.
[55] *napeas:* 'ninfas'
[61] *flegibles:* 'flexibles'. *Tarahes:* tarayes, arbustos que crecen en las orillas de los ríos.

    Mas ¿qué aprovecha, oh lumbre de mis ojos,   65
que conozcas mis padres y riqueza,
si, despreciando todos mis despojos,
te contentas con sola tu belleza?»
Dijo, y la ninfa de matices rojos
cubrió el marfil, y, vuelta la cabeza   70
con desdén, da a entender que el dios la enoja,
y arroja el bastidor, y el oro arroja.

    Quedó elevado, así como se encanta
el que escuchó la voz de la sirena;
helósele su voz en la garganta,   75
como cercado de engañosa hiena:
no tanto a virgen temerosa espanta
serpiente negra que pisó en la arena,
ni al yerto labrador en noche triste
rayo veloz que de temor le embiste.   80

    En sí volvió del ya pasado espanto
cuando quiso el contrario del contento,
y halló que las aguas de su llanto
le llevaban nadando el instrumento.
La libertada cólera, entre tanto,   85
le obligó a que dijese, y el tormento:
—¡Oh tú, hija de montes y de fieras,
por fuerza has de quererme, aunque no quieras!

    Dijo así y, cudicioso del trofeo,
al alcázar del viejo Betis parte,   90
cuyo artificio atrás deja el deseo;
que a la materia sobrepuja el arte.
No da tributo Betis a Nereo,
mas, como amigo, sus riquezas parte
con él, que es rey de ríos, y los reyes   95
no dan tributo, sino ponen leyes.

---

⁹⁰ *alcázar:* 'caverna del manantial'.

Ve que son plata lisa los umbrales;
claros diamantes las lucientes puertas,
ricas de clavazones de corales
y de pequeños nácares cubiertas;   100
ve que rayos de luces inmortales
dan, y que están de par en par abiertas,
y los quiciales, de oro muy rollizo,
que muestran el poder de quien los hizo.

Colunas más hermosas que valientes   105
sustentan el gran techo cristalino;
las paredes son piedras transparentes,
cuyo valor del Ocidente vino;
brotan por los cimientos claras fuentes,
y con pie blando, en líquido camino,   110
corren cubriendo con sus claras linfas
las carnes blancas de las bellas ninfas.

De suelos pardos, de mohosos techos,
hay docientas hondísimas alcobas,
y de menudos juncos verdes lechos,   115
y encima, colchas de pintadas tobas.
Maldicientes arroyos por estrechos
pasos murmuran, entre juncia y ovas,
donde a los dioses el profundo sueño
cubre de adormideras y beleño.   120

Vido entrando Genil un virgen coro
de bellas ninfas de desnudos pechos,
sobre cristal cerniendo granos de oro
con verdes cribos de esmeraldas hechos.
Vido, ricos de lustre y de tesoro,   125
follajes de carámbano en los techos,
que estaban por las puntas adornados
de racimos de aljófares helados.

---

111 *linfas:* 'aguas'.

Un rico asiento de diamante frío
sobre gradas de nácar se sustenta,   130
donde preñadas perlas de rocío
al alcázar dan luz, al sol afrenta.
El venerable viejo dios del río
aquí con santa majestad se asienta,
reclinado en dos urnas relucientes,   135
que son los caños de abundantes fuentes.

Ya que huyó la admiración del fuego
que abrasaba al amante despreciado,
su queja al padre Betis cuenta luego,
no sé si más lloroso que turbado;   140
dio luz a su justicia, estando ciego
de lágrimas que amor había brotado,
y no hubo menester el dios amigo
ni más información ni más testigo.

—No será tu afición con desdén rota   145
—le dice Betis—, que también tu orilla
mereció a Febo, como el sacro Eurota,
por quien desprecia Júpiter su silla.
Granada, de tus templos es devota,
si hecatombe a mis templos da Sevilla,   150
y por ti gozo ilustres vasallajes
desde el Hidaspes dulce al negro Arajes.

En Colcos, junto a un ancho promontorio,
hay unas grutas de alabastro fino,
donde nació, entre arenas de abalorio,   155
un tritón que a servir a Betis vino;
a éste manda llamar a consistorio
a todos los del reino cristalino,
los cuales, al sagrado mandamiento,
vienen, venciendo por el agua el viento.   160

---

[152] *Hidaspes:* nombre antiguo del río Yelam, en la India, donde Alejandro
Magno venció al rey Poro.

Ricas garnachas de riqueza suma
unos visten de tiernas esmeraldas;
otros, como a la garza fácil pluma,
cubren de escama de oro las espaldas;
con ropas blancas de cuajada espuma   165
otros vienen, ceñidos con guirnaldas,
brotando olor los cristalinos cuernos,
de tiernas flores y de tallos tiernos.

Cuantas viven en fuentes, ninfas bellas
(que burlan los satíricos silvanos,   170
que, arrojándose al agua por cogellas,
el agua aprietan con lascivas manos),
vinieron; y, a una parte las doncellas,
a otra los mozos y a otra, los ancianos
se sientan, cual conviene a tales huéspedes,   175
en blandas sillas de mojados céspedes.

Ya que corrió el silencio las cortinas,
dando angosto camino al blando aliento,
y las vistas, suspensas y divinas,
a Betis fueron penetrando el viento,   180
y entre los labios de esmeraldas finas
pararon, él, con grave movimiento,
sacudió la cabeza sobre el pecho,
y perlas sudó el suelo y llovió el techo:

—No con el mar de España tengo guerra   185
—dice—, o saliendo de mi margen corva
quiero cubrir las faldas de la tierra
mientras teme dudosa que la sorba;
ni pardo monte ni cerúlea sierra
de mi profundidad el paso estorba;   190
mas hoy se casa un claro dios divino
que ha merecido a Betis por padrino.

Tú, Genil, a quien ciñen mirto y lauro,
no cañaveras frágiles, tus sienes,
y, como el Cindo del nevado Tauro,   195

montes de plata por principio tienes,
tú, aquel potente dios a quien el Dauro
señor te hace de mayores bienes,
pues que sus ninfas, en liviano coro,
para darte tributo ciernen oro;   200

hoy gozarás de Cínaris los brazos;
y tú, ninfa, el valor de ser su esposa;
y, en legítimo fuego y dulces lazos,
dejaréis a Cidálida envidiosa.
Dijo; y ella, huyendo los abrazos,   205
volvió turbada la cerviz de rosa,
naciendo, al tierno llanto que comienza,
rojo color de virginal vergüenza.

No hay dios a quien el llanto no recuerde
si con la compasión hace su tiro,   210
y así, el aljófar que la ninfa pierde
costó más de un sollozo y de un suspiro;
y hubo alguno que el crin de sauce verde
tendió sobre la frente de zafiro;
mas los arroyos que a la puerta estaban   215
del desdén de la ninfa murmuraban.

Como cuando en solícitos tropeles
por mayor majestad de sus castillos
ricos de olor, vestidos de doseles,
entre selvajes cercas de tomillos,   220
guardando rubias perezosas mieles
en urnas de panales amarillos,
se oyeron las abejas en escuadra;
así el rumor por la soberbia cuadra.

Lágrimas tibias de tus luces bellas   225
llueves en tanto que Genil te imita,
oh Cínaris, mas todas tus querellas
Betis mirando, el caso facilita;
que el melindre que es dado a las doncellas

318

piensa que el libre espíritu te quita,   230
y así, queriendo un monte hacer llano,
la mano de Genil puso en tu mano.

Llenos de envidia noble se levantan
los dioses del sagrado coliseo,
y con las lenguas de agua dulce cantan   235
alegres: ¡Himeneo!, ¡Himeneo!
Mas de improviso, sin pensar, se espantan,
porque la ninfa, viendo el caso feo,
y su virginidad así oprimida,
quedó, llorando, en agua convertida.   240

26

SONETO A LA ASUNCIÓN DE LA VIRGEN MARÍA

En turquesadas nubes y celajes
están en los alcázares impirios,
con blancas hachas y con blancos cirios,
del sacro Dios los soberanos pajes;
       humean de mil suertes y linajes,   5
entre amaranto y plateados lirios,
enciensos indios y pebetes sirios,
sobre alfombras de lazos y follajes.
       Por manto el sol, la luna por chapines,
llegó la Virgen a la impírea sala,   10
visita que esperaba el Cielo tanto.
       Echáronse a sus pies los serafines,
cantáronle los ángeles la gala,
y sentóla a su lado el Verbo santo.

---

236 *Himeneo:* dios griego del matrimonio. Su nombre se profería en los cantos nupciales.

SONETO A LA SANTÍSIMA VIRGEN MARÍA, CON OCASIÓN DE HABERLE GUIADO EN LAS TORMENTAS DEL ALMA

Como el triste piloto que por el mar incierto
se ve, con turbios ojos, sujeto de la pena
sobre las corvas olas, que, vomitando arena,
lo tienen de la espuma salpicado y cubierto,
    cuando, sin esperanza, de espanto medio muerto,   5
ve el fuego de Santelmo lucir sobre la antena,
y, adorando su lumbre, de gozo l'alma llena,
halla su nao cascada surgida en dulce puerto,
    así yo el mar sulcaba de penas y de enojos,
y, con tormenta fiera, ya de las aguas hondas   10
medio cubierto estaba, la fuerza y luz perdida,
    cuando miré la lumbre, oh Virgen, de tus ojos,
con cuyo resplandor quitándose las ondas,
llegué al dichoso puerto donde escapé la vida.

55

SALMO A LA PERFECCIÓN DE LA NATURALEZA, OBRA DE DIOS

Pregona el firmamento
las obras de tus manos,
y en mí escribiste un libro de tu sciencia.
Tierra, mar, fuego, viento
publican tu potencia,   5
y todo cuanto veo
me dice que te ame
y que en tu amor me inflame;
mas mayor que mi amor es mi deseo.
Mejor que yo, Dios mío, lo conoces;   10

sordo estoy a las voces
que me dan tus sagradas maravillas
llamándome, Señor, a tus amores:
¿Quién te enseñó, mi Dios, a hacer flores
y en una hoja de entretalles llena   15
bordar lazos con cuatro o seis labores?
¿Quién te enseñó el perfil de la azucena,
o quién la rosa, coronada de oro,
reina de los olores?
¿Y el hermoso decoro   20
que guardan los claveles,
reyes de los colores,
sobre el botón tendiendo su belleza?
¿De qué son tus pinceles,
que pintan con tan diestra sutileza   25
las venas de los lirios?
La luna y el sol, sin resplandor segundo,
ojos del cielo y lámpara del mundo,
¿de dónde los sacaste,
y los que el cielo adornan por engaste   30
albos diamantes trémulos?
¿Y el que, buscando el centro, tiene, fuego
claro desasosiego?
¿Y el agua, que, con paso medio humano,
busca a los hombres, murmurando en vano   35
que l'alma se le iguale en floja y fría?
¿Y el que, animoso, al mar lo vuelve cano,
no por la edad, por pleitos y porfía,
viento hinchado que tormentas cría?
Y ¿sobre qué pusiste   40
la inmensa madre tierra,
que embraza montes, que provincias viste,
que los mares encierra
y con armas de arena los resiste?
¡Oh altísimo Señor que me hiciste!   45
No pasaré adelante:
tu poder mismo tus hazañas cante;
que, si bien las mirara,
sabiamente debiera de estar loco,

atónito y pasmado de esto poco.   50
Ay, tu olor me recrea,
sáname tu memoria,
mas no me hartaré hasta que vea,
¡oh Señor!, tu presencia, que es mi gloria.
¿En dónde estás, en dónde estás, mi vida?   55
¿Dónde te hallaré, dónde te escondes?
Ven, Señor, que mi alma
de amor está perdida,
y Tú no le respondes;
desfallece de amor y dice a gritos: 60
«¿Dónde lo hallaré, que no lo veo,
a Aquel, a Aquel hermoso que deseo?»
Oigo tu voz y cobro nuevo aliento;
mas como no te hallo,
derramo mis querellas por el viento.   65
¡Oh amor, oh Jesús mío!,
¡oh vida mía!, recebid mi alma,
que herida de amores os la envío,
envuelta en su querella.
¡Allá, Señor, os avenid con ella!   70

Francisco de Quevedo

Francisco de Quevedo (1580-1645), hijo de familia noble, nació en Madrid y estudió con los jesuitas antes de asistir a las universidades de Alcalá y de Valladolid; en Valladolid también se estrenó como cortesano y poeta, compitiendo con Góngora en las *Flores de poetas ilustres* (1605) de Espinosa. Volviendo a Madrid con la corte, redactó la primera versión del *Buscón* (publicado más tarde, en 1626) y luego los *Sueños* (publicado en 1627). También seguía escribiendo poesía.

En 1613 fue a Sicilia como secretario del duque de Osuna, volviendo a la corte como agente político suyo. Más tarde, con la muerte de Felipe III y la caída de Lerma y Osuna, fue desterrado de la corte. A este periodo, hacia 1620, pertenece su famosa epístola, más satírica que poética, dirigida a Olivares; también empezó a desarrollar su tratado titulado *La política de Dios* (publicada en 1626). Quizá también entonces escribió sus sonetos a Lisi; en 1624 sostuvo amores menos poéticos con una señora Ledesma y se reintegró a la corte. Con la publicación de sus obras en prosa, mencionadas arriba, se hizo famoso como satírico; fue desterrado de nuevo en 1628.

En 1631 Quevedo dedicó a Olivares sus ediciones de la poesía de Francisco de la Torre y de Fray Luis de León, publicaciones antigongorinas; crecía el número de sus enemigos personales. A los cincuenta y cuatro años de edad se casó de mala gana con una viuda rica, con quien vivió muy poco tiempo. Retirado al campo, siguió atacando a sus enemigos; en 1639 fue encarcelado y no salió libre hasta la caída de Olivares, en 1643, dos años antes de morir.

Preocupado por la decadencia de España, Quevedo elaboró con angustia en su poesía el tópico general del tiempo y de la muerte, que destruyen la hermosura y el amor; su lenguaje alcanza cumbres platónicas y estoicas así como bajezas burlescas y vulgares. Murió sin haber publicado más poesía que unas traducciones, pero ya era famoso por sus romances y sonetos satíricos que circulaban manuscritos. Tres años después de su muerte se publicó la primera parte de su *Parnaso* (1648) y luego en 1670 la segunda parte. Son complejos los problemas textuales; la mejor edición moderna es la de J. M. Blecua. Entre los muchos estudios sobre Quevedo véanse especialmente los de E. Carilla *(Quevedo entre dos centenarios,* Tucumán, 1949), de O. H. Green *(Courtly Love in Quevedo,* Colorado, 1952), de A. Mas *(La Caricature de la femme, du mariage et de l'amour dans l'œuvre de Quevedo,* París, 1957) y de J. O. Crosby *(En torno a la poesía de Quevedo,* Madrid, 1967).* Véanse también las antologías más recientes de J. O. Crosby *(Poesía varia,* Madrid, Cátedra, 1981) y de L. Schwartz Lerner e Ignacio Arellano *(Poesía selecta,* Barcelona, PPU, 1989); la edición *Poesía moral (Polimnia),* Madrid-Londres, Támesis, 1992) y el estudio *(Quevedo y la poesía moral española,* Madrid, Castalia, 1996) hechos por Alfonso Rey; y el estudio de Paul Julian Smith titulado *Quevedo on Parnassus: Allusive Context and Literary Theory in the Love-Lyric* (Londres, MHRA, 1987). Un artículo de E. Asensio, «Un Quevedo incógnito: las *silvas» (Edad de Oro,* t. 2, 1983), es importante no sólo para Quevedo sino para la historia de la silva española.

Los textos siguientes se basan en la edición de Blecua *(Obras completas I: poesía original,* Barcelona, Planeta, 1963).

POEMAS METAFÍSICOS

2

Represéntase la brevedad de lo que se vive
y cuán nada parece lo que se vivió

«¡Ah de la vida!»... ¿Nadie me responde?
¡Aquí de los antaños que he vivido!
La Fortuna mis tiempos ha mordido;
las Horas mi locura las esconde.

　¡Que sin poder saber cómo ni adónde,　　　　　5
la salud y la edad se hayan huido!

Falta la vida, asiste lo vivido,
y no hay calamidad que no me ronde.

Ayer se fue; mañana no ha llegado;
hoy se está yendo sin parar un punto;   10
soy un fue, y un será, y un es cansado.

En el hoy y mañana y ayer, junto
pañales y mortaja, y he quedado
presentes sucesiones de difunto.

3

Signifícase la propia brevedad de la vida,
sin pensar y con padecer,
salteada de la muerte

¡Fue sueño ayer; mañana será tierra!
¡Poco antes, nada; y poco después, humo!
¡Y destino ambiciones, y presumo
apenas punto al cerco que me cierra!

Breve combate de importuna guerra,   5
en mi defensa soy peligro sumo;
y mientras con mis armas me consumo,
menos me hospeda el cuerpo, que me entierra.

Ya no es ayer; mañana no ha llegado;
hoy pasa, y es, y fue, con movimiento   10
que a la muerte me lleva despeñado.

Azadas son la hora y el momento,
que, a jornal de mi pena y mi cuidado,
cavan en mi vivir mi monumento.

6

Arrepentimiento y lágrimas
debidas al engaño de la vida

Huye sin percibirse, lento, el día,
y la hora secreta y recatada
con silencio se acerca, y, despreciada,
lleva tras sí la edad lozana mía.
    La vida nueva, que en niñez ardía,   5
la juventud robusta y engañada
en el postrer invierno sepultada,
yace entre negra sombra y nieve fría.
    No sentí resbalar mudos los años;
hoy los lloro pasados, y los veo   10
riendo de mis lágrimas y daños.
    Mi penitencia deba a mi deseo,
pues me deben la vida mis engaños,
y espero el mal que paso, y no le creo.

8

Conoce la diligencia con que se acerca
la muerte, y procura conocer también
la conveniencia de su venida,
y aprovecharse de ese conocimiento

Ya formidable y espantoso suena
dentro del corazón el postrer día;
y la última hora, negra y fría,
se acerca, de temor y sombras llena.
    Si agradable descanso, paz serena   5
la muerte en traje de dolor envía,
señas da su desdén de cortesía:
más tiene de caricia que de pena.

¿Qué pretende el temor desacordado
de la que a rescatar piadosa viene
espíritu en miserias anudado?   10
    Llegue rogada, pues mi bien previene;
hálleme agradecido, no asustado;
mi vida acabe, y mi vivir ordene,

11

Descuido del divertido vivir a quien
la muerte llega impensada

Vivir es caminar breve jornada,
y muerte viva es, Lico, nuestra vida,
ayer al frágil cuerpo amanecida,
cada instante en el cuerpo sepultada:
    nada, que, siendo, es poco, y será nada   5
en poco tiempo, que ambiciosa olvida,
pues, de la vanidad mal persuadida,
anhela duración, tierra animada.
    Llevada de engañoso pensamiento
y de esperanza burladora y ciega,
tropezará en el mismo monumento,   10
    como el que, divertido, el mar navega,
y, sin moverse, vuela con el viento,
y antes que piense en acercarse, llega.

Heráclito Cristiano

28

Salmo XVI

Ven ya, miedo de fuertes y de sabios:
irá la alma indignada con gemido
debajo de las sombras, y el olvido
beberán por demás mis secos labios.

---

¹² «Que sea voluntaria mi penitencia.»

⁶⁻⁸ «ambiciosa» es la «tierra animada» (el cuerpo).

Por tal manera Curios, Decios, Fabios   5
fueron; por tal ha de ir cuanto ha nacido;
si quieres ser a alguno bien venido,
trae con mi vida fin a mis agravios.

Esta lágrima ardiente con que miro
el negro cerco que rodea a mis ojos   10
naturaleza es, no sentimiento.

Con el aire primero este suspiro
empecé, y hoy le acaban mis enojos,
porque me deba todo al monumento.
[1613]

29

Salmo XVII

Miré los muros de la patria mía,
si un tiempo fuertes, ya desmoronados,
de la carrera de la edad cansados,
por quien caduca ya su valentía.

Salíme al campo; vi que el sol bebía   5
los arroyos del yelo desatados,
y del monte quejosos los ganados,
que con sombras hurtó su luz al día.

Entré en mi casa; vi que, amancillada,
de anciana habitación era despojos;   10
mi báculo, más corvo y menos fuerte.

Vencida de la edad sentí mi espada,
y no hallé cosa en que poner los ojos
que no fuese recuerdo de la muerte.

Salmo XVIII

Todo tras sí lo lleva el año breve
de la vida mortal, burlando el brío
al acero valiente, al mármol frío,
que contra el Tiempo su dureza atreve.

Antes que sepa andar el pie, se mueve   5
camino de la muerte, donde envío
mi vida oscura: pobre y turbio río
que negro mar con altas ondas bebe.

Todo corto momento es paso largo
que doy, a mi pesar, en tal jornada,   10
pues, parado y durmiendo, siempre aguijo.

Breve suspiro, y último, y amargo,
es la muerte, forzosa y heredada:
mas si es ley, y no pena, ¿qué me aflijo?

Salmo XIX

¡Cómo de entre mis manos te resbalas!
¡Oh, cómo te deslizas, edad mía!
¡Qué mudos pasos traes, oh muerte fría,
pues con callado pie todo lo igualas!

Feroz, de tierra el débil muro escalas,   5
en quien lozana juventud se fía;
mas ya mi corazón del postrer día
atiende el vuelo, sin mirar las alas.

¡Oh condición mortal! ¡Oh dura suerte!
¡Que no puedo querer vivir mañana   10
sin la pensión de procurar mi muerte!

Cualquier instante de la vida humana
es nueva ejecución, con que me advierte
cuán frágil es, cuán mísera, cuán vana...

---

[11] *sin la pensión:* sin pagar el precio.

POEMAS MORALES

52

A la violenta y injusta prosperidad

Ya llena de sí solo la litera
Matón, que apenas anteayer hacía
(flaco y magro malsín) sombra, y cabía,
sobrando sitio, en una ratonera.

Hoy, mal introducida con la esfera   5
su casa, al sol los pasos le desvía,
y es tropezón de estrellas; y algún día,
si fuera más capaz, pocilga fuera.

Cuando a todos pidió, le conocimos;
no nos conoce cuando a todos toma;   10
y hoy dejamos de ser lo que ayer dimos.

Sóbrale tanto cuanto falta a Roma;
y no nos puede ver, porque le vimos:
lo que fue esconde; lo que usurpa asoma.

131

Desde la Torre *

Retirado en la paz de estos desiertos,
con pocos, pero doctos libros juntos,
vivo en conversación con los difuntos
y escucho con mis ojos a los muertos.

---

⁵ *introducida con la esfera:* levantada al cielo.

* Torre de San Juan, finca de Quevedo.

Si no siempre entendidos, siempre abiertos,   5
o enmiendan, o fecundan mis asuntos;
y en músicos callados contrapuntos
al sueño de la vida hablan despiertos.

Las grandes almas que la muerte ausenta,
de injurias de los años, vengadora,   10
libra, ¡oh gran don Iosef!, docta la emprenta.

En fuga irrevocable huye la hora;
pero aquélla el mejor cálculo cuenta
que en la lección y estudios nos mejora.

132

Muestra lo que se indigna Dios de las peticiones
execrables de los hombres
y que sus oblaciones para alcanzarlas
son graves ofensas

Con mudo incienso y grande ofrenda, ¡oh Licas!,
cogiendo a Dios a solas, entre dientes,
los ruegos, que recatas de las gentes,
sin voz a sus orejas comunicas.

Las horas pides prósperas y ricas,   5
y que para heredar a tus parientes,
fiebres reparta el cielo pestilentes,
y de ruinas fraternas te fabricas.

¡Oh grande horror! Pues cuando de ejemplares
rayos a Dios armó la culpa, el vicio,   10
víctimas le templaron los pesares;

y hoy le ofenden ansí, no ya propicio,
que, vueltos sacrilegios los altares,
arma su diestra el mesmo sacrificio.

9-14 Antes, los sacrificios templaban la ira justiciera de Jehová, pero ahora
la comunión sacrílega le da motivos de castigar.

*Epístola satírica y censoria contra
las costumbres presentes de los
castellanos, escrita a don Gaspar
de Guzmán, conde de Olivares,
en su valimiento*

No he de callar, por más que con el dedo,
ya tocando la boca, o ya la frente,
silencio avises, o amenaces miedo.

¿No ha de haber un espíritu valiente?
¿Siempre se ha de sentir lo que se dice?   5
¿Nunca se ha de decir lo que se siente?

Hoy, sin miedo que libre escandalice,
puede hablar el ingenio, asegurado
de que mayor poder le atemorice.

En otros siglos pudo ser pecado   10
severo estudio y la verdad desnuda,
y romper el silencio el bien hablado.

Pues sepa quien lo niega, y quien lo duda,
que es lengua la verdad de Dios severo,
y la lengua de Dios nunca fue muda.   15

Son la verdad y Dios, Dios verdadero;
ni eternidad divina los separa,
ni de los dos alguno fue primero.

Si Dios a la verdad se adelantara,
siendo verdad, implicación hubiera   20
en ser, y en que verdad de ser dejara.

La justicia de Dios es verdadera,
y la misericordia, y todo cuanto
es Dios, todo ha de ser verdad entera.

Señor Excelentísimo, mi llanto   25
ya no consiente márgenes ni orillas:
inundación será la de mi canto.

Ya sumergirse miro mis mejillas,
la vista por dos urnas derramada
sobre las aras de las dos Castillas.   30

Yace aquella virtud desaliñada,
que fue, si rica menos, más temida,
en vanidad y en sueño sepultada,

y aquella libertad esclarecida,
que en donde supo hallar honrada muerte, 35
nunca quiso tener más larga vida.

Y pródiga de l'alma, nación fuerte,
contaba por afrentas de los años
envejecer en brazos de la suerte.

Del tiempo el ocio torpe, y los engaños   40
del paso de las horas y del día,
reputaban los nuestros por extraños.

Nadie contaba cuánta edad vivía,
sino de qué manera: ni aun un'hora
lograba sin afán su valentía.   45

La robusta virtud era señora,
y sola dominaba al pueblo rudo;
edad, si mal hablada, vencedora.

El temor de la mano daba escudo
al corazón, que, en ella confiado,   50
todas las armas despreció desnudo.

Multiplicó en escuadras un soldado
su honor precioso, su ánimo valiente,
de sola honesta obligación armado.

Y debajo del cielo aquella gente,   55
si no a más descansado, a más honroso
sueño entregó los ojos, no la mente.

Hilaba la mujer para su esposo
la mortaja, primero que el vestido;
menos le vio galán, que peligroso.   60

Acompañaba el lado del marido
más veces en la hueste, que en la cama;
sano le aventuró, vengóle herido.

Todas matronas y ninguna dama:
que nombres del halago cortesano   65
no admitió lo severo de su fama.

Derramado y sonoro, el Oceano
era divorcio de las rubias minas
que usurparon la paz del pecho humano.

Ni les trujo costumbres peregrinas   70
el áspero dinero, ni el Oriente
compró la honestidad con piedras finas.

Joya fue la virtud pura y ardiente;
gala el merecimiento y alabanza;
sólo se codiciaba lo decente.   75

No de la pluma dependió la lanza,
ni el cántabro con cajas y tinteros
hizo el campo heredad, sino matanza.

Y España, con legítimos dineros,
no mendigando el crédito a Liguria,   80
más quiso los turbantes que los ceros.

---

80 *Liguria:* los banqueros genoveses.

334

Menos fuera la pérdida y la injuria,
si se volvieran Muzas los asientos;
que esta usura es peor que aquella furia.

Caducaban las aves en los vientos,   85
y espiraba decrépito el venado:
grande vejez duró en los elementos;

que el vientre entonces bien disciplinado
buscó satisfacción, y no hartura,
y estaba la garganta sin pecado.   90

Del mayor infanzón de aquella pura
república de grandes hombres, era
una vaca sustento y armadura.

No había venido al gusto lisonjera
la pimienta arrugada, ni del clavo   95
la adulación fragrante forastera.

Carnero y vaca fue principio y cabo,
y con rojos pimientos, y ajos duros,
tan bien como el señor comió el esclavo.

Bebió la sed los arroyuelos puros: 100
después mostraron del carchesio a Baco
el camino los brindis mal seguros.

El rostro macilento, el cuerpo flaco
eran recuerdo del trabajo honroso,
y honra y provecho andaban en un saco.   105

Pudo sin miedo un español velloso
llamar a los tudescos bacchanales,
y al holandés hereje y alevoso.

_____

[83] *Muzas:* militares moros.
[101] *carchesio:* carquesio, vaso que los griegos usaban para beber.

Pudo acusar los celos desiguales
a la Italia; pero hoy, de muchos modos,   110
somos copias, si son originales.

Las descendencias gastan muchos godos,
todos blasonan, nadie los imita;
y no son sucesos, sino apodos.

Vino el betún precioso que vomita   115
la ballena, o la espuma de las olas,
que el vicio, no el olor, nos acredita;

y quedaron las huestes españolas
bien perfumadas, pero mal regidas,
y alhajas las que fueron pieles solas.   120

Estaban las hazañas mal vestidas,
y aún no se hartaba de buriel y lana
la vanidad de fembras presumidas.

A la seda pomposa siciliana,
que manchó ardiente múrice, el romano   125
y el oro hicieron áspera y tirana.

Nunca al duro español supo el gusano
persuadir que vistiese su mortaja,
intercediendo el can por el verano.

Hoy desprecia el honor al que trabaja,   130
y entonces fue el trabajo ejecutoria,
y el vicio gradüó la gente baja.

Pretende el alentado joven gloria,
por dejar la vacada sin marido,
y de Ceres ofende la memoria;   135

---

¹²² *buriel:* 'tela basta'.
¹²⁵ *múrice:* molusco que segrega una sustancia que en la antigüedad se usó
como tinte.
¹²⁹ «incluso durante los calores caniculares».

un animal a la labor nacido,
y símbolo celoso a los mortales,
que a Jove fue disfraz, y fue vestido;

que un tiempo endureció manos reales,
y detrás de él los cónsules gimieron,   140
y rumia luz en campos celestiales:

¿por cuál enemistad se persuadieron
a que su apocamiento fuese hazaña,
y a las mieses tan grande ofensa hicieron?

¡Qué cosa es ver un infanzón de España,   145
abreviado en la silla a la gineta,
y gastar un caballo en una caña!

Que la niñez al gallo le acometa
con semejante munición apruebo,
mas no la edad madura y la perfeta.   150

Ejercite sus fuerzas el mancebo
en frentes de escuadrones, no en la frente
del útil bruto l'asta del acebo.

El trompeta le llama diligente,
dando fuerza de ley al viento vano,   155
y al son esté el ejército obediente.

¡Con cuánta majestad llena la mano
la pica, y el mosquete carga el hombro,
del que se atreve a ser buen castellano!

Con asco entre las otras gentes nombro   160
al que de su persona, sin decoro,
más quiere nota dar, que dar asombro.

Gineta y cañas son contagio moro;
restitúyanse justas y torneos,
y hagan paces las capas con el toro.   165

Pasadnos vos de juegos a trofeos,
que sólo grande rey y buen privado
pueden ejecutar estos deseos.

Vos, que hacéis repetir siglo pasado,
con desembarazarnos las personas,   170
y sacar a los miembros de cuidado,

vos distes libertad con las valonas,
para que sean corteses las cabezas,
desnudando el enfado a las coronas.

Y, pues vos enmendastes las cortezas,   175
dad a la mejor parte medicina:
vuélvanse los tablados fortalezas.

Que la cortés estrella, que os inclina
a privar sin intento y sin venganza
(milagro que a la invidia desatina),   180

tiene por sola bienaventuranza
el reconocimiento temeroso,
no presumida y ciega confianza.

Y si os dio el ascendiente generoso
escudos, de armas y blasones llenos,   185
y por timbre el martirio glorïoso,

mejores sean por vos los que eran buenos
Guzmanes, y la cumbre desdeñosa
os muestre a su pesar campos serenos.

Lograd, señor, edad tan venturosa;   190
y cuando nuestras fuerzas examina
persecución unida y belicosa,

---

[170] «con simplificarnos la ropa» (prohibiendo la lujosa).
[172] *las valonas:* 'los cuellos sencillos'.

338

la militar valiente disciplina
tenga más platicantes que la plaza;
descansen tela falsa y tela fina.   195

Suceda a la marlota la coraza,
y si el Corpus con danzas no los pide,
velillos y oropel no hagan baza;

el que en treinta lacayos los divide,
hace suerte en el toro, y con un dedo   200
la hace en él la vara que los mide.

Mandadlo ansí, que aseguraros puedo
que habéis de restaurar más que Pelayo;
pues valdrá por ejércitos el miedo,
y os verá el cielo administrar su rayo.   205

POEMA RELIGIOSO

151

*En la muerte de Cristo, contra la
dureza del corazón del hombre*

Pues hoy derrama noche el sentimiento
por todo el cerco de la lumbre pura,
y amortecido el sol en sombra obscura
da lágrimas al fuego y voz al viento;
    pues de la muerte el negro encerramiento   5
descubre con temblor la sepultura,
y el monte, que embaraza la llanura
del mar cercano, se divide atento:
    de piedra es, hombre duro, de diamante
tu corazón, pues muerte tan severa   10
no anega con tus ojos tu semblante.

---

[196] *marlota:* túnica morisca, corta y ceñida.

Mas no es de piedra, no; que si lo fuera,
de lástima de ver a Dios amante,
entre las otras piedras se rompiera.

EPITAFIOS

212

A Roma sepultada en sus ruinas

Buscas en Roma a Roma, ¡oh, peregrino!,
y en Roma misma a Roma no la hallas:
cadáver son las que ostentó murallas,
y tumba de sí propio el Aventino.

Yace donde reinaba el Palatino;
y limadas del tiempo, las medallas
más se muestran destrozo a las batallas
de las edades que blasón latino.

Sólo el Tibre quedó, cuya corriente,
si ciudad la regó, ya sepultura   10
la llora con funesto son doliente.

¡Oh, Roma!, en tu grandeza, en tu hermosura,
huyó lo que era firme, y solamente
lo fugitivo permanece y dura.

222

*Memoria inmortal de don Pedro Girón
duque de Osuna, muerto en la prisión*

Faltar pudo su patria al grande Osuna,
pero no a su defensa sus hazañas;
diéronle muerte y cárcel las Españas,
de quien él hizo esclava la Fortuna.

Lloraron sus invidias una a una   5
con las proprias naciones las extrañas;
su tumba son de Flandes las campañas,
y su epitafio la sangrienta luna.

---

[8] *la sangrienta luna:* la derrota de la bandera islámica.

En sus exequias encendió al Vesubio
Parténope, y Trinacria al Mongibelo;   10
el llanto militar creció en diluvio.

Diole el mejor lugar Marte en su cielo;
la Mosa, el Rhin, el Tajo y el Danubio
murmuran con dolor su desconsuelo.

274

A la muerte del Rey de Francia

En tierra sí, no en fama, consumida,
yaces, oh vida, cuando más temblada,
de la púrpura al mármol derribada
por, más que a sangre, a llanto abierta herida:
llorada ya de cuantos fue temida;   5
del hado no, del mundo respetada;
en quien con vil usar sangrienta espada
tantos quitó a la muerte en una vida.

Cuando poner presume en mil victorias
tintos los campos y los mares rojos,   10
desnudos centros de invidiosas glorias,
    viste el suelo un traidor de sus despojos;
de horror, su lis; de ejemplo, las memorias;
de ocio, las manos; de piedad, los ojos.

POEMAS AMOROSOS

294

Con ejemplos muestra a Flora
la brevedad de la hermosura
para no malograrla

La mocedad del año, la ambiciosa
vergüenza del jardín, el encarnado

7-8 El rey Enrique fue asesinado (véase traidor del v. 12).

341

oloroso rubí, Tiro abrevïado,
también del año presunción hermosa;
    la ostentación lozana de la rosa,   5
deidad del campo, estrella del cercado,
el almendro en su propia flor nevado,
que anticiparse a los calores osa,
    reprehensiones son, ¡oh Flora!, mudas
de la hermosura y la soberbia humana,   10
que a las leyes de flor está sujeta.
    Tu edad se pasará mientras lo dudas;
de ayer te habrás de arrepentir mañana,
y tarde y con dolor serás discreta.

336

*Amante agradecido a las lisonjas
mentirosas de un sueño*

¡Ay Floralba! Soñé que te... ¿Dirélo?
Sí, pues que sueño fue: que te gozaba.
¿Y quién, sino un amante que soñaba,
juntara tanto infierno a tanto cielo?
    Mis llamas con tu nieve y con tu yelo,   5
cual suele opuestas flechas de su aljaba,
mezclaba Amor, y honesto las mezclaba,
como mi adoración en su desvelo.
    Y dije: «Quiera Amor, quiera mi suerte,
que nunca duerma yo, si estoy despierto,   10
y que si duermo, que jamás despierte.»
    Mas desperté del dulce desconcierto;
y vi que estuve vivo con la muerte,
y vi que con la vida estaba muerto.

Venganza de la edad
en hermosura presumida

Cuando tuvo, Floralba, tu hermosura,
cuantos ojos te vieron, en cadena,
con presunción, de honestidad ajena,
los despreció soberbia tu locura.
    Persuadióte el espejo conjetura   5
de eternidades en la edad serena,
y que a su plata el oro en tu melena
nunca del tiempo trocaría la usura.
    Ves que la que antes eras, sepultada
yaces en la que vives, y quejosa   10
tarde te acusa vanidad burlada.
    Mueres doncella, y no de virtuosa,
sino de presumida y despreciada:
esto eres vieja, esotro fuiste hermosa.

El sueño

(SILVA)

    ¿Con qué culpa tan grave,
sueño blando y süave,
pude en largo destierro merecerte
que se aparte de mí tu olvido manso,
pues no te busco yo por ser descanso,   5
sino por muda imagen de la muerte?
Cuidados veladores
hacen inobedientes mis dos ojos
a la ley de las horas;
no han podido vencer a mis dolores   10

las noches, ni dar paz a mis enojos;
madrugan más en mí que en las auroras
lágrimas a este llano,
que amanece a mi mal siempre temprano;
y tanto, que persuade la tristeza   15
a mis dos ojos, que nacieron antes
para llorar que para verte, sueño.
De sosiego los tienes ignorantes,
de tal manera, que al morir el día
con luz enferma, vi que permitía   20
el sol que le mirasen en poniente.
Con pies torpes, al punto, ciega y fría,
cayó de las estrellas blandamente
la noche tras las pardas sombras mudas
que el sueño persuadieron a la gente.   25
Escondieron las galas a los prados,
[y quedaron desnudas]
estas laderas, y sus peñas, solas;
duermen ya, entre sus montes recostados,
los mares y las olas.   30
Si con algún acento
ofenden las orejas,
es que, entre sueños, dan al cielo quejas
del yerto lecho y duro acogimiento,
que blandos hallan en los cerros duros.   35
Los arroyuelos puros
se adormecen al son del llanto mío,
y, a su modo, también se duerme el río.
Con sosiego agradable
se dejan poseer de ti las flores;   40
mudos están los males;
no hay cuidado que hable:
faltan lenguas y voz a los dolores,
y en todos los mortales
yace la vida envuelta en alto olvido.   45
Tan sólo mi gemido
pierde el respeto a tu silencio santo;
yo tu quietud molesto con mi llanto
y te desacredito

el nombre de callado, con mi grito.   50
Dame, cortés mancebo, algún reposo;
no seas digno del nombre de avariento,
en el más desdichado y firme amante
que lo merece ser por dueño hermoso;
débate alguna pausa mi tormento.   55
Gózante en las cabañas
y debajo del cielo
los ásperos villanos;
hállate en el rigor de los pantanos
y encuéntrate en las nieves y en el yelo   60
el soldado valiente
y yo no puedo hallarte, aunque lo intente,
entre mi pensamiento y mi deseo.
Ya, pues, con dolor creo
que eres más riguroso que la tierra,   65
más duro que la roca,
pues te alcanza el soldado envuelto en guerra,
y en ella mi alma por jamás te toca.
Mira que es gran rigor. Dame siquiera
lo que de ti desprecia tanto avaro   70
por el oro en que alegre considera,
hasta que da la vuelta el tiempo claro;
lo que había de dormir en blando lecho,
y da el enamorado a su señora,
y a ti se te debía de derecho.   75
Dame lo que desprecia de ti agora
por robar el ladrón; lo que desecha
el que invidiosos celos tuvo y llora.
Quede en parte mi queja satisfecha:
tócame con el cuento de tu vara;   80
oirán siquiera el ruido de tus plumas
mis desventuras sumas;
que yo no quiero verte cara a cara,
ni que hagas más caso
de mí que hasta pasar por mí de paso;   85
o que a tu sombra negra, por lo menos,
si fueres a otra parte peregrino,
se le haga camino

por estos ojos, de sosiego ajenos.
Quítame, blando sueño, este desvelo,   90
o de él alguna parte,
y te prometo, mientrás viere el cielo,
de desvelarme sólo en celebrarte.

448

*Afectos varios de su corazón fluctuando
en las ondas de los cabellos de Lisi*

En crespa tempestad del oro undoso,
nada golfos de luz ardiente y pura
mi corazón, sediento de hermosura,
si el cabello deslazas generoso.
    Leandro, en mar de fuego proceloso,   5
su amor ostenta, su vivir apura;
Ícaro, en senda de oro mal segura,
arde sus alas por morir glorioso.
    Con pretensión de fénix, encendidas
sus esperanzas, que difuntas lloro,   10
intenta que su muerte engendre vidas.
    Avaro y rico y pobre, en el tesoro,
el castigo y la hambre imita a Midas,
Tántalo en fugitiva fuente de oro.

---

⁷ *Ícaro:* quiso remontarse hasta el sol con unas alas de cera, y se estrelló cuando éstas se derritieron con el calor.
¹³ *Midas:* Pidió a Baco que se convirtiera en oro cuanto tocase, pero se arrepintió al darse cuenta de que hasta los alimentos se convertían en oro antes de que pudiera llevarlos a la boca.

Retrato de Lisi que traía en una sortija

En breve cárcel traigo aprisionado,
con toda su familia de oro ardiente,
el cerco de la luz resplandeciente,
y grande imperio del Amor cerrado.
   Traigo el campo que pacen estrellado   5
las fieras altas de la piel luciente,
y a escondidas del cielo y del Oriente,
día de luz y parto mejorado.
   Traigo todas las Indias en mi mano,
perlas que, en un diamante, por rubíes,   10
pronuncian con desdén sonoro yelo,
   y razonan tal vez fuego tirano,
relámpagos de risa carmesíes,
auroras, gala y presunción del cielo.

471

Amor constante más allá de la muerte

Cerrar podrá mis ojos la postrera
sombra que me llevare el blanco día,
y podrá desatar esta alma mía
hora a su afán ansioso lisonjera;
   mas no, de esotra parte, en la ribera,   5
dejará la memoria, en donde ardía:
nadar sabe mi llama la agua fría,
y perder el respeto a ley severa.
   Alma a quien todo un dios prisión ha sido,
venas que humor a tanto fuego han dado,   10
medulas que han gloriosamente ardido:
   su cuerpo dejará, no su cuidado;
serán ceniza, mas tendrá sentido;
polvo serán, mas polvo enamorado.

Amante desesperado del premio
y obstinado en amar

¡Qué perezosos pies, qué entretenidos
pasos lleva la muerte por mis daños!
El camino me alargan los engaños,
y en mí se escandalizan los perdidos.

Mis ojos no se dan por entendidos;   5
y, por descaminar mis desengaños,
me disimulan la verdad los años
y les guardan el sueño a los sentidos.

Del vientre a la prisión vine en naciendo;
de la prisión iré al sepulcro amando,   10
y siempre en el sepulcro estaré ardiendo.

Cuantos plazos la muerte me va dando,
prolijidades son que va creciendo
porque no acabe de morir penando.

477

Exhorta a los que amaren, que no sigan
los pasos por donde ha hecho su viaje

Cargado voy de mí: veo delante
muerte que me amenaza la jornada;
ir porfiando por la senda errada,
más de necio será que de constante.

Si por su mal me sigue ciego amante   5
(que nunca es sola suerte desdichada),
¡ay!, vuelva en sí y atrás: no dé pisada
donde la dio tan ciego caminante.

Ved cuán errado mi camino ha sido,
cuán solo y triste, y cuán desordenado,   10
que nunca ansí le anduvo pie perdido;

pues, por no desandar lo caminado,
viendo delante y cerca fin temido,
con pasos que otros huyen le he buscado.

POEMAS SATÍRICOS

522

A un hombre de gran nariz

Érase un hombre a una nariz pegado,
érase una nariz superlativa,
érase una alquitara medio viva,
érase un peje espada mal barbado;
    era un reloj de sol mal encarado,   5
érase un elefante boca arriba,
érase una nariz sayón y escriba,
un Ovidio Nasón mal narigado.
    Érase el espolón de una galera,
érase una pirámide de Egito,   10
los doce tribus de narices era;
    érase un naricísimo infinito,
frisón archinariz, caratulera,
sabañón garrafal, morado y frito.

A Apolo siguiendo a Dafne

Bermejazo platero de las cumbres,
a cuya luz se espulga la canalla:
la ninfa Dafne, que se afufa y calla,
si la quieres gozar, paga y no alumbres.
    Si quieres ahorrar de pesadumbres,   5
ojo del cielo, trata de compralla:
en confites gastó Marte la malla,
y la espada en pasteles y en azumbres.
    Volvióse en bolsa Júpiter severo;
levantóse las faldas la doncella   10
por recogerle en lluvia de dinero.

---

³ *se afufa:* 'se huye' (verbo vulgar).
⁸ *azumbres:* 'vino'.

Astucia fue de alguna dueña estrella,
que de estrella sin dueña no lo infiero:
Febo, pues eres sol, sírvete de ella.

546

A Dafne, huyendo de Apolo

«Tras vos, un alquimista va corriendo,
Dafne, que llaman Sol, ¿y vos tan cruda?
Vos os volvéis murciélago sin duda,
pues vais del Sol y de la luz huyendo.
 Él os quiere gozar, a lo que entiendo,   5
si os coge en esta selva tosca y ruda:
su aljaba suena, está su bolsa muda;
el perro, pues no ladra, está muriendo.
 Buhonero de signos y planetas,
viene haciendo ademanes y figuras,   10
cargado de bochornos y cometas.»
 Esto la dije; y en cortezas duras
de laurel se ingirió contra sus tretas,
y, en escabeche, el Sol se quedó a escuras.

668

LETRILLA SATÍRICA

Vuela, pensamiento, y diles
a los ojos que más quiero
que hay dinero.

 Del dinero que pidió,
a la que adorando estás   5
las nuevas la llevarás,
pero los talegos no.

---

[7] *talegos:* 'bolsas' (de dinero).

Di que doy en no dar yo,
pues para hallar el placer,
el ahorrar y el tener   10
han mudado los carriles.
Vuela, pensamiento, y diles
a los ojos que más quiero
que hay dinero.

    A los ojos, que en mirallos   15
la libertad perderás,
que hay dineros les dirás,
pero no gana de dallos.
Yo sólo pienso cerrallos,
que no son la ley de Dios,   20
que se ha de encerrar en dos,
sino en talegos cerriles.
Vuela, pensamiento, y diles
a los ojos que más quiero
que hay dinero.   25

    Si con agrado te oyere
esa esponja de la villa,
que hay dinero has de decilla,
y que ¡ay de quien le diere!
Si ajusticiar te quisiere,   30
está firme como Martos;
no te dejes hacer cuartos
de sus dedos alguaciles.
Vuela, pensamiento, y diles
a los ojos que más quiero   35
que hay dinero.

LETRILLA SATÍRICA

Poderoso caballero
es don Dinero.

    Madre, yo al oro me humillo;
él es mi amante y mi amado
pues, de puro enamorado,
de contino anda amarillo;
que pues, doblón o sencillo,
hace todo cuanto quiero,
poderoso caballero
es don Dinero.

    Nace en las Indias honrado,
donde el mundo le acompaña;
viene a morir en España,
y es en Génova enterrado.
Y pues quien le trae al lado
es hermoso, aunque sea fiero,
poderoso caballero
es don Dinero.

    Es galán y es como un oro,
tiene quebrado el color,
persona de gran valor,
tan cristiano como moro.
Pues que da y quita el decoro
y quebranta cualquier fuero,
poderoso caballero
es don Dinero.

    Son sus padres principales,
y es de nobles descendiente,
porque en las venas de Oriente

todas las sangres son reales; 30
y pues es quien hace iguales
al duque y al ganadero,
poderoso caballero
es don Dinero.

Mas ¿a quién no maravilla 35
ver en su gloria sin tasa
que es lo menos de su casa
doña Blanca de Castilla?
Pero, pues da al bajo silla
y al cobarde hace guerrero, 40
poderoso caballero
es don Dinero.

Sus escudos de armas nobles
son siempre tan principales,
que sin sus escudos reales 45
no hay escudos de armas dobles;
y pues a los mismos robles
da codicia su minero,
poderoso caballero
es don Dinero. 50

Por importar en los tratos
y dar tan buenos consejos,
en las casas de los viejos
gatos le guardan de gatos.
Y pues él rompe recatos 55
y ablanda al juez más severo,
poderoso caballero
es don Dinero.

Y es tanta su majestad
(aunque son sus duelos hartos), 60
que con haberle hecho cuartos,

---

[38] La «blanca» era una moneda ínfima.
[54] Tanto los talegos como los ladrones se llamaban vulgarmente «gatos».

no pierde su autoridad;
pero, pues da calidad
al noble y al pordiosero,
poderoso caballero   65
es don Dinero.

   Nunca vi damas ingratas
a su gusto y afición,
que a las caras de un doblón
hacen sus caras baratas;   70
y pues las hace bravatas
desde una bolsa de cuero,
poderoso caballero
es don Dinero.

   Más valen en cualquier tierra   75
(¡mirad si es harto sagaz!)
sus escudos en la paz
que rodelas en la guerra.
Y pues al pobre le entierra
y hace proprio al forastero,   80
poderoso caballero
es don Dinero.

679

LETRILLA SATÍRICA

[Bueno. Malo.]

   Que le preste el ginovés
al casado su hacienda;
que al dar su mujer por prenda,
preste él paciencia después;
que la cabeza y los pies   5
le vista el dinero ajeno,
          bueno.

Mas que venga a suceder
que sus reales y ducados
se los vuelvan en cornados   10
los cuartos de su mujer;
que se venga rico a ver
con semejante regalo,
        malo.

Que el mancebo principal   15
aplique por la pobreza
a ser ladrón su nobleza,
por ser arte liberal;
que sea podenco del real
más escondido en el seno,   20
        bueno.

Mas que en tales desatinos
venga el pobre desdichado,
de puro descaminado,
a parar por los caminos;   25
que conozca los teatinos
por intercesión de un palo,
        malo.

Que el hidalgo, por grandeza,
muestre, cuando riñe a solas,   30
en la multitud de olas
tormentas en la cabeza;
que disfrace su pobreza
con rostro grave y sereno,
        bueno.   35

Mas que haciendo tanta estima
de sus deudos principales,
coma las ollas nabales,

---

[19] «Que busque la moneda.»
[26-27] «que conozca a los padres confesores sólo al pie de la horca».

como batalla marina;
que la haga cristalina
a su capa el pelo ralo,
                malo.

797

Pinta a un doctor en
medicina que se quería casar
[romance satírico]

Pues me hacéis casamentero,
Ángela de Mondragón,
escuchad de vuestro esposo
las grandezas y el valor.
    Él es un médico honrado,   5
por la gracia del Señor,
que tiene muy buenas letras
en el cambio y el bolsón.
    Quien os lo pintó cobarde
no lo conoce y mintió   10
que ha muerto más hombres vivos
que mató el Cid Campeador.
    En entrando en una casa,
tiene tal reputación
que luego dicen los niños: 15
«Dios perdone al que murió.»
    Y con ser todos mortales
los médicos, pienso yo
que son todos venïales,
comparados al dotor.   20
    Al caminante en los pueblos
se le pide información,
temiéndole más que a peste,
de si le conoce o no.
    De médicos semejantes   25
hace el rey, nuestro señor,
bombardas a sus castillos,
mosquetes a su escuadrón.

Si a alguno cura y no muere,
piensa que resucitó,   30
y por milagro le ofrece
la mortaja y el cordón.
   Si acaso, estando en su casa,
oye dar algún clamor,
tomando papel y tinta,   35
escribe: «Ante mí pasó.»
   No se le ha muerto ninguno
de los que cura hasta hoy,
porque antes [de] que se mueran,
los mata sin confesión.   40
   De envidia de los verdugos
maldice al corregidor,
que sobre los ahorcados
no le quiere dar pensión.
   Piensan que es la Muerte algunos;   45
otros, viendo su rigor,
le llaman el día del Juicio,
pues es total perdición.
   No come por engordar
ni por el dulce sabor,   50
sino por matar la hambre,
que es matar su inclinación.
   Por matar, mata las luces,
y si no le alumbra el sol,
como murciélago vive   55
a la sombra de un rincón.
   Su mula, aunque no está muerta,
no penséis que se escapó;
que está matada de suerte
que le viene a ser peor.   60
   Él, que se ve tan famoso
y en tan buena estimación,
atento a vuestra belleza,
se ha enamorado de vos.

---

59 *está matada:* tiene mataduras.

No pide le deis más dote,   65
de ver que matáis de amor;
que, en matando de algún modo,
para en uno sois los dos.
    Casaos con él, y jamás
vïuda tendréis pasión,   70
que nunca la misma Muerte
se oyó decir que murió.
    Si lo hacéis, a Dios le ruego
que os gocéis con bendición;
pero si no, que nos libre   75
de conocer al dotor.

850

Contra el mesmo [Góngora]

¿Qué captas, noturnal, en tus canciones,
Góngora bobo, con crepusculallas,
si cuando anhelas más garcivolallas,
las reptilizas más y subterpones?
    Microcósmote Dios de inquiridiones,   5
y quieres te investiguen por medallas
como priscos estigmas o antiguallas,
por desitinerar vates tirones.
    Tu forasteridad es tan eximia,
que te ha de detractar el que te rumia,
pues ructas viscerable cacoquimia,
    farmacofolorando como numia,   10
si estomacabundancia das tan nimia,
metamorfoseando el arcadumia.

Francisco de Rioja

Francisco de Rioja (1583-1639), erudito teólogo nacido y formado por la tradición de Herrera en Sevilla, ocupó puestos en esta ciudad y en Madrid bajo la privanza de Olivares. Se asocia con Quevedo como inventor de la silva, tanto descriptiva como moral, pregongorina. Su poesía parece reflejar una sensibilidad pictórica y colorista; son conocidas en las antologías sus descripciones florales en sonetos y silvas. Existen dos ediciones modernas (60 sonetos, 11 silvas, 3 décimas y 2 sextinas), con importantes estudios preliminares: la bilingüe de G. Chiappini (Florencia, D'Anna, 1975) y la de Begoña López Bueno (Madrid, Cátedra, 1984). Nuestros textos se basan en los de Chiappini.

SONETOS

VII

Lánguida flor de Venus, que escondida
yaces, y en triste sombra y tenebrosa
ver te impiden la faz al sol hermosa
hojas y espinas de que estás ceñida;
    Y ellas, el puro lustre y la vistosa   5
púrpura en que apuntar te vi teñida
te arrebatan, y a par la dulce vida,
del verdor que descubre ardiente rosa:

Igual es, mustia flor, tu mal al mío;
que si nieve tu frente descolora
por no sentir el vivo rayo ardiente,

A mí en profunda oscuridad y frío
hielo también de muerte me colora
la ausencia de mi luz resplandeciente.

XII

Cuando entre luz y púrpura aparece
la alba, y despierto ¡ay triste! y miro el día,
y no hallo la blanca Filis mía,
alba y púrpura y luz se me oscurece.

Lloro y crece mi llanto cuanto crece
más la lumbre, y la sombra se desvía;
y un torpe hielo así me ata y refría
que aun la voz para alivio me fallece.

Y a un punto apura amor con alto fuego
en este ancho desierto el pecho mío,
donde el pensar lo aviva más y enciende:

Lloro, pues, y ardo así y el mal se extiende
tanto, que a luz, y a sombra y a rocío
muero en llamas, y en lágrimas me anego.

SONETO LIV

Ardo en la llama más hermosa y pura
que amante generoso arder pudiera,
y necia envidia, no piedad severa,
tan dulce incendio en mi apagar procura.

¡Oh, cómo vanamente se aventura
quien con violencia y con rigor espera
que un alto fuego en la ceniza muera,
mientras un alma a sabor en él se apura!

Si yo entre vagas luces de alba frente
me abraso, y entre blanda nieve y roja,
es culpa de tu amor no hacer caso.

No es la lumbre del sol más poderosa
y agrada más naciendo en el oriente
que cuando se nos muere en el ocaso.

SONETO LVI

Prende sutil metal entre la seda
que el pelo envuelve y ciñe ilustremente,
el rico lazo que de excelsa frente
sobre el puro alabastro en punta queda;
   o prende la vistosa pompa y rueda   5
del traslúcido velo refulgente
debajo el cuello tierno y floreciente,
en quien o ni el pesar ni el tiempo pueda;
   que en mí será tu aguda punta ociosa,
y de nuevo herir o dar favores   10
no puede otra virtud en ti escondida,
   mientras hay viva nieve y blanda rosa,
y en desmayados ojos resplandores
árbitros de la muerte y de la vida.

SILVAS

X

Al Jazmín

¡Oh en pura nieve púrpura bañado,
Jazmín, gloria y honor del cano estío!
¿Cuál habrá tan ilustre entre las flores,
hermosa flor, que competir presuma
con tu fragante espíritu y colores?   5
Tuyo es el principado
entre el copioso número que pinta
con su pincel y con su varia tinta
el florido Verano.
Naciste entre la espuma   10

de las ondas sonantes
que blandas rompe y tiende el Ponto en Chío
y quizá te formó suprema mano,
como a Venus, también de su rocío:
o si no es rumor vano,   15
la misma blanca diosa de Cithera,
cuando del mar salió la vez primera,
por do la espuma el blando pie estampaba
de la plaza arenosa
albos jazmines daba;   20
y de la tersa nieve y de la rosa
que el tierno pie ocupaba,
fiel copia apareció en tan breves hojas.
La dulce flor de su divino aliento
liberal escondió en tu cerco alado: 25
hizo inmortal en el verdor tu planta,
el soplo la respeta más violento
que impele envuelto en nieve el cierzo cano,
y la luz más flamante
que Apolo esparce altivo y arrogante.   30
Si de suave olor despoja ardiente
la blanca flor divina,
y amenaza a su cuello y a su frente
cierta y veloz rüina,
nunca tan licencioso se adelanta   35
que al incansable suceder se opone
de la nevada copia,
que siempre al mayor sol igual florece,
e igual al mayor hielo resplandece.
    ¡Oh jazmín glorioso!   40
tu solo eres cuidado deleitoso
de la sin par hermosa Citherea,
y tú también su imagen peregrina.
Tu cándida pureza
es más de mí estimada   45
por nueva emulación de la belleza
de la altiva luz mía,
que por obra sagrada
de la rosada planta de Dione:

a tu excelsa blancura 50
admiración se debe
por imitar de su color la nieve,
y a tus perfiles rojos
por emular los cercos de sus ojos.
Cuando renace el día 55
fogoso en Oriente,
y con color medroso en Occidente
de la espantable sombra se desvía,
y el dulce olor te vuelve
que apaga el frío y que el calor resuelve 60
al espíritu tuyo,
ninguno habrá que iguale
porque entonces imitas
al puro olor que de sus labios sale.
¡Oh, corona mis sienes, 65
flor, que al olvido de mi luz previenes!

XI

A la Rosa

Pura, encendida rosa,
émula de la llama
que sale con el día,
¿cómo naces tan llena de alegría
si sabes que la edad que te da el cielo 5
es apenas un breve y veloz vuelo?
Y ni valdrán las puntas de tu rama,
ni púrpura hermosa
a detener un punto
la ejecución del hado presurosa. 10
El mismo cerco alado
que estoy viendo riente,
ya temo amortiguado,
presto despojo de la llama ardiente.
Para las hojas de tu crespo seno 15
te dio Amor de sus alas blandas plumas,

y oro de su cabello dio a tu frente.
¡Oh fiel imagen suya peregrina!
Bañóte en su color sangre divina
de la deidad que dieron las espumas.   20
¿Y esto, purpúrea flor, esto no pudo
hacer menos violento el rayo agudo?
Róbate en una hora,
róbate licencioso su ardimiento
el color y el aliento: 25
tiendes aún no las alas abrasadas
y ya vuelan al suelo desmayadas:
tan cerca, tan unida
está al morir tu vida,
que dudo si en sus lágrimas la aurora   30
mustia, tu nacimiento o muerte llora.

Esteban Manuel de Villegas

Esteban Manuel de Villegas (hacia 1589-1669), natural de la Rioja, hizo estudios en Madrid y en Salamanca. En 1618, todavía joven, publicó su poesía, cuidadosamente revisada, con el título general de *Las eróticas o amatorias*. En esta poesía imita meticulosamente los modelos clásicos que encontraba en Horacio, Anacreonte y los poetas elegiacos. Predomina el heptasílabo; a veces incluso pretendía imitar en español la métrica cuantitativa de los griegos y latinos. Su sencillez deliberadamente clásica se parece a la de antecesores como Garcilaso o Francisco de la Torre; se anticipaba al neoclasicismo del siglo XVIII, cuando se leería mucho la poesía de Villegas. Véase la antología hecha por N. Alonso Cortés en Clásicos Castellanos, t. 21, en la cual se basan nuestros textos.

CANTILENAS

VII

De un pajarillo

Yo vi sobre un tomillo
quejarse un pajarillo
viendo su nido amado,
de quien era caudillo,
de un labrador robado.   5
Vile tan congojado

por tal atrevimiento
dar mil quejas al viento,
para que al cielo santo
lleve su tierno llanto,   10
lleve su triste acento.
Ya con triste armonía,
esforzando el intento,
mil quejas repitía;
ya cansado callaba,   15
y al nuevo sentimiento
ya sonoro volvía;
ya circular volaba,
ya rastrero corría;
ya, pues, de rama en rama,   20
al rústico seguía,
y saltando en la grama,
parece que decía:
«Dame, rústico fiero,
mi dulce compañía»;   25
y a mí que respondía
el rústico: «No quiero.»

XXXIV

A sus amigos

Ya de los altos montes
las encumbradas nieves
a valles hondos bajan
desesperadamente.
Ya llegan a ser ríos   5
las que antes eran fuentes,
corridas de ver mares
los arroyuelos breves.
Ya las campañas secas
empiezan a ser verdes,   10
y porque no beodas,
aguadas enloquecen.

Ya del Liceo monte
se escuchan los rabeles,
al paso de las cabras   15
que Títiro defiende.
Pues, ea, compañeros,
vivamos dulcemente,
que todas son señales
de que el verano viene.   20
La cantimplora salga,
la cítara se temple,
y beba el que bailare
y baile el que bebiere.

SÁFICOS

Dulce vecino de la verde selva,
huésped eterno del abril florido,
vital aliento de la madre Venus,
    Céfiro blando.

Si de mis ansias el amor supiste,   5
tú que las quejas de mi voz llevaste,
oye, no temas, y a mi ninfa dile,
    dile que muero.

Filis un tiempo mi dolor sabía,
Filis un tiempo mi dolor lloraba,   10
quísome un tiempo, mas agora temo,
    temo sus iras.

Así los dioses con amor paterno,
así los cielos con amor benigno,
nieguen al tiempo que feliz volares   15
    nieve a la tierra.

Jamás el peso de la nube parda,
cuando amenace la elevada cumbre,
toque tus hombros, ni su mal granizo
    hiera tus alas.   20

Adrián de Prado

Adrián de Prado, monje jerónimo de quien no sabemos nada, escribiría este poema hacia 1620. Fue publicado por J. M. Blecua en 1945, y se encuentra en la antología de A. Terry. Véase el estudio de Patricia de la Fuente, «The Hermit as Baroque Conceit», *MLN*, 90 (1975), págs. 167-182. Nuestro texto se basa en el de Terry.

CANCIÓN REAL A SAN JERÓNIMO EN SIRIA

En la desierta Siria destemplada,
cuyos montes preñados de animales
llegan con la cabeza a las estrellas;
tierra de pardos riscos empedrada,
de cuyos avarientos pedernales   5
la cólera del sol saca centellas;
donde las flores bellas
nunca su pie enterraron
ni su algalia sembraron,
y adonde tiene siempre puesto el cielo   10
su pabellón azul de terciopelo,
y cuyas piedras nunca se mojaron,
porque de aquí jamás preñada nube
a convertirse en agua al cielo sube.

---

⁹ *algalia:* 'perfume'.

Aquí sólo se ven rajadas peñas   15
de cuyo vientre estéril por un lado
nace trepando el mísero quejigo.
Tienen aquí las próvidas cigüeñas
el tosco y pobre nido fabricado,
de los caducos padres dulce abrigo.   20
Nunca el dorado trigo
halló aquí sepultura,
porque esta tierra dura
no ha sentido jamás sobre su frente
lengua de azada ni de arado diente,   25
ni golpe de la sabia arquitectura,
sino sólo del cielo los rigores,
fuego de rayos y del sol calores.
     Están aquí los pálidos peñascos
sustentando mil nidos de halcones   30
en sus calvas y tórridas cabezas,
y en la rotura que dejó en sus cascos
el rayo con su bala y perdigones,
por hilas mete el sol salamanquesas;
y armada de cortezas,   35
por la misma herida,
sale a buscar la vida
una encina tenaz sin flor ni hoja,
y, saliendo, en los brazos se le arroja
una inútil higuera mal vestida,   40
a quien tienen del tiempo los sucesos,
desnuda, pobre, enferma y en los huesos.
     Hay en aqueste yermo piedra rubia
que jamás la cabeza se ha mojado,
ni su frente adornó bella guirnalda;   45
antes, para pedir al cielo pluvia,
tiene, desde que Dios cuerpo le ha dado,
la boca abierta en medio de la espalda;
y de color de gualda,
por entre sus dos labios,   50
a padecer agravios
del rubio sol y de su ardiente estoque,
sale en lugar de lengua un alcornoque,

cuyos pies corvos como pobres sabios,
porque a los cielos pida agua la roca,   55
no le dejan jamás cerrar la boca.
　　Entre aquestos peñascos perezosos
levanta la cabeza encenizada
la cerviz recia de un pelado risco,
de cuyos hombros toscos y nudosos   60
pende la espalda hidrópica y tostada
con dos costillas secas de un lentisco;
y del pecho arenisco
dos hiedras amarillas,
también como costillas,   65
que por entre los músculos y huecos
van paseando aquellos miembros secos,
pintando venas hasta las mejillas,
las cuales con su máscara de piedra
pasar no dejan la asombrada hiedra.   70
　　Tiene roturas mil este peñasco,
y en ella la tarántola pintada
labra aposento con su débil hebra,
y el áspid, con su ropa de damasco,
asoma la cabeza jaspeada   75
por entre las dos rejas de otra quiebra.
Aquí la vil culebra,
del lagarto engullida,
por escapar la vida,
pretende sacar chispas con la cola   80
del pedernal rebelde, que arrebola
con la sangre que sale de su herida,
y finalmente muere y deja harto
el tenaz diente del voraz lagarto.
　　Viénese por un lado deslizando   85
un cobarde escuadrón de lagartijas,
tras el cual una víbora desciende,
y con la mayor de ellas encontrando
entre las muelas tardas y prolijas
muerde sus carnes y sus huesos hiende.   90
Déjala muerta y tiende
el paso hacia delante,

371

y en aquel mismo instante
al cadáver se llega el tosco grajo,
la verde avispa y negro escarabajo,   95
y entre todos le comen sin trinchante,
dejando solamente hueso y nervio,
para que lleve al nido el sagaz cuervo.
   Veréis también aquí de las hormigas
el etíope ejército ordenado   100
ir a buscar el mísero sustento,
y no topando auríferas espigas
vuelve con una arista que ha encontrado
una de ellas cargada al aposento.
Otra, con paso lento,   105
arrastrando ha traído
un caracol torcido;
trae una a cuestas una seca hoja
y otra tirando della atrás se enoja.
Y otras llevan una pluma al nido,   110
y si dos riñen sobre un grano verde,
la que más puede a esotra arrastra y muerde.
   Por el un lado de las dos dobleces
se fabrica una escura y gruesa ruga,
dentro la cual veréis centelleando   115
del búho montaraz los verdes ojos,
cuyo humor cristalino el sol no enjuga,
y sobre una verruga,
que de jaspe morisco
tiene en la frente el risco,   120
veréis la veloz águila sentada,
en comer un cernícalo ocupada,
y abajo en otra quiebra un basilisco,
y en otras mil roturas y rincones
osos, grifos, serpientes y leones.   125
   En el redondo vientre desta peña
labró naturaleza toscamente
un aposento helado, claro, enjuto,
por una parte de color de alheña,
por otra parte azul y transparente,   130
propria morada de algún fauno o bruto:

tiene de intenso luto,
que tiñe pedernales
cerca de los umbrales,
dos remiendos que el cielo los pespunta,   135
y otros de una mezclilla do se junta
la esmeralda y zafir con los corales,
la cual librea luego que amanece
con pasamanos de oro el sol guarnece.

   A la pequeña boca desta cueva,   140
echan un melancólico ribete
los espinosos brazos de una zarza,
la cual a cuestas por el risco lleva
la carga de sus crines y copete,
hecho de seda pálida cadarza,   145
y para que se esparza
el esmalte y follajes
y las puntas y encajes
de que lleva vestida con mil lazos
la multitud confusa de sus brazos,   150
y entre otros va poniendo sus plumajes,
cuyas moras allí reciben luego
el baptismo que el sol les da de fuego.

   En esa cueva, pues, y en este yermo
el cardenal Jerónimo se oculta,   155
porque a Dios descubrir su pecho quiere,
y para vivir siempre, el cuerpo enfermo
en esta helada bóveda sepulta,
que quien se entierra vivo nunca muere.
Pensará quien le viere,   160
en aquel sitio bronco,
que es algún seco tronco,
que su flaqueza y penitencia es tanta,
que apenas le concede la garganta
sacar la inútil voz del pecho ronco;   165
porque con llanto y lágrimas veloces
negocia con su Dios, más que con voces.

---

[145] *cadarza:* 'cadarzo, seda basta de los capullos, que no se hila a torno'.

Del edificio de su cuerpo bello
solamente le queda la madera
con la media naranja que le cubre.   170
Sobre los huecos de su débil cuello
la calva y titubeante calavera
que la piel flaca y arrugada encubre;
la cual sólo descubre
las enjutas mejillas   175
y las frescas canillas
de la vellosa pierna y flaco brazo,
el nudoso y decrépito espinazo,
y el escuadrón desnudo de costillas,
las quijadas, artejos y pulmones,   180
de aquellos pedernales eslabones.
Desta hendida barba mal peinada
caen sobre el pecho lleno de roturas
las plateadas canas reverendas,
y vense por la piel parda y tostada   185
de los huesos los poros y junturas,
y de las venas las confusas sendas.
Vense a modo de riendas
los nervios importantes,
unidos y distantes,   190
ceñir los miembros de su cuerpo todo,
y desde la muñeca hasta el codo
los que ciñen el brazo tan tirantes,
que con ellos la mano apenas medra,
porque aprietan sus dedos una piedra.   195
Tiene el dotor divino alta estatura,
el color entre pardo y macilento,
delgado el cuello, grande la cabeza,
ceñido un breve lienzo a la cintura,
blanco y listado, pero ya sangriento,   200
a costa de sus venas y aspereza.
Los ojos, de flaqueza,
en el casco metidos,
turbios y consumidos,
de color verde y claro, como acanto,   205
pero ya hechos corriente con el llanto;

cuadrados dientes, anchos y bruñidos,
delgados labios, boca bien cortada,
y la nariz enjuta y afilada.
La calva circular, grande y lustrosa,   210
tiene por orla de pequeñas canas
a las espaldas una media luna,
y la frente quebrada y espaciosa,
sobre las cejas fértiles y ancianas,
tres arrugas quebradas una a una.   215
Y la frágil columna
de cuello seca y monda
descubre cómo es honda;
del cañón del sustento los anillos
desiguales, distintos y amarillos,   220
y de la nuez la cáscara redonda.
Y vense luego de los dos costados
las claves de los huesos desarmados.
Una rotura abrió naturaleza
en la cueva, por donde mete un brazo   225
una jara que fuera nace y crece.
Aqueste palo dentro se endereza,
el cual, atravesando otro pedazo,
hace una cruz que de ébano parece.
La cual, cuando amanece,   230
entra a besar postrado
el rubio sol dorado
por la mesma rotura, boca o poro.
En la cual cruz está con clavos de oro
un Cristo de metal, crucificado,   235
que, a dejar de ser bronce y no estar muerto,
no sufriera el rigor de aquel desierto.
Tiene este crucifijo por calvario
el roto casco de una calavera
que cuelga de la cruz con un vencejo,   240
en cuya frente de este relicario
tiene éste engastado: «Soy lo que no era
y serás lo que soy, mísero viejo.»
Debajo deste espejo,
en la tierra caído,   245

tiene un bordón torcido,
un libro y los antojos en su caja;
y sobre un risco que la piedra ataja
arrojado el capelo y el vestido,
que solamente a un risco se concede   250
sustentar un capelo, y aun no puede.
　　Delante desta antigua imagen, tiene
el prelado ilustrísimo clavadas
en la tierra, en dos hoyos, las rodillas;
la cual postura tanto le entretiene,   255
que están las losas por allí gastadas
del continuo ejercicio de herillas.
Aquí se hace astillas
con un mellado canto
el pecho, hasta que tanto   260
precipite su sangre mil arroyos
a llenar a la tierra los dos hoyos
que le ha hecho en la cara el viejo santo.
El cual así le dice a cada instante
a su crucificado y tierno amante: 265
　　«Señor, si tuve como piedra el pecho,
con esta piedra ya, sin darle alivio,
carne lo hago por sacar más medra,
y si en la piedra yo señal no he hecho
con lágrimas y llanto, como tibio,   270
basta que haga en mí señal la piedra.
Ya veis que no se arredra,
de mi espalda mezquina
la dura disciplina
y estrecha cota de un cilicio tosco,   275
y que en aqueste yermo no conozco
sino el sustento que me da una encina
por piedras que le tira el brazo anciano,
por tener siempre piedras en la mano.
　　Bien veis que bebo de agua turbia al día   280
lo que aquesta pequeña y triste concha
saca del vientre vil de una laguna,
y que no tengo aquí por compañía
sino del cielo la veloz antorcha

y la cara inconstante de la Luna.   285
Esta vida importuna
me tiene como un leño,
no me conoce el sueño,
ni quiero sino sólo el de la muerte.
Del cual haced, Señor, que yo despierte   290
a gozaros sin fin, porque si dueño
no me hacéis de las célicas moradas,
el cielo he de pediros a pedradas.»
    Acaba ya, canción. Lo dicho baste,
que como te criaste   295
entre peñas y riscos y aspereza
es tal tu poquedad y tu rudeza,
que al santo mío, que alabar pretendes,
cuando le ensalzas pienso que le ofendes.

Sor Juana Inés de la Cruz

Sor Juana Inés de la Cruz (*c.* 1650-1694), nombre religioso de Inés Asuaje Ramírez, nació ilegítima cerca de la corte virreinal de México, donde perfeccionó su conocimiento del latín, llevó a cabo estudios particulares y pasó casi toda su vida, desde 1667, en un convento jerónimo, por vocación más bien intelectual que religiosa, según nos explica ella misma en su importante *Respuesta* autobiográfica dirigida al obispo de Puebla. Esta es una especie de declaración de los derechos intelectuales de la mujer, su obra más significativa en prosa; en verso escribió villancicos, autos sacramentales, comedias, poesía lírica tanto en octosílabos como en endecasílabos, y una silva gongorina, el *Sueño*, que es su poema filosófico más largo (de casi mil versos) y ambicioso, único en la poesía del Siglo de Oro.

Sus obras, en tres tomos patrocinados por virreinas, se publicaron en España entre 1689 y 1700, reimprimiéndose varias veces. La edición moderna más completa es la de A. Méndez Plancarte en 4 tomos (México, FCE, 1951-1957). Entre los muchos estudios sobre su vida y obra, véanse especialmente Georgina Sabat de Rivers, *El «Sueño» de sor Juana Inés de la Cruz: tradiciones literarias y originalidad* (Londres, Támesis, 1977); Marie-Cécile Bénassy-Berling, *Humanisme et religion chez sor Juana Inés de la Cruz: La femme et la culture au XVII siècle* (Paris, Editions Hispaniques, 1982); Octavio Paz, *Sor Juana Inés de la Cruz, o Las trampas de la fe* (Barcelona, Seix Barral, 1982); Andrés Sánchez Robayna, *Para leer «Primero sueño» de sor Juana Inés de la Cruz* (México, FCE, 1991). Hay muchas antologías de su obra, entre las cuales se cuentan la de G. Sabat y E. L. Rivers (Barcelona, Noguer, 1976) y la de J. C. González Boixo (Madrid, Cátedra, 1992). Nuestros textos se basan en el t. I *(Lírica personal)* de Méndez Plancarte.

2

*Acusa la hidropesía de mucha ciencia, que teme inútil aun
para saber y nociva para vivir*

Finjamos que soy feliz,
triste Pensamiento, un rato;
quizá podréis persuadirme,
aunque yo sé lo contrario:
que pues sólo en la aprehensión   5
dicen que estriban los daños,
si os imagináis dichoso
no seréis tan desdichado.
Sírvame el entendimiento
alguna vez de descanso,   10
y no siempre esté el ingenio
con el provecho encontrado.
Todo el mundo es opiniones
de pareceres tan varios,
que lo que el uno que es negro,   15
el otro prueba que es blanco.
A unos sirve de atractivo
lo que otro concibe enfado;
y lo que éste por alivio,
aquél tiene por trabajo.   20
El que está triste, censura
al alegre de liviano;
y el que está alegre, se burla
de ver al triste penando.
Los dos Filósofos Griegos   25
bien esta verdad probaron:
pues lo que en el uno risa,
causaba en el otro llanto.
Célebre su oposición
ha sido por siglos tantos,   30
sin que cuál acertó, esté

hasta agora averiguado;
    antes, en sus dos banderas
el mundo todo alistado,
conforme el humor le dicta,   35
sigue cada cual el bando.

    Uno dice que de risa
sólo es digno el mundo vario;
y otro, que sus infortunios
son sólo para llorados.   40

    Para todo se halla prueba
y razón en que fundarlo;
y no hay razón para nada,
de haber razón para tanto.

    Todos son iguales jueces;   45
y siendo iguales y varios,
no hay quien pueda decidir
cuál es lo más acertado.

    Pues, si no hay quien lo sentencie,
¿por qué pensáis, vos, errado,   50
que os cometió Dios a vos
la decisión de los casos?

    ¿O por qué, contra vos mismo,
severamente inhumano,
entre lo amargo y lo dulce,   55
queréis elegir lo amargo?

    Si es mío mi entendimiento
¿por qué siempre he de encontrarlo
tan torpe para el alivio,
tan agudo para el daño?   60

    El discurso es un acero
que sirve por ambos cabos:
de dar muerte, por la punta;
por el pomo, de resguardo.

    Si vos, sabiendo el peligro,   65
queréis por la punta usarlo,
¿qué culpa tiene el acero
del mal uso de la mano?

    No es saber, saber hacer
discursos sutiles, vanos;   70

381

que el saber consiste sólo
en elegir lo más sano.

Especular las desdichas
y examinar los presagios,
sólo sirve de que el mal   75
crezca con anticiparlo.

En los trabajos futuros,
la atención, sutilizando,
más formidable que el riesgo
suele fingir el amago.   80

¡Qué feliz es la ignorancia
del que, indoctamente sabio,
halla de lo que padece,
en lo que ignora, sagrado!

No siempre suben seguros   85
vuelos del ingenio osados,
que buscan trono en el fuego
y hallan sepulcro en el llanto.

También es vicio el saber:
que si no se va atajando,   90
cuando menos se conoce
es más nocivo el estrago;

y si el vuelo no le abaten,
en sutilezas cebado,
por cuidar de lo curioso   95
olvida lo necesario.

Si culta mano no impide
crecer al árbol copado,
quita la substancia al fruto
la locura de los ramos.   100

Si andar a nave ligera
no estorba lastre pesado,
sirve el vuelo de que sea
el precipicio más alto.

En amenidad inútil,   105
¿qué importa al florido campo,
si no halla fruto el Otoño,
que ostente flores el Mayo?

¿De qué le sirve al ingenio

el producir muchos partos,   110
si a la multitud se sigue
el malogro de abortarlos?

Y a esta desdicha por fuerza
ha de seguirse el fracaso
de quedar el que produce,   115
si no muerto, lastimado.

El ingenio es como el fuego:
que, con la materia ingrato,
tanto la consume más
cuanto él se ostenta más claro.   120

Es de su propio Señor
tan rebelado vasallo,
que convierte en sus ofensas
las armas de su resguardo.

Este pésimo ejercicio   125
este duro afán pesado,
a los hijos de los hombres
dio Dios para ejercitarlos.

¿Qué loca ambición nos lleva
de nosotros olvidados?   130
Si es para vivir tan poco,
¿de qué sirve saber tanto?

¡Oh, si como hay de saber,
hubiera algún seminario
o escuela donde a ignorar   135
se enseñaran los trabajos!

¡Qué felizmente viviera
el que, flojamente cauto,
burlara las amenazas
del influjo de los astros!   140

Aprendamos a ignorar,
Pensamiento, pues hallamos
que cuanto añado al discurso,
tanto le usurpo a los años.

SÁTIRA FILOSÓFICA EN REDONDILLAS

92

Arguye de inconsecuentes el gusto y la censura de los hombres
que en las mujeres acusan lo que causan

Hombres necios que acusáis
a la mujer sin razón,
sin ver que sois la ocasión
de lo mismo que culpáis:
    si con ansia sin igual   5
solicitáis su desdén,
¿por qué queréis que obren bien
si las incitáis al mal?
    Combatís su resistencia
y luego, con gravedad   10
decís que fue liviandad
lo que hizo la diligencia.
    Parecer quiere el denuedo
de vuestro parecer loco,
al niño que pone el coco   15
y luego le tiene miedo.
    Queréis, con presunción necia,
hallar a la que buscáis,
para pretendida, Thais,
y en la posesión, Lucrecia.   20
    ¿Qué humor puede ser más raro
que el que, falto de consejo,
él mismo empaña el espejo,
y siente que no esté claro?
    Con el favor y el desdén   25
tenéis condición igual,
quejándoos, si os tratan mal,
burlándoos, si os quieren bien.
    Opinión, ninguna gana;
pues la que más se recata,   30

si no os admite, es ingrata,
y si os admite, es liviana.

Siempre tan necios andáis
que, con desigual nivel,
a una culpáis por crüel   35
y a otra por fácil culpáis.

¿Pues cómo ha de estar templada
la que vuestro amor pretende,
si la que es ingrata, ofende,
y la que es fácil, enfada?   40

Mas, entre el enfado y pena
que vuestro gusto refiere,
bien haya la que no os quiere
y quejaos en hora buena.

Dan vuestras amantes penas   45
a sus libertades alas,
y después de hacerlas malas
las queréis hallar muy buenas.

¿Cuál mayor culpa ha tenido
en una pasión errada: 50
la que cae de rogada,
o el que ruega de caído?

¿O cuál es más de culpar,
aunque cualquiera mal haga:
la que peca por la paga,   55
o el que paga por pecar?

Pues ¿para qué os espantáis
de la culpa que tenéis?
Queredlas cual las hacéis
o hacedlas cual las buscáis.   60

Dejad de solicitar,
y después, con más razón,
acusaréis la afición
de la que os fuere a rogar.

Bien con muchas armas fundo   65
que lidia vuestra arrogancia,
pues en promesa e instancia
juntáis diablo, carne y mundo.

SONETOS FILOSÓFICO MORALES

145

Procura desmentir los elogios que a un retrato de la Poetisa
inscribió la verdad, que llama pasión

Este, que ves, engaño colorido,
que del arte ostentando los primores,
con falsos silogismos de colores
es cauteloso engaño del sentido;
    éste, en quien la lisonja ha pretendido   5
excusar de los años los horrores,
y venciendo del tiempo los rigores
triunfar de la vejez y del olvido,
    es un vano artificio del cuidado,
es una flor al viento delicada,   10
es un resguardo inútil para el hado:
    es una necia diligencia errada,
es un afán caduco y, bien mirado,
es cadáver, es polvo, es sombra, es nada.

146

Quéjase de la suerte: insinúa su aversión a los vicios,
y justifica su divertimiento a las Musas

En perseguirme, Mundo, ¿qué interesas?
¿En qué te ofendo, cuando sólo intento
poner bellezas en mi entendimiento
y no mi entendimiento en las bellezas?
    Yo no estimo tesoros ni riquezas;   5
y así, siempre me causa más contento
poner riquezas en mi pensamiento
que no mi pensamiento en las riquezas.

Y no estimo hermosura que, vencida,
es despojo civil de las edades,   10
ni riqueza me agrada fementida,
    teniendo por mejor, en mis verdades,
consumir vanidades de la vida
que consumir la vida en vanidades.

147

En que da moral censura a una rosa, y en ella
a sus semejantes

Rosa divina que en gentil cultura
eres, con tu fragante sutileza,
magisterio purpúreo en la belleza,
enseñanza nevada a la hermosura:
    amago de la humana arquitectura,   5
ejemplo de la vana gentileza,
en cuyo sér unió naturaleza
la cuna alegre y triste sepultura,
    ¡cuán altiva en tu pompa, presumida,
soberbia, el riesgo de morir desdeñas,   10
y luego desmayada y encogida
    de tu caduco sér das mustias señas,
con que con docta muerte y necia vida,
viviendo engañas y muriendo enseñas!

148

Escoge antes el morir que exponerse a los ultrajes
de la vejez

Miró Celia una rosa que en el prado
ostentaba feliz la pompa vana
y con afeites de carmín y grana
bañaba alegre el rostro delicado;

y dijo: —Goza, sin temor del Hado,   5
el curso breve de tu edad lozana,
pues no podrá la muerte de mañana
quitarte lo que hubieres hoy gozado;
   y aunque llega la muerte presurosa
y tu fragante vida se te aleja,   10
no sientas el morir tan bella y moza:
   mira que la experiencia te aconseja
que es fortuna morirte siendo hermosa
y no ver el ultraje de ser vieja.

149

Encarece de animosidad la elección de estado durable hasta
*la muerte**

Si los riesgos del mar considerara,
ninguno se embarcara; si antes viera
bien su peligro, nadie se atreviera
ni al bravo toro osado provocara.
   Si del fogoso bruto ponderara   5
la furia desbocada en la carrera
el jinete prudente, nunca hubiera
quien con discreta mano lo enfrenara.
   Pero si hubiera alguno tan osado
que, no obstante el peligro, al mismo Apolo   10
quisiese gobernar con atrevida
   mano el rápido carro en luz bañado,
todo lo hiciera, y no tomara sólo
estado que ha de ser toda la vida.

---

* Según el título, hace falta mucha valentía para tomar estado (casarse,
meterse monja) que ha de durar toda la vida.

SONETOS DE AMOR Y DE DISCRECIÓN

164

En que satisface un recelo con la retórica del llanto

Esta tarde, mi bien, cuando te hablaba,
como en tu rostro y tus acciones vía
que con palabras no te persuadía,
que el corazón me vieses deseaba;
    y Amor, que mis intentos ayudaba,   5
venció lo que imposible parecía:
pues entre el llanto, que el dolor vertía,
el corazón deshecho destilaba.
    Baste ya de rigores, mi bien, baste;
no te atormenten más celos tiranos,   10
ni el vil recelo tu quietud contraste
    con sombras necias, con indicios vanos,
pues ya en líquido humor viste y tocaste
mi corazón deshecho entre tus manos.

165

Que contiene una fantasía contenta con amor decente

Detente, sombra de mi bien esquivo,
imagen del hechizo que más quiero,
bella ilusión por quien alegre muero,
dulce ficción por quien penosa vivo.
    Si al imán de tus gracias, atractivo,   5
sirve mi pecho de obediente acero,
¿para qué me enamoras lisonjero
si has de burlarme luego fugitivo?

---

² *vía*: 'veía'.

Mas blasonar no puedes, satisfecho,
de que triunfa de mí tu tiranía: 10
que aunque dejas burlado el lazo estrecho
    que tu forma fantástica ceñía,
poco importa burlar brazos y pecho
si te labra prisión mi fantasía.

166

Resuelve la cuestión de cuál sea pesar más molesto en encontradas
correspondencias, amar o aborrecer

Que no me quiera Fabio, al verse amado,
es dolor sin igual en mí sentido;
mas que me quiere Silvio, aborrecido,
es menor mal, mas no menos enfado.
    ¿Qué sufrimiento no estará cansado   5
si siempre le resuenan al oído
tras la vana arrogancia de un querido
el cansado gemir de un desdeñado?
    Si de Silvio me cansa el rendimiento,
a Fabio canso con estar rendida;   10
si de éste busco el agradecimiento,
    a mí me busca el otro agradecida:
por activa y pasiva es mi tormento,
pues padezco en querer y en ser querida.

167

Continúa el mismo asunto y aun le expresa con más viva elegancia

Feliciano me adora y le aborrezco;
Lisardo me aborrece y yo le adoro;
por quien no me apetece ingrato, lloro,
y al que me llora tierno, no apetezco.

---

[11] *el lazo estrecho:* mis brazos y pecho (v. 13).

390

A quien más me desdora, el alma ofrezco;   5
a quien me ofrece víctimas, desdoro;
desprecio al que enriquece mi decoro,
y al que le hace desprecios, enriquezco.

Si con mi ofensa al uno reconvengo,
me reconviene el otro a mí, ofendido;   10
y a padecer de todos modos vengo,

    pues ambos atormentan mi sentido:
aquéste, con pedir lo que no tengo;
y aquél, con no tener lo que le pido.

168

Prosigue el mismo asunto, y determina que prevalezca
la razón contra el gusto

Al que ingrato me deja, busco amante;
al que amante me sigue, dejo ingrata;
constante adoro a quien mi amor maltrata;
maltrato a quien mi amor busca constante.

Al que trato de amor, hallo diamante,   5
y soy diamante al que de amor me trata;
triunfante quiero ver al que me mata,
y mato al que me quiere ver triunfante.

Si a éste pago, padece mi deseo;
si ruego a aquél, mi pundonor enojo: 10
de entrambos modos infeliz me veo.

Pero yo, por mejor partido, escojo
de quien no quiero, ser violento empleo,
que, de quien no me quiere, vil despojo.

---

⁵ *diamante:* 'durísimo.'

EL SUEÑO

216

Primero Sueño, que así intituló y compuso la Madre Juana Inés de la Cruz, imitando a Góngora

(fragmento)

Piramidal, funesta, de la tierra
nacida sombra, al Cielo encaminaba
de vanos obeliscos punta altiva,
escalar pretendiendo las Estrellas;
si bien sus luces bellas   5
—exentas siempre, siempre rutilantes—
la tenebrosa guerra
que con negros vapores le intimaba
la pavorosa sombra fugitiva
burlaban tan distantes,   10
que su atezado ceño
al superior convexo aun no llegaba
del orbe de la Diosa
que tres veces hermosa
con tres hermosos rostros ser ostenta,   15
quedando sólo dueño
del aire que empañaba
con el aliento denso que exhalaba;
y en la quietud contenta
de imperio silencioso,   20
sumisas sólo voces consentía
de las nocturnas aves,
tan obscuras, tan graves,
que aun el silencio no se interrumpía.

[1-18] Que la sombra de la tierra atacaba las estrellas; pero aquellas luces, libres siempre, evitaban fácilmente el ataque que les dirigía, el cual sólo alcanzaba a la cara inferior de la luna, ocupando el ambiente sublunar...

Con tardo vuelo y canto, del oído   25
mal, y aun peor del ánimo admitido,
la avergonzada Nictimene acecha
de las sagradas puertas los resquicios,
o de las claraboyas eminentes
los huecos más propicios   30
que capaz a su intento le abren brecha,
y sacrílega llega a los lucientes
faroles sacros de perenne llama
que extingue, si no infama,
en licor claro la materia crasa   35
consumiendo, que el árbol de Minerva
de su fruto, de prensas agravado,
congojoso sudó y rindió forzado.
    Y aquellas que su casa
campo vieron volver, sus telas hierba,   40
a la deidad de Baco inobedientes
—ya no historias contando diferentes,
en forma sí afrentosa transformadas—,
segunda forman niebla,
ser vistas aun temiendo en la tiniebla   45
aves sin pluma aladas:
aquellas tres oficïosas, digo,
atrevidas Hermanas,
que el tremendo castigo
de desnudas les dio pardas membranas   50
alas tan mal dispuestas
que escarnio son aun de las más funestas:
éstas, con el parlero
ministro de Plutón un tiempo, ahora
supersticioso indicio al agorero,   55
solos la no canora

---

[27] *Nictimene*: doncella de Lesbos convertida en lechuza por un delito in-
cestuoso; aquí significa «lechuza» sencillamente, que entra en los templos
a extinguir las lamparillas bebiéndose el aceite del olivo («el árbol de Mi-
nerva»).
[46] Las tres hijas de Minias fueron convertidas en murciélagos por no creer
en la deidad de Baco.
[55] Ascáfalo, espía de Plutón, fue convertido en búho por su indiscreción.

componían capilla pavorosa,
máximas, negras, longas entonando,
y pausas más que voces, esperando
a la torpe mensura perezosa   60
de mayor proporción tal vez, que el viento
con flemático echaba movimiento,
de tan tardo compás, tan detenido,
que en medio se quedó tal vez dormido.

   Este, pues, triste son intercadente   65
de la asombrada turba temerosa,
menos a la atención solicitaba
que al sueño persuadía;
antes sí, lentamente,
su obtusa consonancia espaciosa   70
al sosiego inducía
y al reposo los miembros convidaba
—el silencio intimando a los vivientes,
uno y otro sellando labio obscuro
con indicante dedo,   75
Harpócrates, la noche, silencioso;
a cuyo, aunque no duro,
si bien imperioso
precepto, todos fueron obedientes—.

   El viento sosegado, el can dormido,   80
éste yace, aquél quedo
los átomos no mueve,
con el susurro hacer temiendo leve,
aunque poco, sacrílego rüido,
violador del silencio sosegado.   85
El mar, no ya alterado,
ni aun la instable mecía
cerúlea cuna donde el Sol dormía;
y los dormidos, siempre mudos, peces,
en los lechos lamosos   90

---

⁵⁸ *máximas, negras, longas*: 'nombres de ciertas notas musicales'.
⁶¹ *tal vez*: 'alguna vez'.
⁷⁰ *obtusa*: 'sorda' (no aguda).
⁷⁶ *Harpócrates*: deidad del silencio, que sellaba con un dedo sus labios.

394

de sus obscuros senos cavernosos,
mudos eran dos veces;
y entre ellos, la engañosa encantadora
Alcione, a los que antes
en peces transformó, simples amantes,   95
transformada también, vengaba ahora.
En los del monte senos escondidos,
cóncavos de peñascos mal formados
—de su aspereza menos defendidos
que de su obscuridad asegurados—,   100
cuya mansión sombría
ser puede noche en la mitad del día,
incógnita aún al cierto
montaraz pie del cazador experto
—depuesta la fiereza   105
de unos, y de otros el temor depuesto—
yacía el vulgo bruto,
a la Naturaleza
el de su potestad pagando impuesto,
universal tributo;   110
y el Rey, que vigilancias afectaba,
aun con abiertos ojos no velaba.

El de sus mismos perros acosado,
monarca en otro tiempo esclarecido,
tímido ya venado,   115
con vigilante oído,
del sosegado ambiente
al menor perceptible movimiento
que los átomos muda,
la oreja alterna aguda   120
y el leve rumor siente
que aun lo altera dormido.

---

92 *dos veces*: una vez por su naturaleza, y otra vez por estar ahora dormidos.
94 *Alcione* (mejor *Almone*): nombres de magas, encantadoras mitológicas.
107 *el vulgo bruto*: 'los animales'.
112 Se decía que el león dormía con los ojos abiertos.
113 Acteón, por haber visto desnudas a Diana y sus ninfas, fue convertido en ciervo y desgarrado por su propia jauría.
120 *alterna*: 'mueve alternamente'.

Y en la quietud del nido,
que de brozas y lodo instable hamaca
formó en la más opaca   125
parte del árbol, duerme recogida
la leve turba, descansando el viento
del que le corta, alado movimiento.
    De Júpiter el ave generosa
—como al fin Reina—, por no darse entera   130
al descanso, que vicio considera
si de preciso pasa, cuidadosa
de no incurrir de omisa en el exceso,
a un solo pie librada fía el peso,
y en otro guarda el cálculo pequeño   135
—despertador reloj del leve sueño—,
porque, si necesario fue admitido,
no pueda dilatarse continuado,
antes interrumpido
del regio sea pastoral cuidado.   140
¡Oh de la Majestad pensión gravosa,
que aun el menor descuido no perdona!
Causa, quizá, que ha hecho misteriosa,
circular, denotando, la corona,
en círculo dorado,   145
que el afán es no menos continuado.
    El sueño todo, en fin, lo poseía;
todo, en fin, el silencio lo ocupaba:
aun el ladrón dormía;
aun el amante no se desvelaba [...]   150

---

127 *la leve turba*: 'los pájaros'.
129 ss Aquí se aplica al águila la conseja tradicionalmente aplicada a la gru-
lla: que vigilaba de noche apoyada en una sola pata, levantando en la otra
una piedrecilla («cálculo») para que, si dormitara, la dejara caer, despertándo-
se; esta vigilancia se relaciona aquí con el pesado deber de los reyes, tan con-
tinuo como su corona circular.